职业教育课程改革规划新教材

职业院校安全知识教育读本

主　编　陈　宏　邓云华
副主编　敖小峰　吴美凤　徐　斌　郭友武
参　编　樊　华　林亚军　顿文军　腾永涛　任　训

机械工业出版社

职业院校学生的安全与健康关系着千家万户的幸福与安康,也关系着国家的稳定与社会的和谐。本书是针对职业院校安全工作实际情况,结合学生安全教育现状,为帮助学生增强安全意识,指导学生预防安全隐患和正确处理安全事故而编写的,目的是传授学生安全知识和教会学生应对安全事故的办法,为学生平安、健康地学习与生活提供帮助。本书分为六个项目,包括校园安全、社会安全、网络安全、公共安全、职业安全和国家安全。

本书可供职业院校开设安全教育课程教学使用,也可作为班主任开展班级教育之教材,还可供学生自学阅读使用。

图书在版编目（CIP）数据

职业院校安全知识教育读本／陈宏,邓云华主编.
—北京：机械工业出版社,2019.9
职业教育课程改革规划新教材
ISBN 978-7-111-64370-8

Ⅰ.①职⋯ Ⅱ.①陈⋯ ②邓⋯ Ⅲ.①安全教育-中等专业学校-教材 Ⅳ.①G634.201

中国版本图书馆 CIP 数据核字（2019）第 286901 号

机械工业出版社（北京市百万庄大街 22 号　邮政编码 100037）
策划编辑：赵志鹏　　　　　责任编辑：赵志鹏　徐梦然
责任校对：宋逍兰　张　薇　　封面设计：马精明
责任印制：郜　敏
河北鑫兆源印刷有限公司印刷
2020 年 1 月第 1 版·第 1 次印刷
184mm×260mm · 11.25 印张 · 242 千字
标准书号：ISBN 978-7-111-64370-8
定价：32.00 元

电话服务　　　　　　　　　　网络服务
客服电话：010-88361066　　　机 工 官 网：www.cmpbook.com
　　　　　010-88379833　　　机 工 官 博：weibo.com/cmp1952
　　　　　010-68326294　　　金 书 网：www.golden-book.com
封底无防伪标均为盗版　　　　机工教育服务网：www.cmpedu.com

前 言
preface

　　安全是人类永恒的追求，是人们生命的保证。随着社会的快速发展和高度开放化，教育领域也逐步迈向社会化，为了使当代职业院校与社会接轨，校园内组织的社会活动越来越多，校园社会化的现象日趋明显，校内及校园周边的治安环境越来越复杂。

　　和谐校园是和谐社会的重要组成部分，和谐校园的建设离不开安全。安全问题是党中央、国务院高度重视的一件大事，对学生进行安全教育，特别是对职业院校学生进行安全教育，是和谐校园建设非常重要的一步。职业院校的学生是技能型人才和高素质劳动者的后备军，职业院校学生所处的年龄阶段正是青少年心理转型的重要时期，面临来自各方面的困扰，如学习生活环境日益复杂化、社会化，竞争与就业压力增大，各种新的不平衡、不和谐因素增多，在人际关系、情绪稳定和学习适应方面的问题尤为突出。因此，加强对职业院校学生的安全防范教育和遵纪守法教育非常必要。

　　本书分为六个项目，包括校园安全、社会安全、网络安全、公共安全、职业安全和国家安全。本书条理清晰，通俗易懂，内容丰富。每个项目开始前设有项目导航，介绍项目的设置背景，帮助学生梳理该项目应掌握的内容。正文中列举了大量的案例，更加贴合实际，让学生在真实情境中了解安全知识的重要性。相关知识点中还设置了小贴士，方便学生牢记安全知识，以及预防安全隐患和应对安全事故的办法，使本书更具实用性。

　　校园安全应当警钟长鸣，面对身边潜伏的安全危机，职业院校学生要学会预防，学会自救，学会维权。只有如此，才能远离或减少伤亡，生命之花才会在遭遇挫折时顽强开放，更加艳丽！

　　本书由陈宏、邓云华担任主编，敖小峰、吴羡凤、徐斌、郭友武担任副主编，樊华、林亚军、顿文军、腾永涛、任训参与编写。本书在编写过程中得到了荆门职业学院和湖北信息工程学校广大师生的帮助和支持，在此一并深表谢意。

　　由于作者水平有限，书中难免存在错误和不足之处，恳请广大读者批评指正。

编　者

目 录
contents

前言

项目一 校园安全 // 001
知识点 1　校园公共秩序安全 // 001
知识点 2　校园水电使用安全 // 008
知识点 3　校园人身财产安全 // 016
知识点 4　校园体育运动安全 // 028

项目二 社会安全 // 041
知识点 1　交通安全 // 041
知识点 2　旅游安全 // 047
知识点 3　游泳安全 // 058
知识点 4　消防安全 // 063
知识点 5　日常生活安全 // 074
知识点 6　自然灾害的应对 // 085

项目三 网络安全 // 100
知识点 1　预防网络综合征 // 100
知识点 2　网络犯罪与网络安全 // 102
知识点 3　职业院校学生沉迷网络的危害及预防对策 // 108

项目四 公共安全 // 113
知识点 1　提高警惕，防范诈骗、敲诈与抢劫 // 113
知识点 2　珍爱生命，拒绝毒品 // 123
知识点 3　防范侵害，加强自我保护 // 126
知识点 4　科学防范艾滋病 // 130
知识点 5　健康生活，远离赌博 // 131
知识点 6　警惕校园贷，远离套路贷 // 135

项目五 职业安全 // 143
知识点 1　实训实习安全 // 143
知识点 2　特种设备安全 // 151
知识点 3　安全求职，严防就业侵害 // 158

项目六 国家安全 // 162
知识点 1　维护统一，捍卫国家安全 // 162
知识点 2　拒绝邪教，抵制恐怖主义 // 166
知识点 3　爱我家园，守卫国家秘密 // 170

参考文献 // 175

项目一　校园安全

项目导航

现如今，我国校园安全事件时有发生。同学们对于安全问题比较迷茫，不知道怎样自我保护。在学习和生活中，同学们应当提高安全意识，保护自身安全。

校园安全工作是全社会安全工作中一个十分重要的组成部分，它直接关系到在校学生能否安全、健康地成长，关系到千千万万个家庭的幸福安宁和社会稳定。

学生是校园的主人，要勇于维护自身利益，维护校园正常秩序，积极且慎重地抵御外部滋扰是义不容辞的责任。加强自身的修养很重要，不因小事招惹是非。

通过本项目的学习，了解学校生活中容易出现的人身和财产安全问题及其预防解决办法；了解校园运动中应注意的安全常识；了解校园中易发的传染病，了解发病症状及其防治方法。

"学校安全人人讲，安全学校个个赞。安全知识时时记，注意安全处处提。"

知识点1　校园公共秩序安全

初入校园，同学们进入了全新的环境，对于陌生的校园生活充满了新鲜感。校园是学习知识的地方，也是同学们生活的地方。一个安全、舒适、干净的校园环境是同学们共同努力的结果。

一、集会和课间活动的安全

虽然学校与社会相比较为安全，但事实上，校园中也会发生很多突发事件。在集会和课间活动中，怎么做才能确保生命安全呢？

1. 上下楼梯的安全

【案例1-1】　2018年4月7日，袁某在课间休息时与同班同学魏某打闹，不小心被推倒在楼梯上，导致右脚受伤。学校老师及时将其送往医院并通知家长。经检查，袁某右脚闭合性骨折，花费治疗费1万元，营养费5000元，共计1.5万元。

袁某与魏某的打闹致伤事件发生在课间休息时间，按照惯例老师已返回办公室备课、休息，没有第一时间发现学生打闹，学校并不存在过错。魏某将袁某推倒在楼梯上致其受伤,不是因为学校对楼梯未进行定期检修,存在安全隐患而造成的。而且,学校对学生进行了安全教育并制定了相关纪律。学校在此次学生打闹致伤事件中尽到了职责范围内的教育、管理和保护义务。因此,学校无过错,无须承担损害赔偿责任。

上下楼梯的安全主要包括以下内容:

1) 上下楼梯要遵守秩序,相互礼让,要靠右行,不要拥挤,注意安全。参加集会、课间操时,上下楼梯要分年级、按规定路线有序行走,不得争抢。

2) 在上操、集合等活动中上下楼梯时,不求快,要求稳。上下楼必须一步一个台阶,不要说笑、打闹、跑跳、搞恶作剧等,不要牵手、搭肩、推搡、拥挤,不要将手插入衣兜内。

3) 当发觉拥挤的人群向着自己行走的方向涌来时,应该马上避到一旁,不得与人群逆向上下楼梯。遭遇拥挤的人流时,一定不要采用体位前倾或者低重心的姿势,即便鞋子被踩掉,也不要贸然弯腰提鞋或系鞋带。在夜晚上下楼梯时,不要关闭楼梯灯。

4) 学校应于中午、下午和晚上放学时,在教学楼内安排值日老师站在楼梯口监督学生有序上下楼梯,以防意外事故的发生。当发生上下楼梯踩踏事故时,值日老师要果断采取措施,防止事态的进一步发展,同时有序组织学生疏散到安全地带,并向领导汇报。

2. 教室活动的安全

【案例1-2】 张某与王某是某学校的同班同学,两人坐前后排。某日上课前在教室里,前排的张某站起来关闭窗户,王某出于嬉闹将张某的凳子用脚挑开,致使张某落座时摔倒,造成张某右腿骨折,花去医疗费5000余元,张某遂将王某与学校诉诸法院。

张某的损伤是由于王某在课间时间出于嬉闹将凳子挪动导致的。学校不能禁止学生在课间时间进行活动,也没有必要配备专职老师进行监管。所以学校不存在过错,因此不应承担赔偿责任,应由王某负全部赔偿责任。

在教室内的活动中,有许多看起来细微的事情值得同学们注意,否则,同样容易发生危险。教室活动的安全主要包括以下几个方面:

(1) 防磕碰 目前大多数教室的空间比较狭小,又放置了许多桌椅、饮水机等用品,所以不应在教室中追逐和打闹,或者做剧烈的运动和游戏,防止磕碰受伤。

(2) 防滑、防摔 教室地板比较光滑的,要注意防止滑倒受伤;需要登高打扫卫生、取放物品时,要请他人加以保护,防止摔伤。

(3) 防坠落 在教室中,不要将身体探出阳台或者窗外,谨防因不慎而发生坠楼事故。

(4) 防挤压 教室的门窗在开关时容易挤压到手,要轻轻地开关门窗,还要留意会不会挤压到他人的手。

(5) 防火灾 不带打火机、火柴和烟花爆竹等危险物品进校园,杜绝玩火、燃放烟花爆竹等行为。

(6) **防意外伤害** 不带锥、刀、剪等锋利、尖锐的工具，使用图钉、大头针等文具时必须有老师指导，用后应妥善存放起来，不能随意将其放在桌子上、椅子上，防止有人受到意外伤害。

3. 课间活动的安全

【**案例 1-3**】 徐某、宋某、王某均系某中学的学生。2018年4月9日下午，教师在开会，徐某拿书打了坐在前面的王某头部几下后跑回自己的座位，王某随即转身将书向徐某扔去，恰巧打在宋某的右眼上，宋某当即被学校送至医院治疗。该事故致宋某继发性青光眼，已达7级伤残。

学校作为进行教育的机构，其与未成年学生之间是教育、管理、保护的关系，不是未成年学生的法定监护人，不负有法定的监护职责。学校对未成年学生在校所受到伤害是否应承担赔偿责任是以学校是否具有过错为标准。根据王某、徐某的过错情况，王某负主要责任，徐某负次要责任。法院遂判令王某法定代理人负赔偿责任的70%，徐某的法定代理人负赔偿责任的30%。

1) 下课时，应先做好下一堂课的准备工作，再出教室休息和活动。课间活动应当尽量在室外，但不要远离教室，以免上课迟到。

2) 课间及其他在校课外活动时间，不在教室及走廊内追逐打闹，不吹口哨、不起哄、不走出校门；进出教室和学校时，请客人、教师先行，不抢行、不拥挤。

3) 中午要安排好休息时间，听从教师管理，不在校内大声追跑打闹，不到校内有水域的地方游泳，不到危险场所玩耍，没有教师允许不走出校门。

4) 课间活动要注意安全，不做危险游戏，不攀爬栏杆、篮球架、铁门等设施，不跳乒乓球台及校园内的各种台阶，要避免发生扭伤、碰伤等事故；活动的强度要适当，不要做剧烈的活动，以保证继续上课时不疲劳、精力集中、精神饱满。

4. 集会的安全

1) 操场集会整队时，由体育教研组组长总负责，各学部要指定体育教师分工负责，协助完成学生的进出场和整队工作。

班主任要加强对学生的安全教育，向学生强调在进出场的过程中，特别是在楼梯过道中，不能追逐打闹，当前面出现人群拥挤时要耐心等待，决不能相互推搡。

2) 各班要按学校规定的出场顺序有序进场，不得拖沓。班主任和安排的任课教师必须与各班队伍一起进出场。各班学生开始进场时，决不允许学生在楼梯过道上与人流逆向行走。

3) 在集会过程中，学生不准闲聊、说笑、打闹、推搡、拥挤，如果学生出现晕倒、呕吐、意外受伤等状况时，班主任或带班教师应指定其他学生护送其出场，并及时送医院治疗，同时通知其家长或监护人。

4）集会结束，听从体育教师或行政领导的指挥。宣布"解散退场"后，各班学生才能按规定顺序有序退场，决不允许提前退场。

5）集会当天，行政值班人员、各学部值班人员和安全值班学生必须佩戴标识到重点地段巡视，负责疏导学生队伍，以防发生安全事故。

5. 疏散的安全

【案例 1-4】 "5·12"汶川特大地震后，四川省绵阳市安县桑枣镇桑枣中学 90 多位教师、2200 多名学生全部冲到操场，用时 1 分 36 秒，全校师生无一伤亡……

地震那天，老师和学生们就是按照平时的训练秩序，用曾经熟练练习过的方式进行了安全疏散。地震波一来，老师喊：所有人趴在桌子下！学生们立即趴下去。老师们把教室的前后门都打开了，怕地震扭曲了房门。震波一过，学生们立即冲出了教室，老师站在楼梯上，喊："快一点，慢一点！"老师们说，喊出的话自己事后想想，都觉得矛盾和可笑。但当时的心情是，既怕学生跑得太慢，再遇到地震，又怕学生跑得太快，摔倒了。由于平时的多次演习，在地震发生后，全校近 2300 名师生从不同的教学楼和不同的教室中，全部快速冲到操场，以班级为单位站好，用时 1 分 36 秒。

当发生火灾、地震等紧急情况时，为了能安全、快速地进行疏散工作，各校应制定安全疏散演练预案，并进行实际演练。通过安全演练，达到提高学生的自我保护意识、增强逃生自救能力的目的。学生安全疏散的注意事项如下：

1）听到学校发出的警报声后，全校师生应立即放下手中的工作，快速、安全地进行疏散。

2）听从指挥，有序疏散。学校应根据各学部的具体情况确定疏散顺序，由教师领队，学生排成二路纵队，分班依次快速、安全地下楼，不得争抢。一旦发生学生不慎跌倒等危急情况，周围的同学要及时相扶，后面的同学应停止前行，并依次向后传递信息，使队伍保持静态，避免因学生不明情况形成拥挤而导致踩踏等重大事件的发生。

疏散过程中，要求所有学生都要增强责任意识，约束和规范自己的行为，关爱每一名同学，树立"生命第一"的理念。

3）如果发生火灾，疏散时教师应指导学生迅速掏出手绢，用水浸湿后掩住口鼻，俯首低行，有秩序地跑出火灾区，来到安全区。发生火灾时，严禁组织学生参加灭火，同时要教育学生做到：遇事不慌、头脑冷静；积极自救、互帮互助；听从指挥、有序疏散。

4）指定疏散后集合的地点。按安全疏散演练预案的要求，疏散后先在操场或校门口集中，如情况需要，再听从指挥疏散到其他区域。各班到达安全区后，应立即清点人数，及时汇报。

6. 防止踩踏事件

【案例 1-5】 2014 年 12 月 31 日 23 时 35 分，正值跨年夜活动，因很多游客市民聚集在上海外滩迎接新年,上海市黄浦区外滩陈毅广场东南角通往黄浦江观景平台的人行通道阶梯处底部有人失去平衡跌倒,继而引发多人摔倒、叠压,致使拥挤踩踏事件发生,造成36人死亡,49人受伤。

2015年1月21日,上海市公布"12·31"外滩拥挤踩踏事件调查报告,认定这是一起对群众性活动预防准备不足、现场管理不力、应对处置不当而引发的拥挤踩踏并造成重大伤亡和严重后果的公共安全责任事件。

【案例1-6】 2014年9月26日,昆明市盘龙区明通小学发生校园踩踏事故,造成6名学生死亡、26名学生受伤。当日12时43分许,一、二年级10个班在校午餐的学生依次进入该校宿舍楼进行午休。13时57分许,数名先行离开宿舍下楼的学生见到一楼通道处两块靠墙摆放的海绵垫,并上前踢打、撞击,致使其中一块海绵垫倒下。14时许,学校拉响起床铃,午休的学生开始起床,离开宿舍返回教室上课。因过道摆放的海绵垫倒下导致的通道不畅,先期下楼的学生在通过海绵垫时发生跌倒,后续下楼的大量学生因情况不明继续向前拥挤,造成多名学生相互叠加挤压在海绵垫上,导致6名学生受挤压窒息死亡,26名学生不同程度受伤。

引发这起校园踩踏惨案的直接原因是这块倒下的海绵垫,而根本原因则是学校安全管理和对学生安全教育方面存在的严重缺失。只有学校严抓安全管理,安全教育落到实处,才能使悲剧不再重演。预防踩踏的十大方法如下。

1) 不在楼梯或狭窄通道嬉戏打闹,人多的时候不拥挤、不起哄,不制造紧张或恐慌气氛。

2) 尽量避免到拥挤的人群中,不得已时应尽量走在人流的边缘。

3) 发觉拥挤的人群向自己的方向走来时,应立即避到一旁,不要慌乱,不要奔跑,避免摔倒。

4) 顺着人流走,切不可逆着人流前进,否则,很容易被人流推倒。

5) 假如陷入拥挤的人流,一定要先站稳,身体不要因倾斜而失去重心,即使鞋子被踩掉,也不要弯腰捡鞋子或系鞋带。有可能的话,可先尽快抓住坚固可靠的东西慢慢走动或停住,待人群过去后再迅速离开现场。

6) 若自己不幸被人群挤倒,要设法靠近墙角,身体蜷成球状,双手在颈后紧扣以保护身体最脆弱的部位。

7) 在人群中走动,遇到台阶或楼梯时,尽量抓住扶手,防止摔倒。

8) 在拥挤的人群中,要时刻保持警惕,当发现有人情绪不对或人群开始骚动时,要做好准备保护自己和他人。

9) 当人群骚动时,千万要注意脚下,不能被绊倒,避免自己成为拥挤踩踏事件的诱发因素。

10) 发现自己前面有人突然摔倒时,要马上停下脚步,同时大声呼救,告知后面的人不要向前靠近，及时分散拥挤人流，组织有序疏散。

小贴士

上下楼梯，安全第一；不要追逐，不可拥挤。
打闹玩耍，危险游戏；生命可贵，倍加珍惜。
通过走道，不可拥挤；上操下操，特别注意。
不追不闹，不急不躁；靠右慢行，安全记牢。

二、宿舍和餐厅的安全

【案例1-7】 2015年3月9日18时30分许，黄岛区某职业院校学生王某某报警，称在学校宿舍内有总价值约1000余元的现金被盗。经民警现场了解，王某某离开宿舍时随手将装有1000余元现金的钱包放在床上，忘记锁宿舍门就离开，回来时发现财物被盗。经过开发区警方调查，于3月12日抓获犯罪嫌疑人李某。经审查，李某利用下午学生上课时间偷偷溜进校园，发现王某某所在的宿舍门未关后潜入，盗走现金1000余元。

【案例1-8】 2018年11月14日早晨6时10分左右，上海某学院一学生宿舍楼发生火灾，4名女生从6楼宿舍阳台跳下逃生，当场死亡，酿成近年来最为惨烈的校园事故之一。宿舍火灾初步判断缘起于学生在寝室里违规使用电器，电器出现故障并将周围可燃物引燃。这给寝室安全管理特别是防火安全敲响了警钟。火灾大部分是因为个别学生违章用火和电器而引发，从而造成不可挽回的损失。

"隐患险于明火，防范胜于救灾，责任重于泰山。"学生宿舍安全无小事，也许就在不经意使用违禁用品的那一刻，安全隐患的祸根已经种下。学生宿舍是一个集体场所，是一个人口密度极大的地方，任何一场火灾都可能造成重大后果，带来无可挽回的财产损失和人身伤害。纵观这起校园火灾事故发生的案例，同学们更应深刻认识到寝室防火安全的重要性，一定要增强消防安全意识，警钟长鸣。

1. 宿舍生活的安全

学校要加强学生宿舍防火、防盗、防触电、防上下楼梯踩踏等的安全防范工作，防止意外事件的发生，确保学生的安全。学生在宿舍的生活安全注意事项如下：

1）遵守作息时间，按时起床，按时就寝，熄灯前必须进入寝室，熄灯后不讲话、不走动，起床铃响后立即起床。严禁在非允许时间进入寝室。如因特殊情况确需进入寝室的，必须持学生出入单（需有班主任教师、生活指导教师、政教处有关教师签字同意）方可通行。

2）严禁在宿舍追逐、喧闹、起哄、打架斗殴、打扑克、赌博、喝酒、传看淫秽作品。严禁盗窃他人物品，不准在床上玩耍。严禁翻爬墙。

3）严禁学生从后窗或从前面走廊与上下楼层的学生开玩笑、打招呼，禁止在栏杆、窗台等危险处攀坐。

4）严禁携带公安机关明令禁止的管制刀具及不属于学习用品的一切利器到学校；不准携带铁条、钢管、钢球、木棒等与学习无关又易伤人的危险物品到学校；不准携带易燃、易爆、有毒、有严重腐蚀性的物品到学校。

5）在寝室内不可使用蜡烛等明火，不焚烧信件和杂物。宿舍里不准吸烟。私自吸烟的同学应及时熄灭烟头，不准随地乱扔烟头，更不能把烟头扔到垃圾桶内或塞在被子里，以避免火灾的发生。

6）不准私自接电源，不能在宿舍里使用"热得快"、电炉、电炒锅、电茶壶等大功率电器；不要用湿手去接触电源开关；不能随便触摸已经接通了电源的电线破损处；宿舍内的电灯或其他电器损坏，要及时找人修理或更换；离开宿舍前，断开所有电源。

7）学生不得擅自变动床铺，不要随意串寝室，不准将闲杂人员带入宿舍，男生不得进入女生宿舍，学生宿舍禁止外来人员留宿；随时保持高度警惕，保管好自己的财物，严防失窃；出入随手关门，无人时锁门，晚上睡觉前要关好门窗，并检查门窗插销是否牢固；夜晚有人来访，不得轻易开门接待，绝对不给陌生人开门。

8）要加强学生就寝的考勤管理，防止学生夜不归宿。在宿舍发生事故后，生活指导教师应立即处理，并迅速和保卫科、政教处联系。学生在寝室发生疾病，生活指导教师应尽快与校医联系，并通知班主任。

2. 宿舍设施的安全

【案例1-9】 杨某是某中职学校在校学生。某日晚，睡在上铺的杨某由于床右边护栏的螺丝脱落，突然从上铺摔下来，导致右臂粉碎性骨折。

《学生伤害事故处理办法》规定，学校的校舍、场地、其他公共设施，以及学校提供给学生使用的学具、教育教学和生活设施、设备不符合国家规定的标准，或者有明显不安全因素造成的学生伤害事故，学校应当依法承担相应的责任。因学校的过错，造成杨某骨折，学校应当承担民事赔偿责任。本案例中学校宿舍管理有明显漏洞，学校未尽到管理职责。

1）宿舍应严格按照消防设施的建设规范配足、配齐消防设备及器材，保持充足的消防水源，消防栓水路应畅通。学生要爱护公寓内的所有消防设施，不得随意挪用消防水带，不得损坏消防安全疏散指示标识和应急照明设施，不得随意损坏灭火器。学生公寓内的所有消防设施应定期进行维护、维修和更换，确保随时都能使用。

2）学生宿舍内的所有通道均为消防安全疏散通道，所有门均为消防安全出口，任何部门均不得在疏散通道上安装栅栏，任何个人均不得在疏散通道堆放物品造成通道堵塞，严禁在学生住宿期间将安全出口上锁。

3）学校要明确专人对宿舍的电线、电器、燃气设备等加强检查，及时更换老化或超负荷的线路,杜绝私拉乱接的现象,防止发生火灾、爆炸等事故。严禁利用学生宿舍生产、储存易燃易爆危险品,其他有害物品也不得存放于学生公寓内。

3. 餐厅的安全

【案例1-10】 某中学一位高二学生丁某,一天中午到学校食堂就餐,在拿餐盘找座位时,不慎将书包掉落到地上,并将自己绊倒摔伤。

学生丁某的受伤,并不是由学校的设备、设施存在问题(如地面湿滑、不平)直接造成的,而是学生被自己的书包绊倒,这是意料之外的偶然事故,无法事先预料并加以预防。事故是由于学生丁某自己不小心造成的,应由学生及家长自己负责。

1)学生不要穿拖鞋、背心进入餐厅。要严格按学校规定的时间表就餐,要有序进入餐厅,以免拥挤摔倒。

2)学生凭学生卡进入餐厅,凭餐卡打饭菜。要自觉遵守就餐纪律,不要大声喧哗,不准说脏话,以免发生不必要的纠纷。

3)学生要遵守秩序,自觉排队。不得拥挤、吵闹、起哄,严禁骂人、打架。

4)学生一律在餐厅就餐,严禁把饭菜等带出餐厅。严禁在餐厅抽烟、喝酒、猜拳行令等。

5)要节约用水,节约粮食,吃剩的饭菜等要倒入指定的桶内。

6)要尊重食堂工作人员,服从餐厅管理人员和学生会干部的管理。

7)自觉维护就餐秩序,就餐时按指定位置就座,不得串桌。

知识点2 校园水电使用安全

水和电是校园生活中无时不在的要素,看似平常,但如有使用不当,也存在着巨大的隐患。特别是电,使用不当容易引起火灾。

一、实验室、车间安全用水用电制度

白天工作、学习期间,当办公室、实验室、教室光线充足时,尽量使用自然光源;光线不足时,根据实际需要开启电灯;养成随手关灯的习惯,下班后,人走灯灭,坚决杜绝"长明灯";公共区域如走廊、楼梯等,在保证照明的前提下,关闭部分照明设施。

禁止"长流水""长明灯""长调风"的现象,一经发现要严肃处理。夏季使用风扇做到人走风扇停;夏季气温在30℃以下,尽可能不开空调(计算机房除外);空调温度夏天不能低于26℃,冬天应在20℃左右,并做到人走空调关。

对于私拉乱接电源、私自安装电器,使用各类违规电器的现象,除没收电器外,还应

给予严肃处理；造成线路、管道破坏或发生事故的，当事人应承担全部责任。

办公用计算机电源应设置在节能状态，长时间不使用应及时关机；教学仪器设备不使用时应随手关机；离开时关闭所有办公室、实验室的电源（冰箱等特殊仪器除外）。

自觉养成节约用水的习惯，用完自来水应随手关紧水龙头。

各实验室、车间所辖范围的水电设施如有损坏或出现故障，使用部门应及时与有关部门联系维修。

二、安全用电须知

用电设备在运行过程中，因受外界的影响（如冲击压力、潮湿、异物侵入），或因内部材料的缺陷、老化、磨损、受热、绝缘损坏，以及因运行过程中的误操作等原因，有可能发生各种故障和不正常的运行情况，因此有必要对用电设备进行保护。对电气设备的保护一般有过负荷保护、短路保护、欠压和失压保护、断相保护及防误操作保护等。

1. 危险温度

危险温度是因电气设备过热所引起的，而电气设备过热主要由电流产生的热量所造成。电气设备运行时总会发出热量。只有当电气设备的正常运行条件遭到破坏时，其发热量增加，湿度升高，从而引起火灾。引起电气设备过度发热而不正常运行的情况如下。

（1）短路　发生短路时，线路中的电流增加为正常时的几倍甚至几十倍，而产生的热量和电流平方成正比，使得温度急剧上升，大大超过允许范围。如果温度达到自燃物的燃点或可燃物的燃点，即会引起燃烧，导致火灾。容易发生短路的情况有：

1）电气设备的绝缘老化变质，受机械损伤，在高温、潮湿或腐蚀的作用下，绝缘破坏。

2）由雷击等电压的作用，绝缘击穿。

3）安装和检修工作中，接线和操作的错误。

4）由于管理不严或维修不及时，有污物聚积，小动物钻入等。

此外，雷电放电电流极大，比短路电流大得多，甚至可能引起火灾爆炸。

（2）过载　过载也会引起电气设备发热，造成过载的原因大体有如下几种：

1）设计、选用的线路或设备不合理，以致在额定负载下出现过热；

2）使用不合理，如超载运行、连续使用时间超过线路或设备的设计值，造成过载；

3）设备故障运行造成设备和线路过载，如三相电动机单相运行、三相变压器不对称运行等，均可造成过热。

（3）接触不良

1）不可拆卸的接头连接不良，焊接不良，或接头处混有杂质，都会增加接触电阻而使接头过热。

2）可拆卸的接头连接不紧密，或由于振动而松动，也会导致过热；

3）活动触头，如刀开关的触头、接触器的触头、插入式熔断器的触头等活动触头，没有足够的接触压力或接触表面粗糙不平，都会导致触头过热；

4）电刷的滑动接触处没有足够的压力或接触表面脏污、不光滑，也会导致过热；

5）对于铜铝接头，由于性质不同，接头处易受电解作用而腐蚀，从而导致过热。

(4) 散热不良　各种电气设备在设计和安装时都考虑有一定的散热或通风措施，如果措施受到破坏，可造成设备过热。

2. 电火花和电弧

电火花是电极间击穿放电，电弧是由大量密集的电火花汇集而成。在有爆炸危险的场所，电火花和电弧是十分危险的因素。

电火花大体分为两类：

(1) 工作电火花　是指电气设备正常工作时或正常操作过程中产生的火花，如交、直流电机电刷接触滑动小火花，开关或接触的开合的火花等。

(2) 事故火花　是线路或设备发生故障时出现的火花。如发生短路或接地时的火花；绝缘损坏网络及导电体松脱时的火花；保险丝熔断时的火花；过压放电火花；静电火花；感应电火花及修理工作中的错误操作火花等。

应当指出，电气设备本身的事故一般不会出现爆炸事故，但在以下场合可能引起空间爆炸：周围空间有爆炸性混合物；在危险温度或电火花作用下，老旧设备（油断路器、电力变压器、电力电容器和老油套管）的绝缘油在电弧作用下分解和汽化，喷出大量油雾和可燃气体；发电机氢合装置漏气；酸性蓄电池排出氢气等。

3. 实验室、车间的具体问题

1）不要超负荷用电。空调等大功率用电设备应使用专用线路。

2）要选用质量合格的电器，不要贪便宜购买使用假冒伪劣的电器、电线、开关、插头、插座等。电灯线不要过长，灯头离地面应不小于2米。灯头应固定在一个地方，不要拉来拉去，以免损坏电线或灯头造成触电事故。对于金属外壳的电气设备，应按规定进行接地安装，修理及接地线要由电工进行。

熔丝（保险丝）要符合规格，要根据用电设备的功率来选择。安装熔丝时，先要拉闸，后断电源，然后再装上符合要求的熔丝，如果熔丝经常熔断，应由电工查明原因，排除故障。

3）无论是集体或个人，不要私自或请无资质的装修人员铺设电线、接装用电设备和电灯等用电器具。应由有资质的单位和人员进行设备的安装。在使用中，如果电气设备出现故障，要由电工进行修理。

4）对规定使用接地的用电器具，要做好接地保护，不要忘记给三眼插座安装接地线，不要随意把三眼插头改为二眼插头。发现落地的电线，离开10米以外，更不要用手去捡。

同时，要设法看护落地电线，并请电工来处理，以防他人走近而发生触电。

5）移动电气设备时，一定要先拉闸停电，后移动设备，绝不要带电移动。把电动机等带金属外壳的电气设备移到新的地点后，要先安装好接地线，并对设备进行检查，确认设备无问题后，才能开始使用。

安装电气设备时，应符合安装要求，不能使用有裂纹或破损的开关、灯头和破皮的电线。电线接头要牢靠，并用绝缘胶布包好，发现有破损现象时，要及时找电工修理。

6）湿毛巾等物品要与电线开关、插座保持安全距离，不用湿手、湿布擦或接触带电的灯头、开关和插座等。在开关、熔丝盒和电线附近，不要放置油类、棉花、木屑等易燃物品，以防发生电气火灾。如果发现有烧焦橡皮和塑料的气味，应立即拉闸停电，查明原因妥善处理后，才能合闸。万一发生火灾，要迅速拉闸救火。如果不能停电，应用盖土、盖砂的办法救火。一定不要泼水救火，以防触电。

7）湿手不能触摸带电的家用电器，不能用湿布擦拭使用中的家用电器。进行家用电器修理前必须先断电源。

8）要选用与电线负荷相适应的熔断丝，不要任意加粗熔断丝，严禁用铜丝等代替熔断丝。

9）要定期对漏电保护开关进行灵敏性试验。

10）当发现电线断落，无论带电与否，都应先视其带电，应与电线断落点保持足够的安全距离，并及时向有关部门汇报。

三、怎样预防常见用电事故

1）不乱拉乱接电线。

2）在更换熔断丝、拆修电器或移动电器设备时必须切断电源，不要冒险带电操作。

3）使用大功率电器时，人不要离开。

4）房间内无人时，饮水机应关闭电源。

5）发现电器设备冒烟或闻到异味时，要迅速切断电源进行检查。

6）电加热设备上不能烘烤衣物。

7）发现电线断落，无论带电与否，都应视为带电，应与电线断落点保持足够的安全距离，并及时向有关部门汇报。

8）不要靠近或接触任何带电部分。特别是高压输出部分，以免被电击伤。电源开关外壳和电线绝缘有破损不完整或带电部分外露时，应立即找电工修理，否则不能使用。

对于电话线与电源线，不要为图方便使用同一条电线，要分别使用不同的电线或电缆，敷设时应离开一定距离。在带电的用电器上或破旧的电线周围，不能用钢卷尺和夹有金属线的皮尺、线尺进行测量工作。

9）高温季节，由于出汗，手经常是湿的，而汗是导电的，出汗的手与干净的手的电阻不一样，因此，在同样条件下，人出汗时触电的可能性和严重性增加，在夏季要特别注意。

四、触电类型及触电事故的特点

1. 触电类型

根据电流通过人体的路径及触及带电体的方式，一般可将触电分为单相触电、两相触电和跨步电压触电等。

（1）单相触电　当人体某一部位与大地或与大地因绝缘不佳而接触，另一部位触及一带电体所致的触电事故。

（2）两相触电　人体的不同部位同时触及两相带电体（同一变压器供电系统）称两相触电。

（3）跨步电压触电　当带电体接地处有较强电流进入大地时（如输电线路故障），电流通过接地体向大地作半球形流散，并在接地点周围地面产生一个相当大的电场。人体如双脚分开站立，则施加于两足的电位不同而致两足间存在电位差，称跨步电压。人体触及跨步电压而造成的触电，称跨步电压触电。

2. 触电事故的特点

我们已经知道，电流通过人体时会对人体造成损伤，即电击伤，通常称电击伤为触电。以下情况较易发生触电事故。

1）操作人员缺乏安全用电知识或不遵守安全技术要求，违章作业。

2）触电事故的发生具有明显的季节性。一年中，春、冬两季触电事故较少，夏、秋两季（特别是六、七、八、九月）的触电事故特别多。

3）低压工频电源和家庭电器触电事故较多，占触电事故总数的90%以上。

4）潮湿，高温，有腐蚀性气体、液体或金属粉类的场所较易发生触电事故。

3. 触电伤害的临床表现

（1）全身性反应及现场抢救措施

1）心跳停止，但呼吸尚存在，立即采用胸外心脏按压法进行抢救。

2）呼吸停止，心跳尚存在，立即采用口对口人工呼吸法进行抢救。

3）心跳、呼吸均停止，胸外心脏按压法与口对口人工呼吸法应同时进行。如果现场抢救只有一人，则必须两种抢救法交叉进行。时间就是生命，有心跳无呼吸或者有呼吸无心跳的情况只是暂时的，如果不及时抢救就会导致心跳、呼吸全停止，丧失抢救的最佳时机。

（2）局部的电灼伤　局部的电灼伤常见于电流进出的接触处。电流进入人体所致的伤口通常为一个，但电流流出所致的伤口可为一个以上。电灼伤可对人体造成各种伤害。常见的临床表现如下。

1）皮肤金属微粒沉着：电流产生的热量及电解作用使金属微粒和导电离子侵袭皮肤及皮下组织。

2）灼伤：由电流和电弧所产生的高热，烧伤人体组织。

3）电烙伤：又称电流印，是电流对人体的一种特殊损伤，由电流的热效应和化学效应所致。

4）电纹：在电流进入和流出部位的皮肤处，可见到灰白色或红色的树枝形纹路。

4. 触电现场的处理

（1）触电现场急救　触电现场急救是整个触电急救过程中的关键环节之一。一般分为初期复苏、二期复苏和后期复苏。

1）初期复苏（基本生命支持）。迅速了解触电者的情况，立即对症处理。应用口对口人工呼吸法及胸外心脏按压法维持其呼吸及血液循环。

2）二期复苏（进一步生命支持）。恢复心脏自主搏动及自主呼吸，维持良好的血液循环及气体交换。

3）后期复苏（持续生命支持）。心跳、呼吸恢复后，必须采取措施，防止脑组织缺氧受损的进一步发展，并促使脑功能的恢复。

实践证明，要想使触电者复苏成功，需在4分钟内进行初期复苏，并在8分钟内开始二期复苏工作。触电现场急救实际就是初期复苏，所以每一个电气作业人员必须熟练掌握急救技术。一旦发生事故，就能立即在现场进行正确的急救。

（2）触电现场处理　发生触电事故时，现场急救的具体操作可分为迅速解脱电源、简单诊断和对症处理三大部分。

1）迅速解脱电源。一旦发生触电事故时，切不可惊慌失措、束手无策，首先要设法使触电者脱离电源，迅速解脱电源的一般方法如下。

①切断电源。当电源开关或电源插头就在事故现场附近时，可立即将闸刀打开或将电源插头拔掉，使触电者脱离电源。

②用绝缘物（如木棒、竹竿、手套等）移去带电导线，使触电者脱离电源。

③用绝缘工具（如电工钳、木柄斧以及锄头等）切断带电导线，断开电源。

④拉拽触电者衣服，使之摆脱电源。

上述办法仅适用于220V或380V"低压"触电的抢救。对于高压触电的情况，应及时通知供电部门，采取相应紧急措施，以免产生新的事故。

2）简单诊断。脱离电源后，触电者往往处于昏迷状态或"临床死亡"阶段。只有做出明确判断，才能及时、正确地进行急救。简单诊断的一般方法如下。

①判断是否丧失意识。

②观察有否呼吸存在。

③检查颈动脉有否搏动。

④观察瞳孔是否扩大。

3）处理方法。经过简单诊断的触电者，一般可按下列情况分别处理。

①触电者神志清醒，但感乏力、头昏、胸闷、出冷汗，甚至有恶心或呕吐的症状，应当就地安静休息，以减轻心脏负荷，加快恢复；情况严重时，应小心将其送往医疗部门，途中严密观察触电者，以防意外。

②触电者呼吸、心跳尚存，但神志不清。应使其仰卧，保持周围空气流通，注意保暖，并且立即通知医院并送往医院抢救。此时还要严密观察，做好人工呼吸和胸外心脏按压急救的准备工作。

③假如检查后发现触电者已处于"假死"状态，则应立即针对不同类型的"假死"进行对症处理。若呼吸停止，则通过人工呼吸法维持其气体交换；若心脏停止跳动，则用胸外心脏按压法来使其重新维持血液循环；若呼吸心跳全停，则需同时施行胸外心脏按压和口对口人工呼吸法，同时应立即通知医疗部门进行抢救。

五、电气灭火知识

电气灭火一般有两个特点：一个特点是灭火后的电气设备可能是带电的，如不注意，可能引起触电事故；另一个特点是有些电气设备（如电力变压器、油断路器等）本身充有大量的油，可能发生喷油甚至爆炸事故，扩大火灾范围。因此在进行灭火时，应首先注意如下问题。

1. 触电危险和断电

发现起火后，首先要设法切断电源。切断电源时应注意以下几点：

1）火灾发生后，开关设备绝缘能力降低。因此，拉闸时最好用绝缘工具操作。

2）高压应先操作油断路器而不应先操作隔离开关切断电源；低压应先操作磁力启动器而应不先操作闸刀开关切断电源，以免引起弧光短路。

3）切断电源的地点要选择适当，防止切断电源后影响灭火工作。

4）剪断电线时，不同相电线应在不同部位剪断，以免造成短路；剪断室中电器时，剪断位置应选择在电源方向的支持物附近，以防止电线剪断后落下来造成接地短路或触电事故。

2. 带电灭火安全要求

有时为了争取灭火时间，来不及断电，或因生产需要或其他原因，不允许断电，则需带电灭火。带电灭火需注意以下几点：

1）选择适当的灭火器。二氟一氯一溴甲烷（1211）灭火器的灭火剂是不导电的，对设备也没有污染，可用于带电灭火。但一般1211灭火器能量较小，适用于扑灭电气初期起火；对于起火范围大，火势猛、能量大的情况，需采用干粉灭火器灭火。泡沫灭火器的灭火剂（水溶液）具有导电性，禁止使用泡沫灭火器对电气设备带电灭火。

2）用水枪灭火时适宜采用喷雾水枪，其通过水柱泄漏的电流小，在带电灭火的情况下比较安全。

3）人体与带电体之间应保持必要的安全距离。

4）对架空线路等空中设备进行灭火时，人体位置与带电体位置之间的偏角不超过45度，以防导线断落伤人。

5）如遇带电导体断落地面的情况，要划出一定的警戒区，防止跨步电压伤人。

3. 充油设备灭火要求

充油设备的油，闪点多在130～140摄氏度之间，有较大的危险性。如果只在设备外部起火，可用1211灭火器和干粉灭火器等带电灭火。如火势较大，应切断电源，并可用水灭火。例如，油箱破坏，喷油燃烧，火势很大时，除切断电源外，应设法将油放进事故储油坑内，再用泡沫扑灭。电缆沟内的油火可用黄沙覆盖灭火或用泡沫灭火器覆盖扑灭。

六、家庭安全用电要注意的几个问题

1）首先，家庭用电进线电闸内侧，应安装具有过电压跳闸，漏电跳闸双功能保护的"触电保安器"。它不但可以有效地保护人、畜的安全，还可以保护家用电器不致因过电压而损坏。漏电保护装置应安装在无腐蚀性气体、无爆炸危险的场所，并应注意防潮、防尘、防震动和阳光直射。

2）家用电器如电视机、电冰箱、电冰柜、洗衣机等，应按产品使用要求，装设合格的接地线，但切勿用煤气管道和自来水管道作为家电的接地线。

3）家庭住宅中装用的电闸、插座、开关、导线等应完好无损，导电体不能有缺损和裸露。选购电源插座时应检查是否有产品认证标志，不买"三无"产品，插座的额定电流不能小于实际使用的最大电流。现行的住宅设计规范要求每套住宅的进户线铜芯截面不应小于10平方毫米。在室内配电时，相线、零线应标志明晰，并与家用电器接线保持一致，不得相互接错。

4）家中进水、发生电器火灾或进行电气设备维修时，应断开室内进线电源，禁止非电工人员带电作业。

5）灯泡等电热器具不能靠近易燃物，防止因长时间使用或无人看管而发生意外。

6）严禁站在潮湿的地面上，触动带电物体或用潮湿抹布擦拭有电的家用电器。

7）不要用手去移动正在运转的家用电器，如台扇、洗衣机、电视机等。如需搬动，应先关闭开关，并拔去插头。

8）不要赤手赤脚去修理家中带电的线路或设备。如必须带电修理，应穿鞋并戴手套。

9）发现电器设备冒烟或闻到异味（焦味）时，要迅速切断电源进行检查。

10）对夏季使用频繁的电器，如电热淋浴器、台扇、洗衣机等，要采取一些实用的措施防止触电，如经常用电笔测试金属外壳是否带电，加装触电保安器（漏电开关）等。

11）夏季雨水多，用水也多，如不慎家中浸水，首先应切断电源，即把家中的总开关关闭，以防止正在使用的家用电器因浸水或绝缘损坏而发生事故；其次在切断电源后，将可能浸水的家用电器搬到不浸水的地方，防止绝缘因浸水而受潮，影响今后使用。如果电器设备已浸水，绝缘受潮的可能性很大，在再次使用前，应对设备的绝缘用专用的电阻表测试绝缘电阻，如达到规定要求，可以使用，否则要对绝缘进行干燥处理，直到绝缘良好为止。

12）当用电器设备发生漏电故障时，自动切断设备的供电电源。它是避免人身遭受电击伤亡的唯一可靠的保护措施，也是防止漏电引起电气火灾的电气设备损坏事故的技术措施，因此必须正确选择并合理配置漏电保护器，并且定期试验，以确保漏电保护器的完好性。为了切实起到漏电保护作用，家庭中宜选用高灵敏度、快速型的漏电保护器。

13）雷电天气下，最好不要收看电视节目，并且拔下电源插头和天线插头，以防雷电形成的高压电窜入损坏电视。

14）家中不能乱拉乱接电线，以防发生火灾事故。

15）家电使用中应注意的问题。

①购买家用电器时应认真查看产品说明书的技术参数（如频率、电压等）是否符合本地用电要求，要清楚耗电功率多少，家庭已有的供电能力是否满足要求，特别是配线容量、插头、插座、保险丝具、电表是否满足要求。

②当家用配电设备不能满足家用电器容量要求时，应予更换改造，严禁凑合使用，否则超负荷运行会损坏电气设备，还可能引起电气火灾。

③购买家用电器还应了解其绝缘性能，是一般绝缘、加强绝缘还是双重绝缘，如果是接地漏电保护，则接地线必不可少，即使是加强绝缘或双重绝缘的电气设备，保护接地或保护接零亦有好处。

④带有电动机类的家用电器（如电风扇等），还应了解其耐热水平，是否可长时间连续运行，要注意家用电器的散热条件。

⑤安装家用电器前应查看产品说明书对安装环境的要求，特别注意在可能的条件下，不要把家用电器安装在湿热、灰尘多或有易燃、易爆或腐蚀性气体的环境中。

知识点3　校园人身财产安全

校园安全事件连发令人唏嘘，特别是案件中的犯罪嫌疑人被怀疑是同宿舍的学生，更是令人惊诧，以至于网络上曾一度流传着"感谢舍友当年不杀之恩"的调侃。学校是一个既同社会生活有着千丝万缕联系，又有别于社会的特殊人群聚集地，具有青年学生多、公共集聚场所多、文化交流多的特点，容易引发突发事件。

一、预防校园暴力

【案例1-11】 2016年12月14日，温州市鹿城区人民法院公开宣判了一起发生在校外的未成年人欺凌案件：因看他人不爽而扇其耳光、用脚踹，并强迫其脱光上衣裸体跳舞，还拍摄视频上传至网上。据了解，八名被告人中，除王某乙为成年男性，其余被告人均为女性，犯案时基本在18周岁以下。五人为高中生，其余三人无业，最小仅15岁。

鹿城区法院审理后认为，寋某、徐某、娄某、陈某结伙以暴力、胁迫的方法聚众在公共场所侮辱妇女，寋某、徐某、王某甲、王某乙、娄某、陈某、施某、潘某结伙非法拘禁并殴打他人，已分别构成"强制侮辱妇女罪""非法拘禁罪"。寋某、徐某、娄某、陈某两罪并罚。法院称，考虑部分被告人具备自首情节，犯罪时年龄已满16周岁未满18周岁，并结合其各自在此案中所起的作用，一审判处寋某有期徒刑6年6个月，徐某有期徒刑5年，娄某有期徒刑4年，陈某有期徒刑3年6个月，施某、王某甲各有期徒刑10个月，潘某有期徒刑9个月，王某乙有期徒刑8个月，缓刑1年。

【案例1-12】 被告人宋某某，男，汉族，1996年7月23日出生，初中文化，无业。被告人陆某某，男，汉族，1998年8月1日出生，捕前为某外事服务学校学生。被告人张某某，男，汉族，1997年6月25日出生，中专文化，无业。2014年6月28日凌晨4时许，被告人宋某某、陆某某、张某某及其朋友任某某（另案处理）酒后来到任某某住宿的旅馆房间内欲继续饮酒，被告人张某某与住在该旅馆的被害人崔某相遇时发生推搡、口角，被告人陆某某、任某某见状上前与崔某厮打，被他人多次拉开。后崔某从房间内冲出，欲与宋某某等人继续打斗，双方在楼道口再起争执，进而厮打，宋某某掏出随身携带的折叠刀，朝崔某胸腹部捅刺数刀，陆某某随后掏出折叠刀捅刺崔某胸腹部、四肢等部位，任某某亦参与对崔某的拳打脚踢，在发现崔某倒地不起后各被告人逃离现场。经鉴定，被害人崔某因心脏破裂致失血性休克死亡，且其左腰腹部膈肌破裂，构成重伤二级；右腹部伤情、左髂前上棘处皮肤裂伤，均构成轻伤二级；轻微伤十七处。案发后，三被告人主动向公安机关投案。

依照相关法律规定，以故意杀人罪判处被告人宋某某有期徒刑十三年；以故意杀人罪判处被告人陆某某有期徒刑七年；以故意伤害罪判处被告人张某某有期徒刑二年。

本案是三名未成年被告人酒后滋事，意气用事，做事不计后果，最终酿成无辜青年死亡的恶性刑事案件。未成年人进入青春期后，生理迅速发育，身高和体重不断增长，攻击力和好胜心增强，如若缺乏正确地引导，这种心理就会演变为意气用事和报复心理。学校和家长应注重学生的德行教育，引导未成年学生养成自我约束的习惯，克制冲动，拒绝暴力。同时，要教育引导未成年学生与他人间的沟通方式、方法，慎重交友，远离陋习，对待他人尊重、宽容，处事礼让、谦和，切莫因小事而轻易与他人发生冲突。

1. 校园暴力的危害

人们常说的中小学校园暴力，在心理学上来说是一种欺侮行为。欺侮行为一般是指有意造成被欺侮者身体或心理伤害的行为。欺侮行为通常表现为殴打、谩骂、勒索钱财、取外号以及社会排斥等。欺侮行为可分为直接欺侮和间接欺侮。直接欺侮的对象是那些让他感到挫折的对象，如家长、老师或同学；间接欺侮是在不能将自己的愤懑情绪发泄到直接对象身上时，将愤懑情绪转移到无辜对象的身上，如同学、动物、公共财物等。校园暴力给人们带来太多的伤害、耻辱和痛苦的回忆。

1）欺侮行为对受欺侮者的身心健康会造成极大的伤害，有的受害者的生命受到威胁，而欺侮者也受到了法律的严惩。

2）校园暴力的受害者如果目睹了血腥的场面，尤其是许多心理承受能力较差的未成年人，受到刺激后容易产生"创伤后应激障碍"，如在暴力现场呆若木鸡、丧失应对能力，事情过后还会不断地回忆这个场面，经常焦虑、恐惧。有的人还会导致抑郁等精神障碍，有的人甚至在几年、几十年后仍旧噩梦连连。

3）如果学校中经常发生校园暴力，会使一些学生对校园生活失去安全感，甚至对学习活动本身产生恐惧心理。结果会导致这些学生要么不肯去学校就读或逃学，要么结交各种帮派的小团体以"保护"自身安全。这在某种程度上又增加了校园内外发生各种暴力行为的可能性。

4）如果经常处于校园暴力的环境下，由于未成年人的学习模仿能力非常强，他们就很可能记住这些行为。以后，当他们遇到问题需要解决时，也很可能通过暴力去解决，那么，他们就由受害者最终成了施暴者。

2. 校园暴力产生的原因

校园暴力的产生主要与以下几方面的因素有关。

（1）生物学因素　研究发现，一些具有暴力攻击倾向的人，或者出现反复暴力行为的人，往往是因为其在婴幼儿期间，甚至是在胎儿期间就存在中枢神经系统的缺陷，从而导致其中枢神经发育迟缓或异常。这种缺陷可能是遗传的，也可能是因为遭受了物理性或化学性的损伤。这种缺陷会导致神经系统的结构和功能异常，使人出现攻击性、反社会性的行为。

（2）心理学因素　有暴力攻击行为的人，大多数是在人格方面存在某些缺陷或障碍。这些缺陷或障碍有些与生物学或遗传学有关，有些则与心理应激等因素有关。

具有这些缺陷或障碍的人的表现也不尽相同，有的人孤僻偏执，易为琐事长期记恨；有的人具有冲动性人格的特征，通常表现为易冲动、情绪不稳定、做事不考虑后果等；还有的人可能表现为反社会性的人格特征，对他人遭受的痛苦冷漠无情、缺乏责任感，不择手段地满足自己的欲望等。

(3) 社会学因素　一个人的人格是否健康地形成，与其在家庭中的成长经历有很大的关系。如果家庭教育方式不当，如过分严厉、过于溺爱、疏于管教的情况，或是家庭气氛紧张、不和谐，使孩子缺少关爱和安全感等情况，都会对孩子的健全人格培养带来不利的影响。许多校园暴力的施暴者也是家庭暴力的受害者或者目睹者。

事实上，许多父母自身并不懂得如何从不良情绪中走出来，就更不可能来指导和影响孩子的行为与心理。一些孩子在成长中遇到情感、人际关系等问题时无法排解，也会使他们在社会化的过程中产生人格缺陷。

(4) 学校教育因素　有的学校过度重视学生的学业，而忽视了他们心理、情感以及人际交往方面的能力的培养和提高，致使许多学生解决问题的能力和社会适应能力低下。

有的学生是家中的"小皇帝"，凡事唯我独尊，不懂得与他人合作与妥协。他们一旦遇到不如意，就会较易与他人产生冲突。还有的学生处于学业、就业的压力之下，却不懂得解压方式，或是没有合适的发泄渠道，就会产生情绪障碍，进而通过攻击、暴力行为来发泄。

(5) 其他因素　当下很多游戏和媒体报道中都包含着暴力的内容，学生长时间耳濡目染，接受了这些暴力文化，对暴力行为也就习以为常、不以为意了。还有一些年龄稍长的学生，在向成人转变的过程中，由于其体力上成长很快，精力比较旺盛，但情感和行为控制方面的发育还未完善，因此自我控制的能力比较差，处理事情就易冲动，甚至会毫无诱因地发生暴力行为。

3. 易受校园暴力的学生的类型

1）有些学生过分懦弱、胆小怕事，很容易就会成为校园暴力施暴者转移自身挫折感或者发泄不满情绪的对象。

2）有些学生经常喜欢欺侮别人，引发各种暴力冲突。但是，经常打闹也使他本人面临受到暴力伤害的危险。

3）有些学生无主见，做事总喜欢跟在比他强的人的后面，甚至跟着做一些不符合学生身份的事，例如经常出入游戏厅、网吧等场所。由于这些学生缺乏自我保护意识且自我保护能力较差，一旦发生暴力冲突，往往很容易成为被害对象。

4）有些学生平时沉默寡言，敏感多疑，对周围的一切都感到不满，说话尖酸刻薄，做事心胸狭窄，容易激怒他人，从而遭受暴力伤害。

5）有些学生的性格过于不成熟，以自我为中心，不懂得考虑他人的感受。例如，有的家境比较富裕的学生，喜欢炫耀，还有在老师同学中较"受宠"的学生，都容易引起其他学生的嫉恨，从而引发针对他们的暴力伤害行为。

4. 校园暴力的应对措施

校园暴力的问题涉及学校、家庭、社会等多方面，所以，应对校园暴力也要从多方面着手。

（1）学校方面

1）学校应加强门卫管理，毕业生、休学者、外校生等非本校人员进入校园，应询问其原因并予以登记。

2）学校要加强校内外巡视，对于易发生恐吓、勒索等事件的地点严加巡查。

3）学校对有恐吓行为的学生要进行明确的处理，不姑息养奸，若有情节重大的情形，应与警方保持联系，随时向警方提供相关线索。

4）当学校发生暴力事件时，处理步骤为：了解施害学生的动机→确定其行为→保证被害学生的安全→对施害学生给予相应的处理。

5）学校还应当加强校园文化环境的建设，引导学生通过健康的方式释放情绪和体力。

（2）家长方面

1）家长作为孩子的榜样，应在处理问题时有主见和决断力。

2）家长有必要加强心理学知识的学习。了解了心理学方面的知识，懂得与孩子沟通的技巧，帮助孩子分析问题、排解不良情绪。

3）当发现自己的孩子参与校园暴力或成为受害者时，家长不能漠然处之或鼓励孩子"以暴制暴"，而是应当及时了解事件的详细情况，并与学校或者公安部门联系，共同制订解决问题的方案，避免今后再次发生类似的事件。

4）如果发现孩子心理问题严重，或是出现极其异常的行为，家长自己又无法解决的，应及时寻求专业心理医生的帮助，避免情况恶化。

（3）学生方面

1）"武装"自己，面对挑战。面对校园暴力，同学们在平时就应该"武装"自己，成功规避风险。首先，同学们要做一个勇敢者。大部分施暴者的一个明显的特点就是"欺软怕硬"，看中了某个同学的个性比较懦弱，才会对其进行敲诈勒索。所以，同学们一定要注意在各种场合锻炼自己的勇气，不要胆小怕事。其次，当我们遇到问题的时候，要积极地想办法，寻找正确的解决途径，如请老师帮助解决，而不是息事宁人。

2）与人真诚交往。校园里被欺侮的弱势群体，一般属于校园里的"孤独一族"。他们与周围的同学来往比较少，甚至整个校园里也没有要好的同学和朋友。因此，当他们遭遇暴力时，没有人出来劝阻或是报告老师。这也反映出这些同学人际交往能力上的欠缺。在日常的学习和相处中，同学们应该努力做一个受欢迎的学生，积极参与班级的活动，真诚地与同学交往，主动帮助有困难的同学。这样，我们就会与同学结下深厚的情谊，从而摆脱孤独的现状。

3）不要跟陌生人走。陌生人来和你搭讪，说要带你去什么地方，你千万不要去。要知道，就算是校园中的暴力分子，也不大敢在光天化日之下行凶。同学们就要抓住他们这个弱点来克制他们，不去那些自己不熟悉的地方。最重要的是要提高警惕，因为不是每个陌生人都是好人。

4）别人打架的时候不要凑热闹。凑热闹不是什么好事，而且很可能会给自己带来伤害，应当尽量远离"是非之地"，当看到别人打架时，同学们应及时向老师报告。

5）不要过于张扬，要保持学生的质朴。作为学生，不要太过招摇，以免引来嫉妒与厌恶的目光。特别是家境不错的学生，如果喜欢在外面炫耀，很有可能被校园暴力分子盯上。因此，在校园里应当低调做人，这样可以降低遭遇校园暴力的概率。

6）正确处理感情问题。尤其对女孩子来说，要正确处理感情问题，不要因草率和害怕导致校园暴力的发生。

7）加强挫折锻炼。学生自身应加强挫折锻炼，增强应对挫折的能力。遇到挫折要勇敢面对，不要因为一点小的失败就丧失信心，甚至走向极端，而应始终保持一种积极向上的精神状态。

二、预防纠纷与防止打架斗殴

斗殴是人们在现实生活中因超出理智约束而发生的，一种激烈的、具有对抗性的互相侵害的行为。这种行为一般发生在青少年身上。斗殴是校园生活中必须禁止的。这类伤害对职业院校学生的生命健康危害极大，往往导致死亡或伤残，大多构成犯罪或严重犯罪。

目前，在校学生的年龄大都在15～20岁之间，正是血气方刚的时候，生活中有时也许会不理智地处理同学之间的矛盾，或遇突发性纠纷时容易超出道德"警觉点"，无视"危险的路标"，从而步入歧途。

【案例1-13】 2011年9月，在某职校的大门口外50米拐角处，汽修班詹某伙同本班4名同学对模具班李某进行群殴，致使李某门牙脱落2颗，身体多处受伤住院。后经学校学生科调查，两位同学的矛盾源于当天中午在学校食堂打饭时，李某插队，詹某上前制止，李某不听劝告，两人在食堂内发生了口角。詹某回到班上以后，将事情告诉班上的其他几位"死党"，大家商议之后，决定在下午放学的时候在校门口堵住李某，好好教训他一顿。因此导致詹某等5位学生群殴李某校园暴力事件的发生。事后，学校邀请詹某、李某及另外参与打架的学生家长到校，经过协商最后达成一致意见：詹某应负主要责任，承担50%的医药费，其他4位学生负次要责任，共同承担50%的医药费。参与打架的学生经过学校和家长的教育，都表示承认错误，学校根据当事学生的责任大小和认错态度，给予相应的纪律处分。

詹某、李某等学生在校属于经常违纪违规的学生。学生缺乏自我安全防范意识，法制观念淡薄，自控能力差，是非不分，是导致校园暴力事件、引发学生伤害事故频发的主要原因。当遭遇恶意挑衅时，比较有效的应对措施是告诉老师或者家长，让他们来充当"中间人"，化解同学之间的矛盾；如果应对措施是予以反击或者消极承受伤害，最终结果是一方的身体受到伤害甚至失去生命，另一方赔偿经济损失直至承担刑事责任。

学校和家长应注重教育学生养成良好品德和行为习惯，引导未成年学生养成自我约束的习惯，克制冲动，理智处事，拒绝暴力。同时，要教育引导未成年学生与他人间的沟通方式、方法，慎重交友，远离陋习，对待他人尊重、宽容，处事礼让、谦和，切莫因小事而轻易与他人发生冲突。

学生作为未成年人，首先要明白自身的责任，学生在校的主要任务是学习，其次要学会与周围的人和睦相处。

1. 职业院校学生纠纷与打架斗殴的危害

1）学生参与打架斗殴，严重破坏校园风气，扰乱校园秩序，影响校园的安定。尤其是群体性的打架斗殴，危及学校和社会的稳定，对学校造成极其恶劣的影响。

2）妨碍内部团结，破坏成长环境。如果在校园里发生"内战"，会伤害同学之间的感情，削弱友谊，破坏集体团结。在这种环境下，会形成互不信任、怀疑猜测、尔虞我诈、逞强好斗的不良风气。

3）有碍身心健康，导致心理障碍。有些学生的心理承受能力本来就比较弱，与同学发生纠纷后，心理上再受到压抑，会使性格变得孤僻、烦躁和沉闷，甚至会因为过度担心、焦虑而造成心理障碍，患上精神疾病。

4）诱发违法犯罪。打架斗殴皆因小事而起，但一旦酿成刑事治安案件，轻则受到退学、开除学籍的处理，重则触犯法律法规，受到法律的严厉制裁，从而断送自己的前程。

2. 职业院校学生纠纷与打架斗殴发生的原因

（1）不喜欢学习　有些在初中没有养成良好学习习惯的学生，在步入职业学校后，缺少升学、考试的压力，甚至有些学生缺乏人生目标，不喜欢学习，导致正处青春期而又精力过盛的学生存在情感偏差，行为失控，从而发生打架斗殴事件。

（2）个性强但心理脆弱　在学校里，发生一些小碰撞、小矛盾或小误会是很正常的，如买饭插队、抢占座位、无意碰撞、出言不逊等，但有些同学不会处理，总觉得别人侵犯自己的尊严，互不道歉，矛盾升温，从而导致打架斗殴事件的发生。据调查统计，67.14%的同学认为打架行为是因为一时冲动，意气用事。

（3）缺少处理矛盾的经验　中职生大多是处于15～18岁之间的青少年，在处理矛盾冲突时不冷静，不考虑后果，动不动要与别人"拼命"。例如，某职业中专学校的晚自习下课后，两个学生到学校旁边的山上散步，途中遇到两对谈恋爱的社会青年正在亲密接触，便多看了几眼。社会青年吼了声："看什么看！"两个中职生听了很恼火，觉得对方太嚣张，想上前去与对方拼命，但权衡了一下双方人数后不敢贸然动手，后打电话叫学校的一帮同学冲到山上的事发地点，对两个社会男青年进行殴打，造成其轻伤。

（4）爱面子，不让别人出面调解矛盾　据了解，有的同学认为由别人（包括教师、家长、同学或朋友）出面调解矛盾是很没面子的事情。学生出现争斗之后，无论输赢，一般都不向教师反映，宁愿自己解决，认为报告教师是失面子的事情，自己有问题埋在心里，旁边的同学发现了但怕报复，也不敢告诉教师，因而使一些矛盾纠纷具有一定的隐瞒性。许多小问题，教师发现不了，但发展为大问题后学生间的结怨就深了，造成的伤害就大了。也有学生认为，教师解决问题只是暂时的，事后还要遭到报复，因此不向教师说。

（5）同学的盲目介入，令矛盾升级　学生在发生纠纷时，一个同学有事，别的同学就来帮忙，相互影响，使恶劣言行在学生中传播。本来有些事是两个人之间的事，如果有人适当劝阻就会没事。但有些人逞"江湖义气"，为朋友"两肋插刀"，以示其"英雄气概"，令矛盾升级，最后导致打架斗殴事件的发生。

【案例1-14】　某职业中专学校的两名女生付某与冯某，因学校知识竞赛的监考问题产生了矛盾，相互骂了起来，付某骂的话难听了一些，冯某觉得自己很委屈，哭了起来。冯某的同班同学易某知道这件事后，没有帮忙调解，而是觉得自己班同学受了欺侮而义愤填膺，晚自习下课后，带了同班的跟此事毫不相干的八位同学，冲到付某宿舍，责问付某为什么要骂人。几句言语不合，双方便打了起来。

（6）法律意识淡薄　很多学生存在这样的认识，认为"对方打了我，我就应该再打他。"说到底，这就是社会法制观念不强的体现。青少年心智未成熟，很少考虑行为的后果，根本没想到暴力行为可能引发的法律问题及后果，常常为一件小事大打出手。

【案例1-15】　某职业中专学校学生吴某在晚上睡觉时跟同学开玩笑，把同宿舍同学黄某的被子抱到别的宿舍藏起来。黄某因睡觉找不到被子很生气，在宿舍大声嚷说："哪个王八蛋把我的被子藏起来了？"吴某听了很生气，跟黄某吵起来，在争吵中伙同另一同学林某用板凳砸向黄某，造成黄某鼻梁骨折断，构成轻伤。黄某报警，吴某及林某被拘留。事后，问吴某及林某，是否考虑到用板凳砸同学很有可能造成同学死亡。他们回答：根本没考虑那么多，只想着解气。

3. 职业院校学生纠纷与打架斗殴的预防

（1）学生不断地加强自身修养是关键

1）学会宽容。要认识到打架的危害性，懂得打架不是解决问题的好方法。与别人发生矛盾、有争议时，如果没有涉及原则问题的话，应该"退一步海阔天空"，忍让不代表你的无能，恰恰相反，这表现出你的风度。

2）学会换位思考。假如被打的是自己，自己又会有何感想？要时常提醒自己，若别人受到了自己的伤害，那么自己也一定会受到相应的惩罚。

3）做事要三思而行。在日常生活中，不要处处计较，小心眼，要学会心胸开阔，宽容；情绪激动时，先平复好心情，再做出决定，做事要三思而行，不要让一时的冲动冲昏头脑。

(2) 学校提高教育水平是核心

1) 作为老师要以身作则。教师的榜样和形象直接影响着学生的行为，俗话说："言教不如身教"。老师要加强语言、行为修养，不能任意打骂或体罚学生，防止引发学生的逆反心理，降低自己的威信。多给教师提供外出进修的机会，提高教师的思想水平、文化素质和业务能力，所谓"教育人者，必先受教育。"

2) 要注意教育的方式方法。

①教育理念要正确。绝不能向学生灌输"如果别的班的同学要欺负我们班的同学的话，全班同学一起上"等之类错误的观念。例如，某职业中专学校屡屡发生班级同学一致对外打群架现象，当班主任教育挑起打架事端的学生时，该学生理直气壮地回答道："不是你说的别的班级同学欺负我们班同学时，大家可以一起上的吗？"

②教育方法要得当。要了解学生，先要了解学生的家庭情况，对不同的学生进行分类教育；对受到过分溺爱的学生，应增加适度的挫折教育；对缺乏关爱的学生，应从生活小事中给予关爱；对调皮不听话的学生，应严格管理；对待学生矛盾纠纷，教师要及时且冷静地处理，注意疏导学生情绪，教育学生学会宽容，消除怨恨仇视心理。

(3) 学校要加强管理

1) 严把招生门槛。招生过程中，要严把门槛，进行资格审查。招生老师要了解自己的招生对象，对于有不良恶习的学生，务必要慎重考虑；要规范招录秩序，将分数作为录取的重要参考依据。

2) 注重培养良好的校园环境。"近朱者赤，近墨者黑"讲的就是环境的作用。校园环境可分为两方面：一是宿舍、教学实验楼、食堂、操场、画廊等"硬"环境，充分运用，定期宣传打架的后果和危害；二是学风、校风等"软"环境，加强管理的制度化建设，使学生有章可循、有"法"可依。学校要在这两方面加强建设，优化环境，使学生受到潜移默化的教育和感染。

3) 大力开展丰富多彩的校园活动。学校的打架现象多发生于开学初及学期末，这些阶段恰恰是校园活动比较少的时候。过多的业余时间，让正处于青春期而又精力过盛的学生无处发泄，导致学生情感偏差，行为失控，经常发生打架事件。所以学校应大力开展丰富多彩的校园活动，通过校园活动培养学生的合作精神，提高学生的交际能力，发掘学生的潜能，有效地充实学生的闲暇生活，避免学生打架。

4) 培养班级信息员。作为班主任，要在班级里培养几个责任心强又较有正义感的学生作为班级信息员，他们的任务是及时发现一些即时性的打架"信号"，并将这些"信号"在第一时间传达给班主任，由班主任想办法进行干预。

5) 完善学校的课后监督管理机制。学生打架经常发生在每天晚自习下课后，值班老师与班主任之间的管理存在"空档"。打架行为大都发生在隐蔽处和教师的视野之外，即校门口、球场上、寝室里等。因此，要完善学校的课后值班制度。在老师轮流值班的同时，要充分调动门卫及校卫队的积极性。

6) 正确处理学生打架事件。学生打架之后，教师不能只简单地问"谁先动手"，要根据事情的前因后果正确处理学生打架事件，做到有理有据，处罚适当。一定要让其承担与其过错对等的惩罚，不仅要严格、及时处理，而且还要大量宣传。对于触犯刑法的学生，不能以"家丑不可外扬"为由进行掩饰，要主动地移交给公安机关，让施暴学生得到应有的处罚，给其他学生以警示作用。

7) 设立心理辅导室。在校园内开设校长信箱、悄悄话信箱以及心理咨询热线，既能给学生提供心理宣泄的载体，又可以给师生提供相互交流的平台，适时排解学生的各种心理困扰，使学生的心理健康良性发展，把一些不稳定的因素消灭在萌芽状态。

8) 加强法制教育。强化法制观念，设置法制教育课程。学校应定期开设法制教育课程，结合与学生关系密切的案例对他们进行常识教育，让他们知道什么该做，什么不该做，什么样的行为是违法行为；教育学生在遇到挫折时学会容忍，勇敢地面对现实，减少由于挫折而引起的暴力冲突。

三、预防盗窃

在校园盗窃案件中，犯罪手段呈现高智商化，反侦查能力凸显。某职业院校学生张某在自己宿舍作案多次，每次作案都精心策划，并在作案后破坏现场，故意在门上制造撬压痕迹或在窗户上制造爬窗入室痕迹，把内盗伪造成外盗，达到转移侦查视线的目的。

"犯罪嫌疑人中，以男孩居多。他们并不是家庭环境不好，好多人都是因为交了女朋友，花销太大，才去偷东西。"这个动机在校园盗窃案件中并不鲜见。张某谈了女朋友之后，一个月1000多元的生活费不够了，由于得隔三岔五地送礼物，他选择了盗窃，"偷来的东西变现以后，都用来干这个了。"

错误的金钱观，攀比吃穿、盲目消费的行为同样会使一些同学选择用盗窃的方式来满足自己的私欲。

某职业院校学生王某家庭条件不好，但总是说自己家里很有钱，花钱大手大脚，平日常常借钱不还。为了能用高档化妆品，穿名牌衣服，他在陪好朋友取钱的时候，悄悄记住了朋友银行卡的密码。随后，他拿着偷来的银行卡，取了几千块钱。

【案例1-16】 钟某，男，某中职学校二年级学生，家里条件一般，但平时喜欢"炫富"，明明买了双30元的鞋子，他硬是和同学说300多元。钟某见同班同学王某经常开一辆摩托车去上学，觉得威风、潇洒，便产生了自己也要拥有一辆这样的摩托车的念头，于是趁王某不注意时暗中私自配好摩托车钥匙，于2015年6月某晚的晚自修下课后，趁王某把车停放在教室外进教室上课之时，偷偷把车开走，构成盗窃犯罪。

1. 校内防盗的措施

校内防盗可采取如下措施。

1）离开宿舍或教室时，哪怕是很短的时间，都必须锁好门、关好窗，千万不要怕麻烦。一定要养成随手关门、随手关窗的习惯，以防盗窃分子乘虚而入。

2）不要留宿外来人员。学生之间不能只讲义气、讲感情而不讲原则和纪律。如果违反学校的学生宿舍管理规定，随便留宿不知底细的校外人员，一旦发生被盗事件，将会后悔莫及。

3）发现形迹可疑的人应加强警惕。

4）注意保管好自己的钥匙和贵重物品。

5）学校要安排好办公楼和宿舍等区域的安全巡视工作，学生要协助学校保卫部门做好安全防范工作。

2. 公共场所防盗的措施

【案例1-17】　某职业院校学生罗某于星期天下午与他的同学们一同去上学。由于到校时间较早，几个同学没有留在校内，而是相约到学校附近的台球室打台球。在台球室中还有很多社会人士。罗某一行人在某桌打台球时，觉得手机放在裤袋中影响自己打球，于是便把手机放在台球桌上，继续打台球。很长时间过去了，罗某和几个同学准备付钱离开。当他们付完钱后才想起自己的手机还放在桌上，就转身回去拿，但回去后发现手机不见了。同时，他们发现有两个人从罗某一行人打球的桌子旁偷偷摸摸地离开。于是罗某等人冲上前去，但只拦住了一个人，另一个人则不见踪影。罗某拦住此人要求归还手机，但此人始终不承认。后来，罗某拨打110，经过警察的搜查后仍没有发现手机，也只得将此人放走。罗某的手机也就此丢失。

此事例告诉我们，自己的贵重物品应随身携带，到校后应留在学校内，不要在外逗留，更不要去一些环境复杂的地方。当有些问题发生了，在处理的过程中要冷静，也可拨打110向警察寻求帮助，千万不要鲁莽行事。

1）外出时最好把背包从身后放在身前，夹在腋下或者是放置在视野所能触及的地方，加强自身防范。另外，可以把贵重钱物放在包内带拉链的夹层里。

2）坐公交车要事先备好零钱，最好不要临时从包里掏现金。上下车时，切勿与人拥挤，遇到有人故意往身体上挤、撞、贴时，应格外提防。上车后要及时往车厢中部走，不要挤在车门口，把包护在胸前，贵重物品要妥善保管。在车上还要随时注意身边的人。手机挂在胸前的，应护好，尽量不要把手机放在腰间。发现物品被盗后，应立即向公交车上的工作人员反映，建议将车开至最近的派出所报警。

3）到商场购物或用餐时，一定要把自己的财物随身携带，或存放在这些场所中的寄存处，不要随意扔在座位上。在超市购物时一定不要把钱包放在购物车里。在试穿衣服或挑选货物时，一定要把物品放在身边或视线可及的地方，不要交给陌生人或营业员看管。

4）不要把贵重物品放在自行车车筐内，骑车时背包最好斜挎在肩上，或用环形锁锁在车头上，也可用书包带在车把上打个结，这样书包就不容易被盗、被抢。如果突然发现自行车链条掉落等状况时，不要匆忙回头，先要将车筐内的物品抓牢，并随身携带好，然后再下车检查。

3. 遭遇盗窃的应对措施

一旦发生盗窃案件，一定要冷静应对。遭遇盗窃的应对措施主要有以下几点。

1）保护好现场，及时报案。一旦发现家里有异样，要先拨打110报警，而不是检查丢失了什么，以保护案发现场，协助警方更快破案。如果盗窃案件发生在宿舍内，可在宿舍门前请同学看守，阻止他人围观。警方到来之前，任何人不得进入宿舍，更不能翻动现场的物品，切不可急急忙忙地去查看自己的物品是否丢失。对犯罪分子可能留下痕迹的门把手、门锁、窗户、门框等不要随意触摸，以免把无关人员的指纹留在上面，给勘查现场、认定犯罪分子带来不必要的麻烦。

2）配合调查，实事求是地回答公安部门和保卫人员提出的问题。积极主动地提供线索，不得隐瞒情况不报。

3）如果发现存折、信用卡等物品被盗，应尽快到相关机构办理挂失手续。

4）在出行中被盗，要注意现场周围的可疑人员和可疑情况。由于犯罪分子行窃时比较慌张，难免会丢失或扔掉一些东西，若他来不及逃跑，也可能暂时躲藏在附近。所以，发现可疑人员应立即报警，并大声呼喊。

4. 盗窃罪及其处罚

（1）盗窃罪的概念　盗窃罪是指以非法占有为目的，秘密窃取数额较大的公私财物或者多次盗窃公私财物的行为。

（2）盗窃罪的构成特征

1）侵犯的客体是公私财物的所有权。本罪侵犯的对象是公私财物，即国家、集体所有或者公民个人所有的各种财物。

2）客观方面表现为行为人实施了秘密窃取数额较大的公私财物或者多次盗窃的行为。

3）本罪的犯罪主体是一般主体。年满16周岁并具有刑事责任能力的自然人，都可以构成本罪的犯罪主体。

4）本罪在主观方面只能由故意构成，并且具有非法占有的目的。

（3）盗窃罪的处罚　根据刑法第二百六十四条的规定，盗窃公私财物，数额较大的，或者多次盗窃、入户盗窃、携带凶器盗窃、扒窃的，处三年以下有期徒刑、拘役或者管制，并处或者单处罚金；数额巨大或者有其他严重情节的，处三年以上十年以下有期徒刑，并处罚金；数额特别巨大或者有其他特别严重情节的，处十年以上有期徒刑或者无期徒刑，并处罚金或者没收财产。

知识点 4 校园体育运动安全

体育与健康作为学校教育的重要组成部分，由于自身的特点（运动、器械）或其他因素，存在着风险，隐含着伤害，运动伤害事故（尤其是运动性损伤）偶有发生，成为学校教育过程中的不安全因素，给学生心理、生理带来了巨大的伤害。因此，应将"安全第一""健康第一"的指导思想放在首位，让体育运动安全防范意识渗透到每一位学生的思想中，指导学生学会自我保护，注意安全防范，尽量防止学生受到运动伤害。

一、职业院校学生运动安全常识

学生体育运动是一种全身的体育运动，运动项目有单双杠、跳高、跳远、足球、篮球、杠铃、铁饼等，只要不超负荷地运动，运动就是一种最好的强身健体方法。为了安全，上体育课时的着装有一定的要求。

【案例 1-18】 某中学一名高一女生在体育课进行前滚翻练习时，裤兜中装有的钩针扎入其小腹，造成重伤。经查，体育教师在上课前未要求学生检查是否携带危险物品，因此具有过错。同时，该受伤的女生作为限制民事行为能力人，应当预见到裤兜内携带钩针上体育课的危险性，但其因为疏忽大意而没有预见到，因此也具有一定的过错。所以，学校和女生都应承担相应责任。

【案例 1-19】 某中学高一学生张某在 400 米跑测试中突然倒地，昏迷不醒。教师及时将张某送往医院，但张某终因抢救无效而死亡。后经查明，张某患有先天性心脏病，但其为了顺利被该中学录取，故意隐瞒了病情，而且为了不使学校发觉，坚持参加了体育测试。

1. 体育课的着装知识

上体育课要穿易于运动的宽松服装，女生不能穿裙子。上体育课时，大多需要全身运动，不仅活动量大，而且要使用很多运动器械。为了避免危险，课前一定要认真检查穿戴，注意事项如下。

1）衣服上不要别胸针、别针、校徽等物。
2）女同学不要戴发卡。
3）不要佩戴金属的、玻璃的、塑料等质地的手表、项链、戒指、手镯、手链、耳环、脚链等装饰品。
4）戴眼镜的同学，如果能不戴眼镜，上体育课时就尽量不要戴；如果必须戴，做动作时要加倍小心，做滚翻、倒立等垫上运动时，必须摘下眼镜。

5）衣服口袋里不要装小刀、胸针等锐利的物品。

6）上体育课不要穿皮鞋或塑料底的鞋等不利于运动的鞋子，必须穿球鞋等运动鞋。

2. 检查自己的身体情况

参加体育活动，首先要了解自己的身体状况，要学会自我监管，随时注意身体功能状况变化，若有不良症状要及时向教师反映情况，采取必要的保健措施。切忌隐瞒心脏病或其他不适合参与体育活动的疾病，勉强参加活动。

学生有以下疾病或症状，应禁止参加体育活动。

1）体温增高的急性疾病。

2）各种内脏疾病（心、肺、肝、肾和胃肠疾病）的急性阶段。

3）凡是有出血倾向的疾病，如肺及支气管咯血、鼻出血、伤后不久而有出血危险、消化道出血后不久等。

4）恶性肿瘤。

5）传染病及慢性疾病，如乙肝等。

6）患有心脏病、高血压等疾病的学生，禁止参加长跑等长时间剧烈运动的项目锻炼。

小贴士

为什么要做热身准备活动？就是要克服内脏器官在生理上的惰性，以减低运动伤害发生的机会。如果突然进行剧烈运动，就会出现心慌、胸闷、肢体无力、呼吸困难、动作失调等现象。运动前不重视做准备活动或准备活动做得不充分、不正确、不科学，是引起运动损伤的重要原因。准备活动不充分，肌肉、内脏、神经系统机能不兴奋，肌肉供血量不足，在这样的身体状态下进行活动，动作僵硬、不协调，极易造成运动损伤，甚至导致伤害事故。

3. 体育课的安全注意事项

体育课上，同学们要特别注意安全，不同的训练内容、不同的器械，要注意的事项也有所不同。

1）在进行单、双杠和跳高训练时，器械下面必须准备好符合要求的海绵垫子。

2）在进行跳箱、鞍马等跨越训练时，如果老师不在或器械前后缺乏保护措施，千万不可跳跃。

3）跳远时，要严格按老师的指导助跑和起跳。

4）进行投掷训练时，绝对要按老师的口令行动，不可以有丝毫大意。

5）在短跑训练中也要按规则进行，因为在向终点冲刺时，人身体的冲击力很大，如果不按规则各行其是，就极有可能被撞伤。

> **小贴士**
>
> ### 体育运动安全口诀
>
> 体育运动到操场，检查场地和器材；运动服装先换上，手表饰品要摘掉；
> 运动前要做热身，活动四肢扭扭腰；运动前后喝点水，剧烈运动要适量；
> 遵守规则讲文明，危险动作杜绝掉；运动全部结束后，恢复整理要做好。

4. 适当补充能量

参加体育运动要消耗大量的能量，所以在运动后（运动前也应适当补充能量）要科学饮食，保证身体的需要，确保取得最佳的锻炼效果。运动后的饮食应注意如下几点。

1）半小时至1小时后进餐。
2）避免喝含有咖啡因的饮料。
3）5至10分钟后饮水（含盐）。

二、运动损伤的原因与预防

【案例1-20】 一天中午，高二（3）班的小正在学校篮球场和同班的几个男生在一起打篮球，场上大家争抢得很激烈，突然，只听"砰"的一声，小正倒在了冰冷的水泥地上，一个劲儿地哀号。原来在打篮球时，小正因为太注重于球的位置，在跳起来时和别人撞在了一起，小正一个脚下不稳就重重地摔在了地上。见此情景，在场的同学将其扶起，迅速背到了医院，经检查，小正的小腿骨头被摔断了。

体育活动在学校是非常常见的，但是很多的体育项目也具有一定的危险性，学生在活动时一定要注意安全，不要贪快、贪功，否则很容易引发一些预料不及的、严重的安全事故。无论什么时候，同学们一定要明确了解运动规则，规范活动，听从指挥。

通常人们将在体育锻炼或训练运动过程中所发生的损伤或创伤称为运动损伤。一般情况下，运动损伤的发生与身体素质不佳、训练水平低、运动不科学、不重视医务监督和不良环境与气候等因素有着密切的关系。了解运动损伤的原因、发生规律、预防措施、处理方法和恢复手段，不仅可以有效地达到治疗和预防运动损伤的目的，也可为科学地参加体育锻炼或运动训练提供依据。

造成运动损伤的原因是多方面的，既与锻炼者的运动基础、体质水平有关，也与运动项目的特点、技术难度以及运动环境等因素有关，其主要原因及原因表现形式见表1-1。

表1-1 运动损伤的原因及原因表现形式

原因	原因表现形式
思想因素	思想上麻痹大意，缺乏科学锻炼的知识，运动中具有盲目性，情绪急躁，急于求成

(续)

原因	原因表现形式
准备活动不充分	准备活动的内容与将要进行的训练或比赛的项目结合得不好,准备活动的负荷量过大或准备活动距正式运动的时间过长
运动技术上的缺点和错误	违反了人体的生理解剖结构的特点和各器官系统功能活动的规律,以及运动时的力学原理
身体局部负担过重	运动负荷超过了训练者可能承受的生理负荷,尤其是局部负荷量过大
身体的机能状况不良	睡眠不足,休息不好,患病、带伤期间,伤病初愈阶段以及疲劳和营养状况不良时,其生理功能和运动能力相对下降
违反体育运动的原则	训练缺乏系统的安排,随意性大,科学性差,缺乏对自己行为的控制能力
动作粗野或违反规则	集体项目、对抗性运动项目中动作粗野或违反规则
场地、设备等条件因素	运动场地不平整、有小碎石头或杂物、场地太滑或太硬、器材或器械状况不良、缺乏必要的保护设备、运动时的服装和鞋袜不符合体育卫生要求
不良的气候条件因素	气温过高、湿度较大,易发生中暑和疲劳;气温过低,易发生冻伤或出现肌肉僵硬,因身体协调性下降而引起肌肉拉伤;潮湿高温的气候使人容易大量出汗,影响体内水盐代谢,可发生肌肉痉挛或虚脱;光线亮度不够,会使训练者在运动中反应迟钝

运动损伤的预防措施如下。

①加强运动安全教育,克服麻痹思想,提高预防能力。

②认真做好准备活动,对可能发生运动损伤的环节和易伤部位,要及时做好预防措施。

③合理组织安排锻炼,合理安排运动量,防止局部运动器官负担过重。

④加强保护,特别要提高自我保护能力。

运动损伤发生后,如果处理不当,轻者影响机体的恢复,重者可引起机体组织的变化,给健康的机体留下病残隐患。因此,同学们必须知晓运动损伤的成因,避免运动损伤的发生,确保正常进行科学、安全的体育锻炼。

小贴士

运动创伤后的 4 大禁忌

运动受伤(包括扭伤、拉伤、刮伤等)后在处理上有 4 大禁忌,有人将其归纳为"HARM"。

"H"代表热敷(Heat),在撞伤或扭伤后,切忌用热敷,因为伤处的血液流通不顺畅,如果过早进行热敷,会加剧出血的程度,加重肿胀。

"A"代表酒精（Alcohol），提醒受伤后避免饮酒，酒精会加速血液循环，如果太多外来的血液涌来，会使肿胀恶化。

"R"代表跑步（Running），创伤后要好好休息，如果再运动，伤痛会加剧。

"M"代表按摩患处（Massage），受伤后切忌搓揉、按摩受伤之处。

三、常见运动损伤的处置

1. 开放性软组织擦伤

开放性软组织擦伤，是皮肤被粗糙物所摩擦而引起的皮肤表面损伤，如田径、球类比赛中因摔倒等引起的皮肤擦伤。如果是毛细血管出血，血液从伤口慢慢渗出，常会自行凝固止血，一般没有危险性。

如果表面破损，伤口较干净，可用生理盐水或冷开水洗一下伤口，周围皮肤用酒精消毒，然后局部涂消毒药水，不必包扎。如伤口较严重，伤口有沙土等物，应完全洗净，并在伤口处撒些消炎药粉或涂消炎油膏，加以包扎。很严重的情况要到校医室注射破伤风抗毒素血清，以防破伤风症。

擦伤多出现在膝部、胯部、肘部，这些部位是最灵活，最容易活动的部位，伤后不易愈合，所以伤后一定要注意保护，避免沾水或出汗，以免感染。

2. 闭合性软组织撞伤

闭合性软组织撞伤的原因多见于运动时的互相冲撞，或身体被踢顶，以及身体某些部位与器械的碰撞，这些情形都易导致损伤。常见的部位主要是大腿、小腿等，症状主要有伤部疼痛、肿胀、局部皮下瘀血、压痛。

一般的轻度撞伤只需停下来休息，进行适度按摩即可。如没什么问题还可以照常活动。情况较严重的要立即抬高肢体进行冷敷，或用自来水冲淋，然后检查伤情，如骨头没问题的可吃些止痛消炎药，24小时后再进行按摩、热敷等治疗即可。

3. 扭伤的预防和自我处理

运动时姿势不正确，没有做好充分的热身运动，场地不平等都容易造成扭伤。扭伤多数以踝关节的损伤为主，另外多发生肩关节扭伤、腰部扭伤等。

一旦扭伤，关节会疼痛，有时会有红肿现象。因此，在运动前一定要做足热身运动，对于运动强度，也要量力而行。假如不幸扭伤了，可采取下列方法处理：

1）休息，避免伤处因活动而加剧。

2）冰疗，即用冰敷或冷敷的方法来降低伤处的温度。例如用湿毛巾包着碎冰，或者用冰袋敷在伤处。这样可以减轻受伤的程度，舒缓疼痛，也可以消除部分的肿胀。

3）加压包扎，可使组织压力升高而减少出血和肿胀。包扎时最好用弹性绷带，因为它较为稳固，操作也较容易。包扎完成后，伤处受到一定的承托，可以减少不适当的运动。

4）抬高肢体，受伤后应将受伤部位抬高至心脏水平线以上。这样可加快淋巴系统的回流过程，起到降低局部压力、消除肿胀，并促进静脉回流的作用。

5）扭伤后切记不要搓揉。我们常常看到这种现象：一旦扭伤以后，总是十分着急，立即搓捏受伤部位，以为可以缓解伤痛。其实这种做法是错误的。胡乱地搓捏，会使受伤部位伤情恶化。用力搓捏和扭动受伤的部位，会使伤部的出血增加，炎症反应加剧，恢复时间延长，甚至可能会使原本已经不太稳固的韧带再进一步受伤，伤势加剧。

6）运动扭伤、拉伤后最好使用冰块冷敷，如果用热敷，会加剧出血的程度，引起肿胀。

7）24小时后在伤部做轻度按摩。

4. 拉伤的预防和自我处理

如果运动中或运动后突然感觉肌肉有撕裂般的疼痛，而且持续很长时间，就说明肌肉组织被拉伤了。肌肉拉伤后，会出现局部疼痛、压痛、肿胀、痉挛等现象。

为防止肌肉拉伤，在训练前应做好准备活动，这样可以提高体温，提高肌肉的柔软度；运动时运动量要合理，不要超负荷；要在完全掌握技术动作的要领后再开始练习。

腿的韧带最容易拉伤，一般是伸腿用力太猛导致的。伸腿的时候要慢，如果感觉相当疼，就要立刻停下来，缓一会儿再伸。伸腿练习后要及时揉搓，缓解酸痛。在拉伤的情况下，不要再伸，尽量少运动，配合按摩做一些小幅度的恢复练习。

5. 骨损伤与关节脱臼

一旦运动时受到较大损伤，怀疑为骨折或脱臼时，应按以下方法检查和急救。

（1）头颈部损伤　要检查有无颅脑损伤、脊髓损伤。要问伤者有无四肢串麻、气憋等异常感觉，四肢是否运动自如，若四肢感觉有运动障碍，可能由脊髓损伤或骨折脱臼引起了神经损伤。若一时找不到医生，千万不要随意搬动伤者或强令伤者站起来，这样会再次加重损伤。在搬运伤者时，应几个人同时用力，保持伤者脊柱不动的姿势，把其抬到木板上进行运送。如果是颈部损伤，应一人抱其头部，轻度牵拉，稳定头颈，与躯干一起搬动，然后在头颈两侧垫放衣物等防止晃动。

（2）四肢骨折或脱臼　应检查肢体有无畸形，如肢体有异常曲度、短缩、过度旋转、局部异常肿胀等，这些都是骨折或脱臼的征象。如发生骨折，要检查有无骨折端露出皮肤外面（开放性骨折），如果是开放性骨折，千万不要将外露的骨端还原，以免使污染物进入体内引起感染。处置四肢骨折者，应就地取材，用木棒、铁条等硬物做成夹板固定骨折处，以防在移动时损伤邻近组织。固定前，肢体周围要用棉花或海绵等保护，以防固定物直接压迫组织，造成皮肤损伤。

6. 神经损伤

脑的急性损伤有，颅骨骨折、脑震荡、脑挫裂伤、颅内出血等。凡伤者有昏迷、意识消失、头痛、呕吐、脉搏变慢、血压增高、呼吸变深等症状，应视为有脑损伤。严重者还可能导致瞳孔的变化、肢体麻木或瘫痪。如果伤者昏迷清醒后再次昏迷，应视为有颅内血肿的征兆。凡怀疑伤者有急性脑损伤，应及时送往医院检查，以防出现突然变化，延误了及时抢救的时间。即便是脑震荡等轻度脑损伤，虽然治疗后很快好转，但不宜过早地进行体育锻炼，否则容易遗留长期头痛、头晕、失眠等后遗症。在对神经损伤者进行急救的过程中，应随时观察伤者的病情变化，防止休克。应采取保暖、止痛，必要时采取吸氧的急救措施。如果伤者有恶心及呕吐症状，要禁食，头要偏向一侧，保持呼吸道通畅。在运送伤者的过程中，要观察并记录病情，以供医院参考。

7. 创伤性休克

休克是机体遭受强烈刺激后产生的严重的全身性综合症状。创伤性休克是由剧烈疼痛等强烈刺激致反射性中枢神经抑制、血管扩张，大量失血后（人体急性失血达总血量的三分之一，约1500mL以上）就可能出现休克症状。

休克的早期症状以兴奋为主，如烦躁不安、脉搏加快等。如不注意，则很快会转变为精神萎靡、表情淡漠、面色苍白、口渴、四肢发凉、气促、冷汗、脉搏无力、血压下降等，严重者则昏迷。一般可根据血压、脉搏等情况来判断休克程度。

小贴士

急性损伤的处理原则也被称为"RICE原则"，主要包括：制动（Rest）、冷敷（Ice）、加压（Compression）和抬高（Elevation）四个方面。

制动对于骨骼肌的损伤来说是不可缺少的；冷敷在应急处置中是效果最为明显的；加压包扎既可使患部内出血及瘀血现象减轻，还可防止浸出的体液渗入到组织内部，并能促进其吸收；抬高是把患部提到比心脏高的位置。

现场急救休克者的方法如下：
①保持安静，使患者平卧休息；
②给予足够的水，以减少口渴；
③注意保暖或防暑；
④保持休克者呼吸道通畅；
⑤休克者如果出血要止血，有创伤性疼痛应及时止痛，如果骨折应固定包扎；
⑥给予适当的镇静剂及止痛药，必要时给予中枢神经兴奋剂；
⑦采取适当的急救措施后，立即送往医院进行处理。

四、运动损伤后的康复原则

1. 停止加重损伤的锻炼内容

由于运动创伤与锻炼的运动项目有密切关系，引起外伤的动作应停止或减少，以免重复受伤动作加重损伤。

2. 可以进行受伤部位以外的锻炼

尽可能锻炼受伤部位以外的部位。例如膝关节受伤后，应停止与膝关节有关的运动，可做腰、腹、上肢等部位的锻炼。

3. 加强受伤部位周围肌力的锻炼

关节受伤后，在恢复期应加强关节稳定性的锻炼，这样才能促使关节不再容易受伤。加强关节周围肌肉的锻炼也非常重要，通过肌肉锻炼，可以加速局部血液、淋巴液的循环，增加和改善损伤部位的营养供应，加速损伤的愈合。同时，还有利于加强关节的稳定性，对消除肿胀、防止粘连都有好处。

4. 正确使用支持带

锻炼者受伤后或受伤部位痊愈后，应该充分使用支持带来加固关节或肌肉。使用支持带有如下作用：一是保护和稳定关节免于受伤或再次受伤；二是防止受伤的韧带等组织松弛；三是限制肌肉、肌腱超常范围的活动，使之适当休息，防止再次受伤；四是限制关节超常范围活动，预防慢性劳损。

五、运动急救常识

运动的时候经常会出现一些意外的情况，虽然同学们都尽量地避免，但是意外还是会有所发生。对此，喜欢运动的人就要多了解一些关于运动受伤的急救小常识。

突发意外事件后，首先要打电话寻求援助：110（公安局报警台）、119（火警）、120（急救中心）和122（交通事故处理报警台）。但是，在寻求援助的同时，应该知道，我们正在和时间赛跑，应当用所掌握的急救知识去拯救危难的伤者，去挽救他们的生命。

人工呼吸是急救中最常用而又简便有效的急救方法，它是在呼吸停止的情况下利用人工方法重新让气体进出伤病者肺脏，实现气体交换，以维持重要器官的机能的一种急救方法。人工呼吸的方法有多种，最简单最有效的是口对口人工呼吸法，其次是胸外心脏按压法，人工呼吸的方法见表1-2。

表1-2 人工呼吸的方法

口对口人工呼吸法	胸外心脏按压法
①使病人仰卧，松开其衣领、裤带，使其头部后仰，清理口腔内异物 ②救护者一手捏紧病人鼻孔，另一只手掰开病人口腔 ③救护者作深吸气后，紧贴病人嘴往里吹气 ④松开病人鼻、嘴，让其自行呼气约3~4s ⑤此过程做到病人能自主呼吸为止	①与口对口呼吸法一样，先松开病人的衣领、裤带，使头部后仰，清理口腔内异物 ②两手相叠，手掌根部置于病人胸骨下三分之一部位 ③用掌根向下压3~4mm，每分钟60次左右 ④挤压后手掌迅速放松，让其胸廓自行弹起 ⑤重复进行，直至病人的心跳、呼吸恢复
清理口腔阻塞　鼻孔朝天头后仰 贴嘴吹气胸扩张　放开嘴鼻好换气	

经人工呼吸抢救后，苏醒的表现如下。
①面色好转，由发绀转为红润；
②瞳孔由大变小，收缩正常；
③有可检查出的呼吸和脉搏，有知觉、有反应及呻吟等。

六、外伤止血与包扎

血液是在人体血管内循环流动着的红色黏性液体，人体通过血液循环供给全身器官以氧气和养分。

正常人的全身血量约占体重的8%，正常成人的全身血量约5L左右，如果一次出血量超过全身血容量的30%时，就会威胁人的生命。因此，对于出血伤病者必须迅速采取有效措施制止出血。

在紧急情况下，根据不同的出血性质，采用不同的止血方法，进行暂时的止血。常用的止血法有加压包扎止血法、指压止血法及止血带止血法。

出现外伤时，应该立即包扎，这是处理的原则。包扎可保护创面，固定包扎敷料，防止污染，还有止血、止痛的作用，有利于伤口的早期愈合。常用的包扎的方法有三角巾包扎法、绷带包扎法和前臂悬挂法。

科学而安全地进行体育运动,可以增强体质,愉悦身心。相反,体育运动如果做不到科学、合理、安全,就不能达到运动的目的,运动不当还会对人体造成伤害。因此,同学们懂得一些体育运动安全常识,掌握一定的安全防范知识,养成良好的安全运动习惯,就会达到健康身心的目的。

七、常见传染病及其防治措施

【案例1-21】 2017年8月19日,湖南省桃江县第四中学发生肺结核病突发公共卫生应急事件。该校有学生被确诊为肺结核,随后该班多名学生陆续感染。

1. 传染病的分类

《中华人民共和国传染病防治法》规定,我国的传染病分为甲类、乙类和丙类。

1)甲类传染病是指鼠疫、霍乱。

2)乙类传染病是指传染性非典型肺炎、艾滋病、病毒性肝炎、脊髓灰质炎、人感染高致病性禽流感、麻疹、流行性出血热、狂犬病、流行性乙型脑炎、登革热、炭疽、细菌性和阿米巴性痢疾、肺结核、伤寒和副伤寒、流行性脑脊髓膜炎、百日咳、白喉、新生儿破伤风、猩红热、布鲁氏菌病、淋病、梅毒、钩端螺旋体病、血吸虫病、疟疾、甲型H1N1流感。

3)丙类传染病是指流行性感冒、流行性腮腺炎、风疹、急性出血性结膜炎、麻风病、流行性和地方性斑疹伤寒、黑热病、包虫病、丝虫病、除霍乱、细菌性和阿米巴性痢疾、伤寒和副伤寒以外的感染性腹泻病。

由于学校人群密集,极易出现交叉感染,导致各种传染病疫情扩散和蔓延。

2. 常见传染病及其防治措施

常见的传染病主要有流行性感冒、流行性脑脊髓膜炎、结核病和细菌性痢疾等。

1)流行性感冒简称流感,是由流感病毒引起的急性呼吸道传染病,具有很强的传染性。流感病毒分为甲、乙、丙三型。流行性感冒的传播途径、主要症状、易感人群和预防措施见表1-3。

表1-3 流行性感冒的传播途径、主要症状、易感人群和预防措施

概 述	内 容
传播途径	以空气飞沫直接传播为主,也可通过被病毒污染的物品间接传播
主要症状	有发热、全身酸痛、咽痛、咳嗽等症状
易感人群	人群对流感普遍易感,病后有一定的免疫力,但维持的时间不长,病毒不断发生变异,可引起反复感染发病

(续)

概　述	内　容
预防措施	①接种流感疫苗已被国际医学界公认是防范流感的最有效的武器 ②勤洗手，保持良好的个人及环境卫生 ③打喷嚏或咳嗽时应用手帕或纸巾掩住口鼻，避免飞沫污染他人。流感患者在家或外出时佩戴口罩，以免传染他人 ④均衡饮食、适量运动、充足休息，避免过度疲劳

2）流行性脑脊髓膜炎简称流脑，是由脑膜炎双球菌引起的急性呼吸道传染病。流行性脑脊髓膜炎的传播途径、主要症状、易感人群和预防措施见表1-4。

表1-4　流行性脑脊髓膜炎的传播途径、主要症状、易感人群和预防措施

概　述	内　容
传播途径	大多是通过呼吸道飞沫传播而感染
主要症状	最初表现为上呼吸道感染，多数病人无明显症状，随后病人突然寒战，高热体温可达40℃，头痛、呕吐反复发作，早期皮肤上可见出血点或瘀斑，1~2日内发展为脑膜炎，高热持续不退，头痛剧烈，频繁的呕吐，伴有惊厥，甚至出现昏迷
易感人群	人群普遍易感，儿童发病率高
预防措施	免疫接种是预防流脑的主要措施，接种对象为1~15周岁儿童

3）结核病过去俗称"痨病"，是由结核杆菌主要经呼吸道传播引起的全身性慢性传染病，其中以肺结核最为常见，也可侵犯脑膜、肠道、肾脏、骨头、卵巢、子宫等器官。结核病的传播途径、主要症状、易感人群和预防措施见表1-5。

表1-5　结核病的传播途径、主要症状、易感人群和预防措施

概　述	内　容
传播途径	肺结核病人是主要的传染源。结核病的传播途径有呼吸道、消化道和皮肤黏膜接触，但主要通过呼吸道传播
主要症状	结核病多为缓慢起病，长期伴有疲倦、午后低热、夜间盗汗、食欲不振、体重减轻，女性有月经紊乱等症状。严重的患者可有高热、畏寒、胸痛、呼吸困难、全身衰竭等表现。肺结核病人往往伴有咳嗽、咳痰，痰中可带血丝。结核杆菌侵犯脑膜、肠道、肾脏、骨头、卵巢、子宫等器官，可有头痛、呕吐、意识障碍、消瘦、腹泻与便秘交替，还可有血尿、脓尿、脾大、贫血以及妇科疾病的症状等
易感人群	人群普遍易感，但是与肺结核病人有密切接触的人群，机体对结核杆菌抵抗力较弱的人群，如幼儿、老年人、营养不良、尘（矽）肺、糖尿病患者、HIV阳性或者艾滋病患者等群体是重点人群

(续)

概　述	内　容
预防措施	①应该提高自身的免疫力，加强锻炼，保证充足的营养。对于婴幼儿应按时接种卡介苗，以获得免疫力 ②应注意房间通风，避免与已确诊的传染性结核病患者密切接触 ③应积极、有效地治疗糖尿病、尘（矽）肺、百日咳等容易诱发结核病的基础疾病

4）细菌性痢疾是痢疾杆菌引起的肠道传染病。细菌性痢疾的传播途径、主要症状、易感人群和预防措施见表1-6。

表1-6　细菌性痢疾的传播途径、主要症状、易感人群和预防措施

概　述	内　容
传播途径	病原菌随病人粪便排出，直接或通过苍蝇、生活用品或手污染食物，经口使人感染
主要症状	全年均可发生，但以夏秋季最为常见。一般5月份开始上升，8~9月份达到高峰，10月逐渐下降。流行季节高峰与苍蝇密度高，温湿度适合痢疾杆菌生存繁殖，食用不洁冷食、凉饮、瓜果，以及胃肠功能失调等因素有关
易感人群	一个为学龄前儿童，由于卫生习惯差，发病较多；另一个为20~50岁的青壮年，与活动量大，感染机会多有关
预防措施	①控制传染源：隔离治疗病人，隔离至临床症状消失、粪便培养2次阴性 ②切断传播途径：三管一灭（管理好饮食卫生、饮水卫生、粪便卫生，消灭苍蝇） ③保护易感者：口服痢疾活菌苗

小贴士

安全细则是个宝，同学一定要记好。不要推不要挤，关心别人爱自己。
吃瓜果，先洗净，蚊叮蝇爬传染病，病从口入是古训，讲究卫生不生病。
刀具烟炮不要带，提防伤人把你害。
拐弯处，莫急跑，以防对方来撞倒，夜晚走路更小心，不碰墙壁不碰钉。
饥饿时，嘴莫逸，吃饭之前洗手脸，细嚼慢咽成习惯，这样身体才康健。
课间活动要注意，楼道狭窄不能挤。篮球架子不要爬，当心掉下摔碎牙。
霉烂食品不能吃，肚子拉稀人不适。
莫登高，莫爬树，当心高处稳不住，失手失足滚下去，谁也不知伤何处。
莫喝酒，莫吸烟，吸烟喝酒神志乱，乱了神志把法犯，英俊少年不体面。
上楼下楼靠右走，遇到混乱手牵手。上下楼梯要守法，楼梯扶手不要滑。
生物钟，讲劳逸，按时起床身体好，严格执行作息表，上课学习精神好。
食堂超市勤检查，安全隐患不萌芽。

体育课，听老师，体育运动大发展，单双杠，爬吊杆，都要按照规则办。
体育课上多检查，锐利坚器要取下。同学摔倒楼梯上，自己伸手快帮忙。
玩滑梯，荡秋千，安全意识记心间，谨防失手绳又断，摔伤身体不方便。
幸灾乐祸笑哈哈，自己出事没人拉。学生就要爱学校，上楼下楼不打闹。
争风吃醋是陋习，打架斗殴害自己。追逐打闹尖声叫，影响上课是歪道。
自己摔倒不要慌，大喊呼救叫帮忙。
自行车，懂秩序，校园不准乱骑车，害了别人伤自己，影响成绩误前程。

项目二　社会安全

项目导航

安全是人与生俱来的追求，是人民群众安居乐业的前提，是维持社会稳定和经济发展的保障。"安全第一"是对人最基本的道德情感关怀，是对人生存权利的尊重，体现了生命至上的道德法则。

通过本项目的学习，了解一些基本的道路交通安全知识，学习在日常生活中遇到道路交通安全事故后应如何去处理以及怎样预防道路交通安全事故的发生；吸取溺水事件惨痛教训，提高安全意识，在教育中增强预防意识；知道外出旅游时应注意的事项如防疾病、防交通事故、防走失、防溺水、防跌打、防虫咬等；充分了解当火灾来临时，应如何及时采取有效方法进行自救自护；知道在遇到地震、雷电和泥石流这几种常见自然灾害时，应该如何安全应对；养成良好的卫生饮食习惯，杜绝购买三无食品，不吃垃圾食品，保护自身身体健康，养成良好的饮食习惯。

知识点1　交通安全

交通安全是指人们在道路上进行活动时，要按照交通法规的规定，安全地行车、走路，避免发生人身伤亡或财物损失。

教育能提高人的意识，意识能改变人的行为，行为决定了后果。交通安全教育是预防交通事故的有效途径。只有掌握一定的交通安全知识和建立自我防卫意识，才能确保交通的安全。

金玉有价，生命无价，遵守交规，平安一生。

【案例2-1】　某职校学生李飞（男，17岁）和其弟东冶中学学生李某飞（男，15岁）无证骑乘一辆无牌五羊125型二轮摩托车，行至某路段时与一辆大货车相撞，致二人当场死亡。

警示：案例中的李飞两兄弟的惨祸是由于自身违反了"年满18岁取得驾驶证方可在路上驾驶机动车辆"的规定而造成的。因此，学校要加强对学生的交通法规宣传教育，使他们学法、知法、守法，尽可能地避免车祸的发生。

【案例2-2】 2017年8月1日7时许，徐某（女，14岁）驾驶电动二轮车从家出发到东城区，由南向北行至龙口市兰高镇镇沙村碑处，与由西向东赵某驾驶的鲁FMU557小型普通客车相撞，造成两车损坏，致徐某受伤。徐某经医院抢救无效于当日死亡。

警示：徐某未满16周岁上道路行驶，行经有交通标识、标线的路口未让优先通行的一方先行。赵某驾驶机动车未按照操作规范安全驾驶，驾驶机动车超速行驶。二者对该交通事故的发生所起作用相当，根据我国道路交通安全法实施条例和道路交通事故处理程序规定，暂定徐某、赵某负事故同等责任。

一、汽车的性能和相关常识

在一般情况下，汽车在行驶中，如遇到危险情况，驾驶员踩刹车减速或停车就可能避免交通事故。但是，遇到紧急突发情况，如行人或骑车人在车辆临近时横穿马路，尽管驾驶员采取紧急刹车的措施，也难免发生撞车、撞人的事故。由于惯性，驾驶员从发现危险到采取紧急刹车再到汽车完全停止的"制动停车距离"，由"制动距离"和"停车距离"组成。这就如同人在奔跑中要突然停下来，由于惯性的作用，会不由自主地继续前行几步。汽车行驶速度越快，惯性力越大，制动停车距离越长。因此，汽车不是一刹车就能停止的。

检测结果表明，当汽车以每小时40公里的速度行驶时，司机发现情况急刹车，车会向前继续行驶18.82米，之后才能完全停住；而在雨、雪天气，由于路面较滑，会向前继续行驶达24米。

在日常生活中，许多人以为汽车只要一刹车就会立即停止，于是便毫无顾忌地在行驶着的汽车前横过马路或突然走向车行道，结果被汽车撞倒。对于这种情况，汽车驾驶员也无可奈何。如果出现类似的交通事故，横穿马路的人往往要负主要责任。

汽车转弯时所占用的空间宽度大于车辆本身的宽度，这是因为汽车在转弯时，前后轮不会在同一条弧线上，而是有一定的距离差距的，这个距离就叫"内轮差"。由于"内轮差"的存在，汽车转弯时，前轮虽然可能避开这个物体，而后轮却有可能撞上这个物体。因此，在道路上遇到转弯的车辆时，不能靠车辆太近，否则很可能被车尾撞倒。

二、自行车使用常识

【案例2-3】 小宝总是在上学路上把自行车骑得飞快。一天，从胡同里飞速冲出来的汽车将他撞倒在地，从此小宝失去了双腿。

像小宝这样在路上飙车、飞速骑自行车导致的交通安全事故，在城市学生交通安全事故中占较大比例。

《中华人民共和国道路交通安全法实施条例》明文规定：未满十二周岁的儿童不准在

道路上骑自行车。如果已达到法定的骑车年龄，在骑车前必须认真学习交通规则，掌握安全骑车要领。

保证自行车的零件完好，安全设备、牌证齐全有效。骑车前，应该先检查一下车铃、锁、刹车、车轮、龙头等是否完好。学骑自行车时，应选择广场、操场或人车稀少的道路。严禁在交通繁华地段学骑自行车。当已经掌握骑车技术，可单独骑车时，还应该掌握以下几条安全骑车规则：

1）在非机动车道内按顺序行驶，严禁驶入机动车道。在没有划分非机动车道的道路上行驶，应尽量靠右侧行驶（距马路边缘线1.5米以内），不要在公路中间行驶，不要扶身并行、互相追逐或曲折竞驶，不要双手离把、攀扶其他车辆或手中持物，更不能逆向骑行。

2）骑车至路口，应主动地让机动车先行，遇停止信号（红灯）时，不得超越停止线停车。严禁越线闯红灯。遇有陡坡或冰雪路段，及车闸失效时应下车推行。

3）自行车在道路上停放，应按交通标识指定的地点和范围有秩序地停放。在没有设置交通标识的路上停放时，也不要影响车辆、行人的正常通行。

4）在大、中城市的市区道路上，不准骑自行车带人。

三、乘车须知

不少同学每天上学、放学都要乘坐车辆。然而乘坐车辆也应该遵守社会公德和掌握应有的乘车常识，以保障人身安全。

1）乘车须在站台指定地点依次候车，待车辆停稳后先下后上。上车后主动让座给老人、病人、残疾人、孕妇或怀抱婴儿的乘客。下车后，应随即走上人行道，千万不要急穿马路，以防被车撞倒。

2）不准在车行道上打车。因为在车行道上打车妨碍交通，很容易被路上来往的车辆撞到。所以，在人行道或路边打车才能保证安全。

3）不准带易燃、易爆等危险物品乘车。这些物品会因受热、挤压或意外情况而爆炸，造成车辆损坏和人身伤亡。

4）机动车在行驶中，乘车人要坐稳扶牢，防止紧急刹车，不得将头、手伸出窗外，以免被来往车辆擦伤。不准在车辆未停稳时急忙下车。

5）乘坐大卡车时，不准站立，不准坐在车厢栏板上，应蹲下，并抓牢车厢栏板。

6）搭乘汽车遇险时应按以下方式应对。

① 搭乘汽车发生火灾时的自救。要冷静果断地报警，驾驶员应开启所有车门，令乘客从车门下车，再组织扑救火灾。若车门无法开启，乘客可从就近的车窗下车。若火焰封住车门，车窗因人多不易下去，可用衣物蒙住头，从车门处冲出去。当衣服被火烧着时，如果时间允许，可以迅速脱下衣服，用脚将衣服上的火踩灭；如果来不及，乘客之间可以用衣服拍打或就地翻滚灭火。

② 行驶中发生突发事件时的自救。

a. 冲出路面时的应急自救。应等驾驶员把车子停稳后再按次序下车，以免造成翻车事故。

b. 刹车失灵时的逃生自救。应立即换挡并启动手刹，同时做到：脚从加油踏板上抬起，打开警示灯，快速摇动脚刹，换低挡，启用手刹制动。不要猛拉手刹，应由轻缓再到逐渐用力，直至停车。

③ 撞车时的应急自救。司机应保持冷静，掌握好方向盘。为了减速，可以冲向能够阻挡的障碍物。撞击前需系好安全带，双臂夹胸，双手抱头。

四、走路须知

【案例2-4】 2018年9月中旬，某学校女生陈某下午放学回家。为抄近路回家，陈某没有走过街天桥，而是从人行护栏的缺口处进入了车行道。突然从道路左侧驶过来一辆汽车，该车紧急刹车并使车尾横在了公路上。此时，道路的右侧又有一辆大客车驶过，两车相会，当场将陈某夹在了中间，这一重大事故将陈某小小的躯体瞬间压成了"肉饼"。

【案例2-5】 2018年6月的一个傍晚，学生陈某在吃过晚饭以后，与几个同学一起在马路上玩耍。结果，突然冲过马路的陈某，被路过的一辆大货车的左前轮碾压过了右腿和头部，在送去医院后抢救无效死亡。

警示：走路时，要走人行道，过马路时，左右看，红灯停、绿灯行，不乱跑、不随意横穿，不在马路上追逐打闹、不攀爬栏杆，遵规矩、保生命。

1）行人须在人行道内行走，没有人行道时靠路边（距路边缘线1米处以内）行走，并注意前后车辆。在城市街道，必须走人行道，在农村公路须靠路边行走。横过街道必须走"人行横道""人行天桥"或"地下通道"。这样可以避免与车辆发生碰撞。

2）横过车行道，必须走人行横道。没有人行横道的，须事先看清左右来往车辆，待车辆走过后直行通过，不要追逐、猛跑。

3）不准在车辆监控盲区随意行走，也不要走在路中突然返回行走。这些会导致驾驶员判断失误，导致交通事故。

4）晴天过车行道，如有灰尘应回避一下，不要盲目行走；雨雪天气，打伞、穿雨衣不要遮住视线，防止与车辆碰撞。

5）过交叉路口时，要注意交通信号，熟记红灯停、绿灯行。有些路口设置了红绿两种颜色的人行横道灯。绿灯亮时，准许行人从人行横道内通过；绿灯闪烁时，不准行人进入人行横道，但已进入人行横道的，可以继续通行；红灯亮时，不准行人进入人行横道，这时行人应在人行道上等候。

6）遇到交通事故，拨打122或110报警电话。同伴被车撞倒，要记下撞人车辆的车牌号、车身颜色或其他特征。

小贴士

交通安全很重要，交通规则要记牢。从小习惯要养好，不在路上疯打闹。
行走应走人行道，没有行道往右靠。天桥地道横行道，横穿马路离不了。
一慢二看三通过，莫与车辆去抢道。骑车更要守规则，不能心急闯红灯。
乘车安全要注意，遵守秩序要排队。手头不能伸窗外，扶紧把手莫忘记。

五、乘坐火车时要注意的安全事项

【案例 2-6】 2011 年 7 月 23 日 20 时 30 分，甬温线浙江省温州市境内，由北京南站开往福州站的 D301 次列车与杭州站开往福州南站的 D3115 次列车发生动车组列车追尾事故。此次事故已确认共有六节车厢脱轨，即 D301 次列车第 1 至 4 位，D3115 次列车第 15、16 位。事故造成 40 人死亡、172 人受伤，中断行车 32 小时 35 分，直接经济损失 19371.65 万元。

警示："7·23"甬温线特别重大铁路交通事故是一起因列控中心设备存在严重设计缺陷、上道使用审查把关不严、雷击导致设备故障后应急处置不力等因素造成的责任事故。

在长途旅行乘坐火车时应注意下列几点：

1）按照车次的规定时间进站候车，以免误车。
2）在站上候车，要站在站台一侧白色安全线以内，以免被列车卷下站台，发生危险。
3）列车行进中，不要把头、手、胳膊伸出车窗外，以免被沿线的信号设备等刮伤。
4）不要在车门和车厢连接处逗留，那里容易发生夹伤、扭伤、卡伤等事故。
5）不带易燃易爆的危险品（如汽油、鞭炮等）上车。
6）不向车窗外扔废弃物，以免砸伤铁路边的行人和铁路工人，同时也避免造成环境污染。
7）乘坐卧铺列车，睡上、中铺时要注意安全，防止掉下摔伤。
8）保管好自己的行李物品，注意防范盗窃分子。
9）搭乘火车时遇险不能盲目跳车。失火时应迅速通知列车员停车，车停稳后，组织人力将车门和车窗全部打开，遵从指示有序疏散。火势不大时，不要开启车厢门窗，以免大量的新鲜空气进入后，加速火势蔓延。当车厢内浓烟弥漫时，要采取低姿行走的方式逃离到相邻车厢或车厢外。

六、乘船安全常识

我国水域辽阔，人们外出旅行时会有很多机会乘船。船在水中航行，本身就存在遇到风浪等危险的风险，所以乘船旅行的安全十分重要。

【案例2-7】 2015年6月1日晚，从南京驶往重庆的客船"东方之星"轮在长江中游湖北省荆州市监利段水域发生翻沉。事发时客船上共有454人，沉船事件中12人生还。

经调查认定，"东方之星"号客轮翻沉事件是一起由突发罕见的强对流天气——飑线伴有下击暴流——带来的强风暴雨袭击导致的特别重大灾难性事件。

1）为了保证航运安全，凡符合安全要求的船只，有关管理部门都发有安全合格证书。外出旅行不要乘坐无证船只。

2）不要携带易燃易爆等危险品上船，不乘坐超载的船只，这样的船安全没有保证。

3）上下船要排队按次序进行，不得拥挤、争抢，以免造成挤伤、落水等事故。

4）天气恶劣时，如遇大风、大浪、浓雾等，应尽量避免乘船，不乘坐冒险航行的船舶。

5）不在船头、甲板等地打闹、追逐，以防落水。不拥挤在船的一侧，以防船体倾斜，发生事故。

6）船上的许多设备都与保证安全有关，不要乱动，以免影响正常航行。

7）夜间航行时，不要用手电筒向水面、岸边乱照，以免引起误会或使驾驶员产生错觉而发生危险。

8）一旦发生意外，要保持镇静，听从有关人员指挥。

9）搭乘轮船遇险时的应对

① 发生火灾时的应对。客船发生火灾时，应积极自救或互救逃生。

客船机舱着火时，可利用尾舱通向甲板的出入孔逃生。火势蔓延，封住走道而来不及逃生时，逃生者可关闭房门，不让烟气、火焰侵入。情况紧急时，也可跳入水中。

客船前部某一楼层着火时，还未蔓延到机舱时，应采取紧急靠岸或自行搁浅措施，让被火围困的人员迅速往主甲板、露天甲板疏散，然后借助救生器材向水中和前来救援的船只上逃生。

客船上某一客舱着火时，舱内人员在逃出后应随手将舱门关上，以防火势蔓延，并提醒相邻客舱内的旅客赶快疏散。

船上大火将直通露天的梯道封锁，致使着火层以上楼层的人员无法向下疏散时，被困人员可以疏散到顶层，然后向下施放绳缆，沿绳缆向下逃生。

② 跳水自救注意事项。应尽可能地多穿衣服，穿戴妥当之后再穿救生衣。时间允许，应带些淡水、食物。

a. 跳水前应尽量选择较低的位置。

b. 查看水面，要避开水面上的漂浮物。

c. 不能直接跳入艇内或筏顶及筏的入口处，以免身体受伤或损坏艇、筏。

d. 应从船的上风舷跳下，如船左右倾斜时应从船首或船尾跳下。

知识点 2　旅游安全

旅游安全是指旅游活动中各相关主体的一切安全现象的总称。它包括旅游活动各环节的相关现象，也包括旅游活动中涉及的人、设备、环境等相关主体的安全现象，既包括旅游活动中的安全观念、意识培养、思想建设与安全理论等"上层建筑"，也包括旅游活动中安全的防控、保障与管理等"物质基础"。没有安全，便没有旅游。

一、旅游安全表现形态

完整地描述与说明旅游安全表现形态是一件很困难的事。通过对相关研究文献、旅游安全报道以及调查结果的分析，可以把旅游安全归纳为六种表现形态，即犯罪、疾病（中毒）、交通事故、火灾与爆炸、自然灾害和其他意外事故。各种表现形态在旅游活动的各环节中交替或同时出现，难以划出泾渭分明的界线。

1. 犯罪

虽然对于犯罪与旅游的关系，学术界至今仍有争论，但由于给旅游者带来创伤的严重性和对社会影响的广泛性，犯罪成为旅游安全中最为引人注目的表现形态之一，在很大程度上威胁到旅游者的生命、财产安全。国内外学者对旅游与犯罪给予广泛关注，并把犯罪作为旅游社会文化影响之一。

【案例2-8】　2019年4月21日，斯里兰卡首都科伦坡等多地先后发生8次连环炸弹袭击，涉及至少3座教堂及3家酒店。4月22日，斯里兰卡发生第9次爆炸。截至2019年4月24日11时，据CNN报道，斯里兰卡警方表示，爆炸案死亡人数上升至359人。

斯里兰卡旅游局市场副总监钦塔卡先生表示，这次恐怖袭击对斯里兰卡的旅游业产生了巨大的负面影响，斯里兰卡酒店的订单取消率达到20%，多家信用评级机构认定，斯里兰卡经济因此承受打击。

旅游活动中存在的犯罪现象大体分为盗窃、欺诈和暴力型犯罪三大类。其中，暴力型犯罪是危害人身安全的犯罪，与财产性犯罪的实施密切相关，即可能在侵犯财产的同时侵犯了旅游者的人身安全，其往往包括抢劫、侵犯人身自由和性犯罪等。此外，毒品、赌博和淫秽色情等也是威胁旅游者安全的潜在因素。

2. 疾病（中毒）

旅途劳累、异地旅游导致的"水土不服"和客观存在的食品卫生问题等可能诱发旅游者的疾病或导致食物中毒等。

3. 交通事故

在旅游业运行各环节中,旅游交通是安全问题影响最大的环节之一。旅游交通事故往往具有毁灭性。按照交通形式,旅游交通事故可分为道路交通事故、高速公路交通事故、航空事故、水难事故和景区交通事故等。

4. 火灾与爆炸

近年来,火灾事故发生频繁。虽然旅游业中因火灾与爆炸死亡的人数低于因旅游交通事故而死亡的人数,但是火灾与爆炸往往造成严重的后续反应,如基础设施破坏、财产损失等,甚至造成整个旅游经济系统的紊乱。

5. 自然灾害

自然灾害是旅游活动中相对于人为灾害,由天气、洪水等不可控的自然原因引起的安全问题,是旅游安全常见的表现形态之一。自然灾害对旅游活动的破坏性及其对旅游者、旅游企业、从业人员生命财产乃至资源的危害性引起了人们对其较为广泛的研究。旅游中的自然灾害划分为4个类型。

（1）威胁人类生命及破坏旅游设施的自然灾害　包括：飓风、台风、气旋和龙卷风、洪水、暴雪、沙暴等气象灾害；地震、火山喷发、海啸、雪崩、泥石流等地质及地貌灾害；其他自然灾害如森林火灾等。

（2）危及旅游者健康和生命的其他自然因素和现象　包括缺氧、极端气温、生物钟节律失调及其他因素和现象。缺氧多发生在海拔较高的旅游地,并可能由此引发肺气肿、脑肿等致命的症状。极端气温主要是指极端高温（如在沙漠地区）和极端低温（如在两极和高山地区）。生物钟节律失调则表现在航空旅行中疲乏、睡眠障碍、食欲不振等现象的出现。其他还有航空旅行所引起的晕动症等。

（3）旅游者与野生动植物、昆虫等的接触产生的危险　主要包括大型凶猛动物对旅游者带来的伤害与威胁,如热带、亚热带海滨时常出现的鲨鱼咬伤旅游者的现象。其他如有的动植物导致旅游者的皮肤疾病或其他身体伤害等。

（4）环境因素导致的疾病　主要指旅游者在旅行中可能发生的传染性疾病。与旅游活动有关的环境疾病中最具威胁的多为热带地区所特有的疾病,如疟疾、登革热等。其他环境因素引发的问题还有水土不服等。2003年,我国出现的"SARS"疫情就对旅游者带来了很大的威胁,从而使众多旅游者取消行程。

6. 其他意外事故

除了上述5种表现形态外,旅游安全表现形态还包括一些特殊、意外的突发性事件。

【案例2-9】　2016年7月23日下午,在北京延庆八达岭野生动物园内,两名自驾游女游客在猛兽区下车后,被老虎袭击,造成1死1伤。

造成这次事件的原因：一是赵某未遵守八达岭野生动物园猛兽区严禁下车的规定，对园区相关管理人员和其他游客的警示未予理会，擅自下车，导致其被虎攻击受伤。二是周某见女儿被虎拖走后，救女心切，未遵守八达岭野生动物园猛兽区严禁下车的规定，施救措施不当，导致其被虎攻击死亡。

二、旅游中安全事故的预防

1）提高安全意识。旅游安全事故发生的原因是复杂的，多方面的。虽然有时难以预料事故的发生，但是如果提高防范发生事故的意识，不做有悖于安全的事，许多安全事故是可以避免的。

2）出发前要认真做好准备工作，选择最佳的旅行路线和交通工具，对自己的身体状况要正确估计，不要带病旅游。

3）游览中严格遵守景区的安全规定，听从导游的安排，对路边的安全警示牌要认真阅读。避免单独活动，分散活动时要准时到达指定地点集合。

三、旅游中发生安全事故的处理办法

1）自救。一旦发生事故，不能惊慌失措，等了解清楚你所处的环境和伤情后立刻自救，一定要相信自己能够战胜困难，摆脱困境。

2）求救。有时，依靠自己的力量实在无法摆脱困境，或因伤势太重不能活动时，只能耐心等待救援。在等待救援时要注意保持体力、坚定信念，还要及时发出求救信号。可以利用携带的通信工具，电筒、打火机的光线，敲击石头发出的声音，色彩鲜艳的衣物等与外界取得联系。

四、旅游安全小常识

1. 旅游中的人身安全注意事项

【案例2-10】 2015年8月16日17时许，湖南省宁乡县龙泉大峡谷户外运动基地发生一起安全事故，一名男性游客玩高空自行车时不慎坠亡。据了解，男子在高空操作单车时突遇连杆断裂，从而导致意外发生。

进行户外运动时应提高自身安全意识，保护好自身安全，如果并非专业人士，最好不要冒险进行高风险运动，否则一旦出现意外，后果将十分严重。

对人身安全造成威胁的因素主要有人为因素和自然环境因素。其中人为因素又可分为旅游者自身因素和他人因素。对人身安全造成威胁的因素主要如下。

（1）冒险、探奇　这种由于冒险、探奇造成的意外事故多发生在青壮年的旅游者身上。应充分考虑装备设施状况和身体条件，不要用生命作代价。

（2）旅游中走失　旅游者走失一般出现在游览活动中或自由活动中。在游览活动中，旅游者应留意导游每天通报的全天游览日程、游览用餐点的名称和地址、在各个点的抵达时间和逗留时间。在外出自由活动时，应先告知导游或领队你将要去哪里，大概何时回来，最好带上饭店的标识，记下饭店的地址和电话，以便万一走失时可以与饭店和导游联系。

（3）发生治安事故　现在社会上存在盗窃、抢劫、诈骗等治安问题，因此应树立必要的思想准备，建立一定的防范措施。

（4）发生火灾事故　为防止火灾的发生，旅游者应注意以下几点：

1）在客房内吸烟后，一定要将烟头熄灭，不要随地乱扔。因为饭店地面多为地毯，很容易燃着。

2）使用客房内电器时要科学，不要将电器烧坏而导致火灾。

3）不要使用自带的大功率电器，以免超过整个酒店电压负荷后导致火灾；

4）熟悉所在酒店楼层的安全出口和安全楼梯等；

5）仔细阅读客房门后的逃生线路图。

当遇到火灾时，要注意以下几点：

1）要镇定，不要乱跳楼，当导游前来援助时，要配合导游，接受统一指挥。

2）不要走电梯，要走安全楼梯。

3）如被大火和浓烟包围，可用脸贴近墙壁、墙根或用湿毛巾捂住脸顺墙爬出去，或打开未燃烧一方的窗户等。

4）如被大火和浓烟围困，而卫生间还没有被蔓延，可考虑待在卫生间里，用湿毛巾捂住口鼻等待援救。

5）看到救护人员时，要大声叫喊或边喊边摇动色彩鲜艳的衣物，救援人员来后要服从命令听指挥。

（5）中毒　一方面要防止饮食方面的中毒，吃腐烂和不洁食物、饮用污染了的水等均可引起中毒；另一方面就是在大自然旅游中，有不少植物是有毒的，特别是到南方热带森林中去旅游，更应注意有毒植物对人身的侵害。旅游者不要一人走进难以行走的原始丛林中。

（6）动物伤害　蛇咬伤是旅游意外动物伤害中较为常见的。为了防止被蛇咬伤，在草深林密的地方旅游时，最好穿长裤长袜，戴草帽或遮阳帽，手中最好拿一拐杖或拿一根竹竿，可以抽打草丛从而赶跑蛇虫。旅游中遇到了蛇，最好的办法是沉着对付，千万不要惊慌、不能跑动，也不要理会它，只要你不伤害它，离它而去，也就相安无事了。万一被蛇咬伤，千万不要着急，要沉着冷静，积极进行处理，首先结扎伤口上部肢体，千万不可用嘴去吸毒液，以防毒液进入口中。要用手一面挤压伤口，一面用水冲洗，涂蛇药粉于伤口处，速去医院进一步处理。

蛇以外的其他猛兽，在旅游风景区极少遇到，偶尔遇到也不必惊慌，悄悄地躲避开它即可，一般这些猛兽很少主动袭击人。

2. 旅游中的保健与旅游常见病的防治与急救

旅游有助于身心健康，为了达到促进健康的目的，在旅游中需注意的一个问题就是预防疾病。为此，旅游前要做好各种准备，旅游中要积极进行自我保健，防止意外伤害和事故的发生，并学会防治一些小病和常见病，遇到事故要能做到处乱不惊，遇事不慌。

（1）旅游前做好健康检查　请务必注意有下述情况的患者应暂停外出旅游：患急性病未愈者；患有较严重的心血管、肝、肺、肾等重要脏器疾病者；处于各种传染病和炎症发作期的患者；患有慢性疾病正处于急性发作期或活动期者；各种原因所致的严重贫血患者；新近发生脑血管意外病情尚未稳定者，以及大中型手术后，处于恢复期的病人等。

（2）旅游前需准备的药品

1）解热、镇痛类药物，如阿司匹林、去痛片等。

2）消化系统常用药，如胃舒平、痢特灵、黄连素片等。

3）呼吸系统常用药，如速效伤风胶囊、银翘解毒丸、板蓝根、草珊瑚含片、西瓜霜含片等。

4）防晕动病药物，如乘晕宁、晕海宁等。

5）抗过敏药物，如扑尔敏、息斯敏等。

6）防暑药，如藿香正气丸、清凉油等。

7）外伤药，如正红花油、云南白药等。

3. 旅游常见病的防治

（1）晕车晕船　首先要保持心情愉快，出行前，不要饮酒，勿过饱或过饥。一般出行前半小时先服一片乘晕宁。如果晕车，可用冷毛巾敷面部和胸部；把视线固定在一个远处不动的目标上凝视；如果恶心想吐，尽量吐得干净为好；打开窗户，吹吹新鲜的风；如果眩晕，应开口呼吸，嚼一块糖。以上方法均能起到一定的效果。

（2）腹泻　首先要注意饮食卫生，养成良好的卫生习惯，严防"病从口入"。在旅途中，还可以适量服用黄连素片等药物，预防腹泻的发生。

4. 旅游中意外伤害及应急处理

（1）对溺水者的抢救　在旅游过程中发现有人溺水，不要慌乱。会游泳的脱去鞋袜及厚重的衣服下水救人；不会游泳的人，除了呼喊他人进行求助外，应尽快将木板、竹竿等物体抛向溺水者，溺水者被救上岸后，应根据其情况决定是否送医。

（2）旅途中骨折的急救　若伤员休克，应立即让其平卧。开放性骨折应首先止血；脊椎骨折后，要防止因搬动不慎而造成二次损伤；四肢骨折后，为避免损伤局部的肌肉、血管、神经等，要防止骨折端错动，也不要勉强去复位，找固定材料如木板、竹板等为伤肢进行固定，骨折处要保暖防凉，并给伤员服用止痛药及镇静药。

（3）旅途中踝关节扭伤的治疗　发生踝关节扭伤，要高抬患肢。先用冰袋或冷毛巾敷，以减轻疼痛和皮下出血，然后用活血散瘀的药膏外贴患处。若在旅途中既无药物又无胶布，还可以用一只手握住扭伤的脚踝，另一只手抓住脚趾，由外向里摇晃，再让脚趾尽量向下弯曲，然后使脚尖尽量向上弯曲，反复多次，会有所好转。如果是严重扭伤，如韧带完全撕裂，踝关节不稳定者，严禁乱按乱揉，要立即送医院。

（4）旅途中小腿抽筋的防治　小腿抽筋的预防比较简单，在活动前、活动后及睡前，按摩腿肚肌肉即可。常常抽筋的人在游泳前将生姜汁涂在腿上，充分按摩，便能起到很好的预防效果。小腿抽筋治疗的方法较多，例如扳脚法：坐着一手用力压迫痉挛的腿肚，一手抓住足趾向后扳脚，使足部背曲，再上下活动一下脚，抽筋就能得到缓解。若是在游泳时发生抽筋，可将大腿尽量向前蹬，用手使劲往身体方向扳脚拇指，反复多次，直至症状消失。

（5）旅途中大小外伤的止血方法　旅途中不幸因外伤而出血，应尽快止血。止血的方法有很多，小伤口出血，且伤口内又无异物的情况，可采用局部按压法，即用手帕、纱布等直接盖在伤口上用手压住，尽量把伤处放在高过心脏的位置，便能很快止血。或者用手掌稍用力拍打两脚的跟腱，各拍数次，亦能止住小伤口流血。如果用药物止血，建议使用云南白药。如果是四肢较大面积的伤口出现，可采用止血带或手帕、围巾等，用力绑在伤口靠近心脏的一侧，每隔一小时松开几分钟，再绑扎，在止血的过程中，要保持伤肢高于心脏的水平线。

五、登山、水上运动、滑雪的安全注意事项

（1）登山运动　登山时注意如下几点。

1）上山时要轻装，少带行李，以免过多消耗体力，影响登山。

2）山区气候变化大，时晴时雨，反复无常。登山时要带雨衣，下雨风大，不宜打伞。

3）雷雨时不要攀登高峰，不要手扶铁制栏杆，不要在树下避雨，以防雷击。

4）山上夜晚和清晨气温较低，上山要带厚一点的衣服。

5）登山以穿登山鞋、布鞋、球鞋为宜，穿皮鞋和塑料底鞋容易滑跌，为了安全，登山时可买竹棍或手杖作为辅助。

6）山高路陡，爬山时以缓步为宜，不可一味追求速度。一定要做到"走路不看景，看景不走路"，边走边看往往比较危险。

7）游山时应结伴同行，相互照顾，不要只身攀高登险。

8）登山时身体略前倾，可走"之"字形。这样较为省力和轻松。

9）上山时要带足开水、饮料和必备的药品，以应急需。

10）山区下暴雨时，山洪来势很猛，速度极快，下雨前夕不宜在河中洗衣、游玩，以

免发生意外。

11）在高峻危险的山峰上照相时，摄影者选好角度后就不要移动，特别注意不要后退，以防不测。

12）对于山中不知深浅的水潭，千万不要下去游泳，即使夏日，泉水也会很凉，发生险情的可能性较大。

13）为防止火灾，在吸烟时应自觉将烟头、火柴梗熄灭，不可随意乱丢。

（2）水上运动　水上运动包括游泳、划船、滑水、冲浪等，游泳的安全注意事项如下。

1）在第一次游泳前，应当进行健康检查。凡是有病毒性肝炎、活动性肺结核、红眼病、中耳炎、腹泻病、心脏病、精神病和癫痫病的人，都不适宜参加游泳活动。

2）每次下水以前，都要注意做好准备活动。例如做一遍体操，伸伸胳臂和腿，弯弯腰，跑一跑，跳一跳，活动各个关节，增加肌肉的力量和弹性，使得身体适应游泳活动的需要。

3）下水时还应该先用水洗脸、头、胸、背和四肢，使身体适应冷水的刺激，然后再游泳。

（3）滑雪运动　滑雪时要注意的事项如下。

1）要能识别并遵守滑雪场的一切警告和提示的标识，对滑雪场的概况应有初步的了解。

2）切记要量力而行。当滑雪者的技术水平达到能安全地停住，并能避开滑道上的障碍物和其他滑雪者时，才能去较高一级的雪场。

3）休息时，要停在滑道的边上，不能妨碍别人，并要注意从上面滑下来的人，重新进入雪道或滑行时也应如此。

4）滑降时，不得撞碰在前面雪道的人。

5）在滑行中感到器材异常或前方滑行道状况不明时，应暂停下来。

6）不要冒险，不要单独在森林或容易发生雪崩的地方滑雪，不要轻易到陡坡地和深谷底去滑行。三人以上在一起滑雪较为安全。不要在范围过大的雪场滑雪，最好早归，绝对不可擅自超过雪场规定的界限，远离营地去滑雪，以防发生意外。

7）平时应学习一些基本的保健知识和急救常识。

8）在训练期间，滑雪者必须听从教练和雪场工作人员的安排和指挥。

9）了解滑雪索道的开放时间，在无人看守时切勿乘坐，以免发生冻伤事故。

六、防止中暑

中暑是人在较热的环境下，由于身体的热量不能散发出去，使体温失调而引起的一种疾病，其症状是体温升高，面色苍白，脉搏细弱且快，血压降低，严重时会昏迷。预防中暑一般采用如下措施。

1）不要在强烈的阳光下曝晒。
2）注意室内通风，穿衣不能过多。
3）少量多次饮水，饮用淡盐水更好。
4）运动量不要过大。
5）在户外要戴帽子遮阳。
6）带上藿香正气丸、十滴水、清凉油等防暑药品。

七、徒步旅游安全

对于徒步旅游来说，沿途可以观察和学习到许多有益的东西，增加知识，并能锻炼身体。在旅途中要注意走路的技巧。步幅迈得大比迈得小好，可减少体力消耗。行走的姿势应是身体自然前倾，手不要向两边摆，应前后摆动。迈步最好是用脚跟着地，再通过脚弓把重心逐渐转移到前脚掌上去。走路的鞋子很重要，要轻便，大小合适，鞋底不能太薄，选择较平坦的路面走。行进中间休息时，松开鞋带，把脚垫高一些，促进血液循环。睡前最好用热水洗脚，有利于消除疲劳。脚起水泡后，可用消毒的缝衣针将水泡挑开，放出积液，穿进一根干净的线或头发，并注意防止感染。

外出徒步旅游时会遇到问路的情况，问路要注意技巧。

1）要有礼貌，问路时必须面带笑容，口气谦和，以取得对方的好感。根据不同的对象用不同的称呼。问路时应讲普通话。

2）要选准对象。一是选当地人问路；二是选异性问路，从心理角度来说，选择异性，容易取得较好的效果；三是选择老年人问路；四是选择民警和学生问路。值得注意的是，一般不宜向行色匆匆、面部表情严肃、低头沉思的人或依依相偎的恋人问路。

3）问路时记住位置和特征。听人介绍时，要抓住关键，如地名、典型标识位置和基本特征等。在对目标情况不明时，应多问几人，利用自己的经验和知识进行判断，从而达到问路的目的。

八、骑自行车旅游安全

在不妨碍工作的条件下，可抽出一定时间，进行短期的自行车旅游，不仅能够欣赏祖国的大好河山，还可以增强体质，增长见识。出发前要把自行车保养好，特别是保证车胎不漏气，前、中、后轴状态良好，闸、铃、锁灵敏有效等。随车最好带上一个小型打气筒和简单的修理工具。每天旅游结束后，要认真检查车辆，发现问题及时处理。旅游者计划每天骑行的距离，最好不超过100公里，并间以适当的游览、休息，以便始终保持旺盛的精力。在逆风条件下，与其骑车前行，还不如下车推行。骑车的速度不宜过快，遇到交叉路口、桥洞或上下坡时，尤其要注意安全。

九、野外帐篷宿营安全

1）宿营地的选择。选择能防洪水、防塌方、防潮湿、防雷电、防火及防虫害袭击的地方。不能设在山岩脚下、悬崖下、冲积丘上以及可能发生雪崩的地方。不要设在针叶或干枯灌木丛林区，若失火，则火势会蔓延得很快。附近要有水源。最好选择在树林边或林中空地，还可选择在平地的小山丘顶、河边的山冈上。

2）对新开辟的水源，要经过消毒或净化处理后才能使用。宿营地的污水必须进行排放，不能乱泼，否则会影响环境卫生，容易滋生蚊蝇。污水处理设备或排污水沟，要求设在宿营地的下风侧，并保持适当的距离，这样可以摆脱臭气的滋扰。

3）垃圾要进行焚烧或深埋。

4）厕所要设在宿营地的下风侧，粪便可请农民淘粪作施肥用或挖坑掩埋处理。

5）要检查篝火是否完全扑灭，然后再上路。

十、入住旅游饭店注意事项

1）最安全的楼层是四五层，窃贼不易闯入，发生火灾也易逃脱。一些城市的消防设施无法达到高楼层。

2）如果有人送东西到你房间，应打电话向前台证实后再开门。

3）旅游者要保管好自己的房间钥匙，若钥匙丢失了，必须告知前台服务员，不得私自将钥匙借给未登记的朋友使用。

4）当旅游者接到骚扰电话时，应当立即投诉，值班经理会通知总台找出主叫方。

十一、旅游中的饮食安全

在外旅游不要贪食特殊风味菜肴，用餐不要"饱一顿、饥一顿"；为避免"上火"，少吃大鱼大肉等肥腻的食物，多吃一些蔬菜和水果，多饮绿茶或白开水；少吃生冷食品；吃海鲜时应吃些蒜，喝点酒，以防腹泻，肠胃不好的人千万要谨慎；对当地吃不惯的调料和菜肴，宁可少吃或不吃，以免肠胃不适。对有些卫生条件较差的饭店，最好使用一次性杯筷和碗具，饭前饭后洗手。

十二、旅游中的财产安全

旅行中携带的物品要少而精，必要的物品要带齐，违禁物品不要带。

1. 禁带物品

（1）飞机禁带物品　可燃液体、压缩气体、腐蚀性液体、易燃液体和固体、毒品、氧化剂、易聚合物质、磁性物质、放射性物质、有害或有刺激性物质以及可能损坏飞机结构或不适宜运输的物品、火器、刀剑和其他类似物品、动物，国家有关法律、政府规章和命令规定运输过程中禁止出入境或过境的物品。

（2）火车、轮船禁带物品　易燃、易爆、有毒、放射性等危险物品和政府限制运输的物品，妨碍公共卫生的物品、动物以及损坏污染车辆的物品。

2. 财物的携带安全

为了保证身上所带现金的安全，建议旅游者每日拿出所需的现金，将其放在易拿的地方，而把大部分的现金放在贴身安全处。不要向他人特别是陌生人提起。这样可分散风险，即使遭窃也能保住大部分的现金。也可携带信用卡进行旅游。用旅行支票代替现金也是一种方法。当你身上有贵重物品时，不要将贵重物品连同一般物品进行托运，而应随身携带。在入住饭店后，也不要将贵重物品放在客房内。外出游览时，可以存放在饭店的贵重物品保管处或小保险箱内。

3. 保证财物安全，记牢三句话

集小成大件数清；
随时清点不乱放；
离开不忘回头看。

4. 财物丢失的应急处理

（1）身份证丢失　由当地旅行社核实后开具证明，失者持证明到当地公安机关报失，经核实后开具身份证明，机场、安检人员才会核准放行。

（2）财物丢失　财物丢失后，要向导游或领队求助，告诉他们丢失物品的形状、特征、价值，尽可能回忆丢失物品的时间和地点，积极配合寻找。

十三、旅游购物"四戒"

由于我国旅游市场规范化还不完善，旅游购物往往是"几家欢喜几家愁"。因此在旅游购物时，要力戒四种易导致自己上当受骗的行为。一戒随便开口；二戒以假作真；三戒贪图便宜；四戒冲动购物。

十四、旅游保险知识

旅游活动多姿多彩，但作为一次活动过程，为防不测和万一，参加与旅游有关的保险是有益无害的。与旅游有关的保险有如下3种。

1）车船旅客意外伤害保险。凡搭乘长途客车、轮船，从验票进站或中途上车（船），至到达旅程终点或下车、下船为保险有效期。根据发生的意外情况，给付保险金。

2）旅客人身意外伤害保险。在保险期限内，被保险人因意外伤害事故而致身残或丧失身体机能，按规定给付全数、半数或部分保险金额。

3）住宿旅客人身保险。保险期限15天，从住宿零时起开始算，满期可办理续保。一旦发生意外，可根据客人人身伤害情况和财产损坏情况给付保险金。

十五、用法律武器保护自己的合法权益

【案例2-11】 某职校为了让学生亲近大自然，了解社会，增进师生、学生之间的沟通交流，组织学生外出春游。由于路途较远，学校就跟某正规旅行社双方签订了团体旅游协议和安全协议。学校也派有老师全程跟随。途中，学生乘坐的一辆汽车发生意外翻车，5名学生不同程度受伤，随团老师在现场组织协助抢救，并及时向学校汇报，学校也第一时间告知受伤学生家长。其中，一名学生重伤致残，家长状告学校及旅行社要求赔偿。

本案例中，对于学生的损害后果，应当由旅行社承担赔偿责任。

首先，学校组织学生春游，与某旅行社签订了团体旅游协议，双方应当完全履行合同义务。然而，旅行社并没有按约定完全履行合同义务，造成一方损害后果，依据《中华人民共和国合同法》第四十四条的规定："依法成立的合同，自成立时生效"。第六十条："当事人应当按照约定全面履行自己的义务"。第一百零七条："当事人一方不履行合同义务或者履行合同义务不符合约定的，应当承担继续履行、采取补救措施或者赔偿损失等违约责任"。综上，旅行社构成违约，应当承担违约责任。

【案例2-12】 张先生在某旅行社处报名参加了2015年9月28日出发的台湾八天游。但时值台风"杜鹃"登陆，原定搭乘航班被迫取消，旅行社安排包括张先生在内的旅游者改乘次日上午起飞的航班。但也因台风登陆未能候补到机位，张先生未能乘机出团，于是旅行社安排张先生在内的旅游者返回出发地并全额退还其已付旅游费用。张先生认为旅行社未能依照行程妥善安排航班，最终未能出团，构成欺诈，要求旅行社承担其已付费用三倍的赔偿责任。

本案例中，航班被取消系不可抗力台风所致，旅行社并未隐瞒真实情况，不构成欺诈，张先生主张三倍赔偿无法律依据。原定行程因台风而被迫取消，张先生在内的旅游者滞留机场，旅行社及时安排车辆将旅游者妥善送回出发地，即已采取相应的安置措施，旅行社已尽到相应的法定义务。

我国《旅行社条例》（以下简称《条例》）对于强化旅游行业管理、维持旅游市场秩序、保障旅游者和旅行社的合法权益有重要意义。以下为《条例》中与旅游者利益关系密切的内容摘要。

1）旅行社在经营活动中应当遵循自愿、平等、公平、诚信的原则，提高服务质量，维护旅游者的合法权益；旅行社向旅游者提供的旅游服务信息必须真实可靠，不得作虚假

宣传；旅行社对可能危及旅游者人身、财产安全的事项，应当向旅游者作出真实的说明和明确的警示，并采取防止危害发生的必要措施；旅行社为旅游者提供服务，应当与旅游者签订旅游合同并载明下列事项：①旅行社的名称及其经营范围、地址、联系电话和旅行社业务经营许可证编号；②旅行社经办人的姓名、联系电话；③签约地点和日期；④旅游行程的出发地、途经地和目的地；⑤旅游行程中交通、住宿、餐饮服务安排及其标准；⑥旅行社统一安排的游览项目的具体内容及时间；⑦旅游者自由活动的时间和次数；⑧旅游者应当交纳的旅游费用及交纳方式；⑨旅行社安排的购物次数、停留时间及购物场所的名称；⑩需要旅游者另行付费的游览项目及价格；⑪解除或者变更合同的条件和提前通知的期限；⑫违反合同的纠纷解决机制及应当承担的责任；⑬旅游服务监督、投诉电话；⑭双方协商一致的其他内容。

2）旅行社损害旅游者合法权益的，旅游者可以向旅游行政管理部门、工商行政管理部门、价格主管部门、商务主管部门或者外汇管理部门投诉，接到投诉的部门应当按照其职责权限及时调查处理，并将调查处理的有关情况告知旅游者。

知识点3　游泳安全

游泳是一项老少皆宜的体育运动项目，在夏季，游泳运动尤其受到学生的喜爱。如果没有足够的安全防范意识，常常会发生溺水事件。发生溺水的地点通常在：游泳池、水库、水坑、池塘、河流、大海等场所。在溺水者当中，有不会游泳的人，也有一些会游泳、水性好的人。

近年来，我国游泳溺水伤亡事故呈逐年增加之势。据统计，我国每年14岁以下的少年儿童因溺水而死亡者达11万人之多，溺水为青少年死亡原因的第一位。这与游泳者自身缺乏游泳安全知识有直接的关系，因此要加强游泳的安全知识教育。

温馨提示：游泳时还是要安全第一，做好相关的预防措施，以防发生不测。

【**案例2-13**】　2019年5月3日午间，湖北荆州松滋市沙道观镇初级中学的7名学生互相邀约，一同来到松东河边玩耍。其中会游泳的5人下了水，另外两人站在河边。发现同伴溺水后，岸边的两人急忙求援。截至2019年5月3日晚23时47分，遗体已经全部找到，5人确认死亡。

一、发生溺水事故的原因

1. 不小心从池边、岸边落入水中

学生外出游玩时，野外的水库、池塘较多，若看见水中有鱼、蝌蚪、小青蛙等，便很自然地想要去抓，这时很容易发生溺水事故。

2. 在水中滑倒后，站立不起

水中滑倒往往发生在浅水区域，对于没有游泳技能的学生，在水库或坡度很大的水域中很容易滑倒，一旦滑倒后站立不起，很容易发生溺水事故。

3. 身上的浮具脱离或破裂漏气，沉入水中

市场上所购买的塑料气泡救生圈，千万不要在自然水库区域、池塘、江河湖泊中将其当作救生护具，这种塑料气泡救生圈在水中一旦漏气，后果不堪设想。每年因使用塑料气泡救生圈，漏气后造成溺水身亡事故的比例非常高。所以千万不要用塑料气泡救生圈来作为救生用具。

4. 游泳技术不佳，在水中遇到意外惊慌失措、动作忙乱

在游泳过程中由于遇到意外情况或碰撞，心理与精神的压力很大，精神恍惚，情绪紧张，加之游泳技术欠佳，遇到情况后反应不过来，手忙脚乱，这也是溺水常见的事故之一。

5. 突然呛水，不会调整呼吸

在吃饱饭、身体极度疲劳、酗酒后入水游泳，很易出现呛水现象。呛水现象会导致非常危险的状态。连续呛水很容易造成停止呼吸。

6. 过于逞强

由于逞强或过高估计自己的体力和技术，在游泳过程中疲劳过度，造成溺水现象时有发生。因此，外出游泳时应正确评估自己的能力，游泳时不能逞强好胜，应该量力而为，泳技差者不能到深水区或离岸太远的地方游泳。

7. 冒险潜水

在潜水过程中，很容易发生碰撞。当你在潜水时，岸边有人跳水，也很容易造成头与头的碰撞，也可能在潜水中碰撞到石头或其他异物。潜水时，水下压力很大，耳膜很容易被压坏，每潜入深度10米就有一个大气压，当你想浮出水面时，若上浮速度太快，会造成肺部爆炸。

二、游泳安全措施

1. 游泳安全要点

（1）不要用鼻子吸气　游泳时用鼻子吸气，最容易引起呛水。如果呛了水，首先要张大嘴，做深呼吸，哪怕喝上几口水，也一定要张大嘴，而不能用鼻子喘气。很多人往往对喝水有恐惧感。其实，对于初学者来说，宁可多喝几口水，也不能呛一口水，世界游泳冠军有时也难免在池中喝水。

（2）不要在游泳池四周打闹　游泳池的四周大多是瓷砖，游泳的人在上面来回走动，留下了许多水，因此地面很滑。学生好动，常在上面跑着追逐打闹，一旦摔倒，就会出现危险。

（3）切勿倒着身子跳水　有的学生喜欢在池边倒着身子跳水，认为很刺激，但殊不知这里面却隐藏着险情。因为学生倒着身子跳水，身体稍微一斜，很容易碰到池边磕破下巴。还有的学生转着身子跳水，若不注意，也会出现险情。有的学生则头朝下"扎猛子"，认为很好玩，为此头触池底碰破头的情况也时有发生，严重的会有生命危险。

（4）防止腿抽筋　初学游泳，心存恐慌，泳池水凉，泡在水里时间一长，就有可能腿抽筋。这个时候大家都不要紧张，要立即停止游泳，仰面浮在水面上。有效地防止抽筋的方法之一是在游泳前做好准备活动，准备活动包括头、颈、双肩、双臂、腰和腿等部位，手、脚的关节也要活动。有时还可以先在四肢泼点水，让身体逐渐适应水温，然后再下水游泳。

（5）防耳痛耳鸣　如果游泳时耳朵进水，则将头歪向耳朵进水的一侧，用力拉住耳垂，用同侧腿单脚跳；也可将手心对准耳道，用手把耳朵堵严压紧，左耳进水就把头歪向左边，右耳进水就把头歪向右边，然后迅速将手挪开，水就会被吸出来。此后再用消毒棉签送入耳道内将水吸出。

（6）防恶心呕吐　游泳时由于鼻子呛水、喝水、疲乏劳累等情况，有时会造成一时性的反胃，这时应及时上岸，用手指压中脘、内关穴。

（7）不到江、河、湖、海及水库里游泳　尽量不要到江、河、湖、海及水库里游泳，每年都有学生因单独在这些地方游泳而被淹死的悲剧发生。这些地方的水面看似平静，可是由于水下暗藏漩涡，一入水中便有可能被漩涡卷走。如果要去这些地方，也务必要有家长相伴，并带上浮漂等安全装备。在海中游泳，最好沿着海岸线平行游，游泳技术不佳和体力不充沛者，不要涉水至深处。在地理环境不清楚的地方游泳更要小心。如果水下有障碍物，撞上硬的东西或被水下之物缠住，就会出现危险。

2．在游泳池游泳的安全防范

1）池边不可奔跑或追逐，以免滑倒受伤。

2）池边不可任意推人下水，以免撞到他人或撞到池边受伤。

3）池边严禁跳水，泳池水浅，若跳水会因头部撞击池底面造成颈椎受伤，甚至终生瘫痪。

4）不可将他人压入水中不放，以免因呛水而窒息。

5）水中活动时，已感有寒意时，或将有抽筋现象时，应上岸休息。

6）若发现有人溺水时，即刻发出"有人溺水"的呼救或打110请求支援，如果自己没有学过水上救生，不可贸然下水施救。

3. 溺水事故的预防

1）不要独自一人外出游泳，更不要到不熟悉的水域去游泳。选择好的游泳场所，对场所的环境，如该水域、浴场是否卫生，水下是否平坦，有无暗礁、暗流、杂草，水域的深浅等情况要了解清楚。

2）必须要有组织并在老师或熟悉水性的人的带领下游泳，以便互相照顾。如果集体组织外出游泳，下水前后都要清点人数、并指定救生员做安全保护。

3）要清楚自己的身体健康状况。平时四肢就容易抽筋者不宜参加游泳或不要到深水区游泳。要做好下水前的准备，活动好身体，如水温太低应先在浅水处用水淋洗身体，待适应水温后再下水游泳；镶有假牙的同学，应将假牙取下，以防呛水时假牙落入食管或气管。

4）了解自己的水性，下水后不能逞能，不要贸然跳水和潜泳，更不能互相打闹，以免喝水和溺水。不要在急流和漩涡处游泳，更不要酒后游泳。

5）在游泳中如果突然觉得身体不舒服，如眩晕、恶心、心慌、气短等，要立即上岸休息或呼救。

6）在游泳中，若小腿或脚部抽筋，千万不要惊慌，可用力蹬腿或做跳跃动作，或用力按摩、拉扯抽筋部位，同时呼叫同伴救助。

三、安全游泳的常识

1．养成良好的游泳习惯

1）入水前应先做好热身运动。

2）游泳中尽量用嘴吸气，用鼻呼气，且以最大肺活量吸气及吐气，做到有节奏，不宜多说话，以防呛水。

3）养成睁眼游泳的习惯，戴泳镜，以免被撞或踢伤。

4）结伴游泳以便互相照顾。

5）从事水上活动，除游泳外，均应穿着救生衣。

6）不可拿呼救的动作开玩笑。

7）离水后应立即擦干身体，保持体温。

8）游泳前应仔细勘察水域，并用浮标划分深浅水及安全区域。

2．游泳注意事项

游泳是磨炼人的意志、锻炼身体的良好方法，但游泳也有禁忌。

（1）忌饭前饭后游泳　空腹游泳会影响食欲和消化功能，也会在游泳中发生头昏乏力等意外情况；饱腹游泳亦会影响消化功能，还会产生胃痉挛，甚至呕吐、腹痛现象。

（2）忌剧烈运动后游泳　剧烈运动后马上游泳，会使心脏加重负担；体温的急剧下降，会使抵抗力减弱，引起感冒等。

（3）忌月经期游泳　月经期间游泳，病菌易进入子宫、输卵管等处，引起感染，导致月经不调、经量过多、经期延长。

（4）忌在不熟悉的水域游泳　在天然水域游泳时，切忌贸然下水。凡水域周围和水下情况复杂的都不宜下水游泳，以免发生意外。

（5）忌长时间曝晒游泳　长时间曝晒会产生晒斑，或引起急性皮炎，亦称日光灼伤。为防止晒斑的发生，上岸后最好用伞遮阳，或到有树荫的地方休息，或用浴巾披在身上以保护皮肤，或在身体裸露处涂防晒霜。

（6）忌不做准备活动即游泳　水温通常比体温低，因此，下水前必须做准备活动，否则易导致身体不适感。

（7）忌游泳后马上进食　游泳后宜休息片刻再进食，否则会突然增加胃肠的负担，久之容易引起胃肠道疾病。

（8）忌游泳时间过久　皮肤对寒冷刺激一般有三个反应期。

第一期：入水后，受冷的刺激，皮肤血管收缩，肤色较为苍白。

第二期：在水中停留一定时间后，体表血流扩张，皮肤由苍白转呈浅红色，肤体由冷转暖。

第三期：停留过久，身体散热大于发热，皮肤出现鸡皮疙瘩和寒战现象。此时应及时出水。游泳持续时间一般不应超过 1.5~2 小时。

（9）忌有癫痫史游泳　无论是大发作型癫痫或小发作型癫痫，如果在游泳中突然发作，即使是一瞬间的意识失控，也是非常危险的。

（10）忌高血压患者游泳　特别是药物难以控制的顽固性的高血压，游泳有诱发中风的潜在危险，应绝对避免。

（11）忌心脏病者游泳　如先天性心脏病、严重冠心病、风湿性瓣膜病、较严重心律失常等患者，对游泳应"敬而远之"。

（12）忌患中耳炎游泳　不论是慢性还是急性中耳炎，若水进入发炎的中耳，等于"雪上加霜"，使病情加重，甚至可使颅内感染等。

（13）忌患急性眼结膜炎游泳　该病的病毒在游泳池里传染的速度之快、范围之广令人吃惊。在该病流行季节即使是健康人，也应避免到游泳池内游泳。

（14）忌某些皮肤病游泳　若具有过敏性的皮肤病仍游泳，不仅易诱发荨麻疹、接触性皮炎，而且易加重病情。

（15）忌酒后游泳　酒后游泳会使体内储备的葡萄糖大量消耗，出现低血糖的现象。另外，酒精能抑制肝脏正常生理功能，妨碍体内葡萄糖转化及储备，从而发生意外。

（16）忌忽视泳后卫生　泳后，应立即用软质干巾擦去身上水垢，滴上氯霉或硼酸眼药水，擤出鼻腔分泌物。如若耳部进水，可采用"同侧跳"法将水排出。之后，再做几节放松体操及肢体按摩，或在日光下小憩 15~20 分钟，以避免肌群僵化和疲劳。

四、溺水事故的现场急救

溺水者发生溺水的 3 个阶段如下。

1）溺水时，游动中没有前进动力，游动中有时会有呼吸，呼吸开始困难，可能有挥手呼救。

2）身体由平行游动，慢慢转为垂直姿态，争取呼吸，手脚不受大脑控制，踢水、划水无效。

3）不能呼吸，手脚没有动作，被水淹没或完全沉于水中，然后开始下沉。

出现溺水事故时，要立即呼救，儿童少年不应贸然下水营救；同时，迅速拨打急救电话。在游泳中遇到溺水事故时，现场急救刻不容缓。

将溺水者救上岸后，要立即清除口腔、鼻咽腔的呕吐物和泥沙等杂物，保持呼吸通畅；应将其舌头拉出，以免后翻堵塞呼吸道；将溺水者的腹部垫高，使胸及头部下垂，或抱其双腿将腹部放在急救者肩部，做走动或跳动"倒水"动作。恢复溺水者呼吸是急救成败的关键，应立即进行人工呼吸，可采取口对口或口对鼻的人工呼吸方式，在急救的同时应迅速送往医院救治。

小贴士

伏天天气闷又热，游泳消暑图清凉，麻痹大意出事故，防溺常识要多讲。
学生放假去游泳，家长陪护不能忘；要去正规游泳场，安全卫生有保障；
下水之前先热身，没证不下深水池。身体状况要注意，发烧感冒游别想。
自然水域风险多，淤泥水草深坑藏；水深水浅变化大，岸边湿滑难落脚。
同学打闹追逐跑，脚下一滑落水中。

知识点 4 　消防安全

预防火灾是全社会的共同责任，是每年全国 119 消防宣传日活动不变的主题和要求。消防安全工作直接关系着社会经济的发展，涉及千家万户的安全。"隐患险于明火，防范胜于救灾，责任重于泰山。"我们需要安全的生活、安全的社会，只有这样我们的生活才能真正变得丰富多彩。如果没有消防安全，我们已获得的物质成果就会遭到毁灭；如果没有消防安全，我们就无法进行正常的生产和生活。因此，为了生命和财产安全，预防火灾是全社会的共同责任。

职业院校对于我们的国家来讲具有非常重要的意义，职业院校的学生是国家未来的人才，所以要加强职业院校的消防安全管理工作，把学校的消防力量整合起来，清除学校所有的安全隐患，为学生的学习提供一个安全的场所。

掌握火场基本逃生技能，遵守消防法律法规，积极投身消防安全保卫，携手共创平安美好的幸福生活。

一、火灾的危险性

火是人类赖以生存和发展的一种自然力。可以说，没有火的使用，就没有人类的进化和发展，也就没有今天的物质文明和精神文明。当然，火和其他物质一样也具有两重性，它给人类带来了文明和幸福，促进了人类物质文明的不断发展。但是火也给人类带来了巨大的灾难，火一旦失去了控制，超出有效的范围，就会烧掉人类经过辛勤劳动创造的物质财富，甚至夺去许多人的生命和健康，造成难以挽回和弥补的损失，正所谓"成也火，败也火"。

1987年，我国大兴安岭的特大森林火灾，令1000多万亩森林变为焦土，林中的许多村镇惨遭"火劫"，多人被烧死，被破坏的生态环境需80年才能恢复，经济损失达人民币5亿多元。

【案例2-14】 某校同一宿舍的7名应届女毕业生，为庆祝即将走上社会，在校园内一草坪上围坐用酒精炉煮水饺吃，谈兴正浓，吃得正欢时，炉内的酒精快烧完了，一位同学顺手拿起酒精瓶往炉内倒去，猛然间发生燃烧，另一位穿着化纤面料连衣裙的同学衣服被烧着，后全身烧伤，经医院抢救无效，这位风华正茂的女同学不幸去世。倒酒精的女同学也被烧伤。一场欢快的毕业聚会因疏忽大意转眼便成了一幕悲剧……

火灾，不仅仅残害了人类的生命，给人类造成精神上的伤害，破坏了生态平衡，造成巨大的直接经济损失。火灾所引起的间接经济损失，也是难以估计的。作为职业院校学生，要高度认识火灾的危险性，做到处处防火、事事防火、时时防火，避免火灾的侵害。

二、火灾的概念及分类

1. 火灾的概念

凡失去控制的燃烧叫作火灾。火灾分为一般火灾、重大火灾和特大火灾。

1）特大火灾：烧死10人以上，重伤20人以上，死亡、重伤20人以上，受灾50户以上，直接经济损失100万元以上的火灾。

2）重大火灾：烧死3人以上，重伤10人以上，死亡、重伤10人以上，受灾30户以上，直接经济损失30万元以上的火灾。

3）不具备以上两项情形的火灾，为一般火灾。

2. 火灾的分类

1）A类火灾：指含碳固体可燃物，如木材、棉、毛、麻、纸张等燃烧的火灾；

2）B 类火灾：指甲、乙、丙类易燃液体，如汽油、煤油、柴油、甲醇、乙醚、丙酮等燃烧的火灾；

3）C 类火灾：指可燃气体，如液化石油气、煤气、天然气、甲烷、丙烷、乙炔、氢气等燃烧的火灾；

4）D 类火灾：指可燃金属，如钾、钠、镁、钛、钴、锂、合金等燃烧的火灾；

5）带电火灾：指带电物体燃烧的火灾。

三、燃烧必须具备的条件

燃烧必须同时具备如下 3 个条件。

1）可燃物质。凡是能够与空气中的氧或其他氧化剂起剧烈化学反应的物质，一般都称为可燃物质。例如，木材、纸张、汽油、酒精、氢气、钠、镁等。

2）助燃物质。凡能和可燃物发生反应并引起燃烧的物质，称为助燃物质。例如，空气、氧、氯、过氧化钠等。

3）着火源。凡能引起可燃物质燃烧的热能源，叫作着火源。例如，明火、赤热体、火星、聚焦的日光、机械热、雷电、静电、电火花等。

只有同时具备了以上 3 个燃烧所必需的条件，可燃物质才能发生燃烧。但是某些条件下，除要具备了燃烧的三个条件之外，还要有一定的条件：

第一，要有足够的可燃物质。若可燃气体或蒸气在空气中的浓度不够，燃烧就不会发生。例如，用火柴在常温下去点汽油，能立即燃烧，但若用火柴在常温下去点柴油，却不能燃烧。

第二，要有足够的助燃物质。燃烧若没有足够的助燃物，火焰就会逐渐减弱，直至熄灭。例如，在密闭的小空间中点燃蜡烛，随着氧气的逐渐耗尽，火焰会最终熄灭。

第三，要让引火源达到一定的温度，并具有足够的热量。例如，火星落到棉花上很容易起火，而落在木材上则不易起火，这就是因为木材燃烧需要的热量较棉花更多。白磷在夏天很容易自然着火，而煤则不然，这是由于白磷燃烧所需要的温度很低（34 摄氏度），而煤所需的燃烧温度很高（3652 摄氏度）。

四、火场上如何逃生

火场上逃生的方法因火势大小、被围困人员所处的位置和使用器材不同而有所不同，主要有如下几种。

1. 立即离开危险区

一旦发现自己处在火场的最危险地区，生命受到威胁时，要立即停止一切工作，争分夺秒，设法脱险。脱险时，要观察、判断火势情况，明确自己所处环境的危险程度，以便采取相应的逃生措施和方法。

2. 选择简便安全的通道和疏散设施

选择逃生路线，应根据火势情况，优先选用最简便最安全的通道和疏散措施。例如，楼房着火时，首先要选用安全楼梯、室外疏散楼梯、普通楼梯、消防楼梯等。防烟楼梯和室外疏散楼梯更为安全可靠，在火场逃生时应充分利用。

若以上通道被烟火封锁，可考虑利用阳台、窗口、屋顶、落水管、避雷针等脱险。

3. 使用简便防护器材

火场上的烟雾含有许多有毒有害的粒子，因此逃生时要注意隔开浓烟，可用湿毛巾、湿口罩捂住口鼻，若无水时，使用干毛巾、干口罩也可以，在穿过烟雾区时，要将口鼻捂严，还要尽量贴近地面行进或爬行。

如果出口被烟火封住，冲出险区有危险，可以将身上浇冷水，或者用湿床单、湿棉被等将身体裹住，有条件的可穿上阻燃服，然后快速冲出危险区。

4. 自制简易救生器材

当各个通道全被烟火封锁，难以冲出时，千万要保持冷静，并想方设法自制简易救生器材逃生。高楼层着火时，可利用各种结实的绳带，或将被褥、床单、窗帘布等撕成长条，拧成绳，然后将其拴在牢固的窗框、床架或室内其他牢固物件上，再沿绳缓缓滑到地面或下层的安全区域。若情况紧急，且处于低楼层或不高的地方，地面十分柔软，可以跳下逃生。但地面硬时，要先抛掷一些棉被等作为铺垫，以减少伤害。在高楼层处千万不能跳楼，否则会造成伤亡。

5. 寻求暂时避难

在所有通道均被烟火严密封锁又无人救助的情况下，应积极寻找暂时的避难场所。利用设在电梯间、走廊末端等的避难间或卫生间，躲避烟火的侵害，关闭迎火的门窗，打开背火的门窗。若发现有烟进入室内，要立刻把窗户关上，用毛巾等堵住漏烟的门窗缝隙，向高温处或地面洒水，坚持到逃生机会的到来。

五、逃生时的注意事项

1）一定牢记发生火灾时要报警。

2）生命第一重要，千万不要因为寻找贵重财物而耽误逃生时间。

3）楼房起火时，不能乘普通电梯逃生，因为起火很容易断电，或者使电梯轿厢受热变形而致逃生失败。

4）不能在浓烟弥漫时直立行走，否则极易呛烟和中毒。

5）在室内发现外部起火，开启房门时，须先触摸门板，若发现发热或有烟气自门缝窜入,就不能贸然开门,而应设法寻求其他通道,若发现不热,要缓缓开启,并在一侧利用门扇作掩护,防止被烟气熏倒或被热浪灼烧。

6)逃生时,每过一扇门窗,应随手掩护,以防止烟火沿通道蔓延。

7)逃生者若身上着火,应迅速将衣服脱下或撕下,或就地翻滚把火扑灭,但要注意不要滚动过快,切记不要带火迎风跑动。若附近有水池、河、塘等,要迅速跳入水中,以灭去身上的火。

8)逃出火场危险区后,受害者必须留在安全地带,不要重新进入火场,以免发生危险,如有情况,应及时向救助人员反映。

9)服从消防人员的指挥。

六、几种具体火灾下的脱险办法

火灾无情,一旦发生火灾,同学们要保持清醒的头脑,争分夺秒,快速离开。万一被火围困,更要随机应变,设法脱险。

1. 平房起火时如何脱险

1)睡觉时被烟呛醒,应迅速下床俯身冲出房间。不要等穿好了衣服才往外跑,此刻时间就是生命。

2)如果整个房屋起火,要匍匐爬到门口,最好找一块湿毛巾捂住口鼻。如果烟火封门,千万别通过此门出去。应改走其他出口,并随手把通过的门窗关闭,以延缓火势向其他房间蔓延。

3)如果被烟火围困在屋内,应用水浸湿毯子或被褥,将其披在身上,尤其要包好头部,用湿毛巾蒙住口鼻,做好防护措施后再向外冲,这样受伤的可能性要小得多。

4)千万不要趴在床下、桌下或钻到壁橱里躲藏,也不要为抢救家中的贵重物品而冒险返回正在燃烧的房间。

2. 教学楼起火时如何脱险

由于现代教学楼的楼层逐渐增高,结构越来越复杂,学生密度大,加上课桌、课椅等可燃物较多,当发生火灾时,逃离比较困难。一旦楼房着火,应当按如下方法逃生。

1)当发现楼内失火时,切忌慌张、乱跑,要冷静地探明着火方位,确定风向,并在火势未蔓延前,朝逆风方向快速离开火灾区域。

2)起火时,如果楼道被烟火封死,应该立即关闭房门和室内通风孔,防止进烟。随后用湿毛巾堵住口鼻,防止吸入热烟和有毒气体,并将身上的衣服浇湿,以免引火烧身。如果楼道中只有烟没有火,可在头上套一个较大的透明塑料袋,防止烟气刺激眼睛和吸入呼吸道,并采用弯腰的低姿势,逃离烟火区。

3)千万不要从窗口往下跳。如果楼层不高,可以在老师的保护和组织下,用绳子从窗口降到安全地区。

4）发生火灾时，不能乘电梯，因为电梯随时可能发生故障或被火烧坏；应沿防火安全疏散楼梯朝底楼跑；如果中途防火楼梯被堵死，应立即返回到屋顶平台，并呼救求援。也可以将楼梯间的窗户玻璃打破，向外高声呼救，让救援人员知道确切位置，以便营救。

3. 楼梯被火封锁时如何脱险

楼梯一旦被烧断，似乎陷入"山穷水尽的绝境"，其实不然，应对措施如下。

1）可以从窗户旁边安装的落水管道往下爬，但要注意察看管道是否牢固，防止因人体攀附而断裂脱落，造成伤亡。

2）将床单撕开连接成绳索，并将一头牢固地系在窗框上，然后顺绳索滑下去。

3）楼房的平屋顶是比较安全的处所，也可以到那里暂时避难。

4）从突出的墙边、墙裙和相连接的阳台等部位转移到安全区域。

5）到未着火的房间内躲避并呼救求援。

6）跳楼往往凶多吉少，是最不可取的逃生方式。但如果你被困在二层楼上，迫不得已则可采用双手扒住窗户或阳台边缘，将两脚慢慢下放，双膝微曲往下跳的方法。

4. 楼内房间被火围困时如何脱险

楼房发生火灾后，能冲出火场就要冲出火场，能转移就要设法转移。火势强烈，实在没有道路逃离时，可以采用下述方法等待求援。

1）坚守房门，用衣服将门窗缝堵住。同时要不断向门、窗上泼水。

2）室内一切可燃物如床、桌椅、被褥等，都需要不断向上泼水。

3）不要躲在床下、桌下或壁橱里。

4）设法通知消防人员前来营救。要俯身呼救，如喊声听不见，可以用手电筒照射，或挥动鲜艳的衣衫、毛巾及往楼下扔东西等方法，引起营救人员注意。

5. 身上衣服着火时如何脱险

1）不要盲目乱跑，也不能用手扑打。应该扑倒在地来回打滚，或跳入身旁的水中。

2）如果衣服容易撕开，也可以用力撕脱衣服。

3）营救人员可往着火人身上泼水，帮助撕脱衣服等，但不可以将灭火器对着人体直接喷射，以防化学感染。

6. 影剧院、商场等公共场所着火时如何脱险

1）进入影剧院、商场，首先要观察安全门的位置，了解紧急救生路线。这样，万一发生危险，也可从容脱险。

2）烟火起，莫惊慌，应辨明方向，认准安全门、安全出口、避难间的位置，选好逃离现场的路线。

3）沿着疏散通道往外走，千万不要拥挤、盲从，更不要来回跑。

4）不要往舞台上跑，因为舞台可燃物多，安全疏散出口宽度小，比较危险。

5）如果烟雾太大或突然断电，应沿着墙壁摸索前进，不要往座位下、角落里乱钻。

7. 山林着火时如何脱险

1）辨别风向、风力以及火势的大小，选择逆风或侧风的安全逃离路线。

2）如果风大，火势猛烈，并且距人较近，可以选择崖壁、沟洼处暂时躲避，待风小、火小时再脱身。

3）如果火距人较远，则应选择逆风方向或与风向垂直的两侧撤离。例如刮北风，则应朝北或东、西两方向脱离险境。

4）不要顺风跑，因为风速、火速要比人跑的速度快。

以上介绍了几种假设条件下火灾避难的方法。实际上，各种火场的情况是非常复杂的，万一遇到火灾，要牢记十六字：临危不惧，清醒果断，争分夺秒，巧妙脱险。总之，争取时间，快速离开，才是上策。

七、学校火灾发生的原因

据资料统计，历年来大多数学校发生火灾的原因，大体可分为以下几种。

1. 使用明火不慎，引起火灾

（1）违章点蜡烛 一般的学校都有规定，学生宿舍晚上统一断电熄灯，但个别学生在熄灯后违章点蜡烛看书。例如某校熄灯就寝后，一学生违规点蜡烛看书，不小心引燃蚊帐，导致火灾。

（2）违章点蚊香 点燃的蚊香温度为700摄氏度左右，而布匹的燃点为200摄氏度，纸张燃点为130摄氏度，若这类可燃物品靠近点燃的蚊香，极易引起燃烧。

（3）违章吸烟 烟头的表面温度为200～300摄氏度，中心温度为700～800摄氏度，一般可燃物的燃点大多低于烟头表面温度，若点燃的烟头遇到燃点低于烟头温度的可燃物，就能引起火灾。

【案例2-15】 某学校男生楼402室发生火灾，经调查，火灾是烟头引起的，该室一名男同学7时40分起床后，点燃一支烟，吸了一半，发现上课时间快到了，把吸了一半的烟放在床头的架子上，去卫生间洗漱后，关门就上课，忘了点燃的烟头还在床头，结果烟头掉在被子上，经一定时间的阴燃后，引起了火灾。

（4）违章使用灶具 个别学生图省事、方便，使用煤油炉、酒精炉，酒精（乙醇）为极易燃液体，其闪点为12.78摄氏度，最易引燃浓度为7.1%，如使用不当最易引起火灾事故。

（5）违章烧废物　有的学生在宿舍内燃烧废纸等物，若靠近蚊帐、衣被等可燃物或在火未彻底熄灭的情况下人就离开，火星飞到这些可燃物上也能引起火灾。

（6）树林草坪违章用火　在树林草坪吸烟、玩火、野炊、烧荒，都可引发火灾。树林地下有较多落叶、松子球和枯草，冬季草坪枯萎，特别是干燥天气，一遇火种，极易引发火灾，如2002年3月19日，某学校新校区树林发生火灾，过火面积近100亩。

2. 电气火灾

电气火灾大多数是人为因素造成的。由学生引起的电气火灾的原因主要如下。

（1）违章用电　学校的建筑物中，供电线路、供电设备都是按照实际使用情况设计的，在宿舍内使用大功率电器，如电炉、电饭锅、电吹风机、电热水瓶等，使供电线路过载发热，加速线路老化而起火。

【案例2-16】　某学校5号男生楼403室一名学生在宿舍内使用电热水瓶，插上电源插头后，电源线拖在被子上，这时有同学找他有事，人就离开了宿舍。过了一段时间，宿舍起火，原因为线路超负荷，线路发热，绝缘层熔化，造成线路短路起火，低燃点的被子靠近线路，助长了燃烧。

违章加粗保险丝或用铁丝、铜丝代替保险丝，会造成线路超负荷，短路时不能熔断保险丝，从而引起线路燃烧；违章乱拉乱接电线，容易损伤线路绝缘层，引起线路短路和触电事故。因此，学生要遵守学校规定，不违章用电，避免火灾的发生。

（2）使用电器不当　若60W以上的灯泡靠近纸等可燃物，经过长时间烘烤易起火；充电器长时间充电，又被衣被覆盖，散热不良，也能引起燃烧；过于自信使用电器也能引起火灾；若使用交直流两用、不带交流开关的录音机，关闭录音机开关后直流已关，实质上交流还在工作，电源变压器长时间工作，使变压器的绝缘下减，变压器会因聚热而引起燃烧。

【案例2-17】　某学生使用电吹风机时，突然停电，电源插头未拔，就离开宿舍，来电时又没有回宿舍，电吹风较长时间工作，引起火灾。因此，学生在电器使用完毕或停电时，都必须断电。

3. 违反实验室操作规程

学生在实验中用火、用电或使用危险物品时，若违反规程规定，也能引起火灾。如在使用实验设备时，用物品覆盖在散热孔上，使设备聚热，导致设备燃烧；用火时，周围的可燃物未清理完，火星飞到可燃物上引起燃烧；化学实验时，将相互抵触的化学试剂混在一起，引起爆炸。由此可见，不按操作规程进行实验极易发生火灾事故。

【案例2-18】　2015年12月18日上午，清华大学化学系何添楼231室，共3个房间起火，着火面积80平方米，造成一名实验人员死亡。火灾发生后，楼内师生已及时组织撤离，周围人员也已疏散。发生爆炸的是一间实验室，内部存放有化学品。

不幸身亡的博士后孟某的家属在事发后第三天得知，爆炸的是一个氢气钢瓶，爆炸点距离操作台两三米处，钢瓶底部爆炸。钢瓶原长度大概一米，爆炸后只剩上半部大概40厘米。据了解，钢瓶厚度为一厘米，可见当时爆炸威力巨大。

八、做好预防火灾的工作

防止火灾发生的关键，是做好火灾的预防工作。

1. 校园防火常识

1）严格执行《中华人民共和国消防法》。依法规范自己的行为，从国家、集体利益出发，顾全大局，严防各类火灾事故发生。

2）遵守学校消防规定。不要私自在教室、宿舍等活动场所乱拉电线，禁止使用热水器、电吹风、电热杯等违规电器设备。

3）禁止吸烟，使用过的废纸及时清扫，以免引起火灾。

4）室内严禁存放易燃易爆物品。

2. 学生宿舍防火

1）在宿舍，学生应自觉遵守宿舍安全管理规定，做到不乱拉乱接电线。

2）禁止使用电炉、电热杯、"热得快"、电饭煲等一切电器。

3）禁止在宿舍使用明火。

4）禁止将易燃易爆物带进宿舍。

5）禁止在宿舍内焚烧物品。

6）发现安全隐患及时向管理人员或有关部门报告。

7）爱护消防设施，不将灭火器材随意移动或挪作他用等。

8）不要在蚊帐内点蜡烛看书，室内照明灯要做到人走灯灭。

3. 教室、实验室的防火

在教室、实验室时，一定要严格遵守各项安全管理规定、安全操作规程和有关制度。使用仪器设备前，应认真检查电源、管线、火源、辅助仪器设备等情况，如放置是否妥当，对操作过程是否清楚等，做好准备工作以后再进行操作。使用完毕应认真进行清理。尤其涉及使用易燃易爆危险品时，一定要注意防火安全规定，按照规定一丝不苟地进行操作，用剩的化学试剂，应送规定的安全地点存放。

4. 树林草坪防火

学校的树林草坪等植被，不仅美化环境，净化空气，还能起到防风固沙，涵养水源，调节气候，维持生态平衡等作用。但是由于杂草多，枯草等地被物以及落到地上的枯枝、残叶、树皮、球果等都可成为引火物。一些树种如油松、侧柏、落叶松、桦树等树皮中含有油脂，大都容易燃烧。一旦发生火灾，很快就会蔓延，而且常常会带来巨大损失。所以，更要注意树林草坪防火，要遵守有关消防法规，做到不使用明火；严禁做容易引起火灾的游戏；严禁在树林草坪中吸烟；一旦发现火灾隐患要及时向有关部门报告；秋冬季节封山时段及干旱天气尤其要注意防火。

九、几种常用灭火器简介

灭火器是火灾扑救中常用的灭火工具，在火灾初起之时，由于范围小，火势弱，是扑救火灾的最有利时机，正确及时地使用灭火器，可以挽回巨大的损失。

灭火器结构简单，轻便灵活，稍经学习和训练就能掌握其操作方法。目前常用的灭火器有泡沫灭火器、干粉灭火器、二氧化碳灭火器以及 1211 灭火器等。

1. 灭火器的灭火作用、灭火范围

（1）泡沫灭火器　泡沫灭火器在燃烧物表面形成泡沫覆盖层，使燃烧物表面与空气隔绝，起到窒息灭火的作用。由于泡沫层能阻止燃烧区的热量作用于燃烧物质的表面，因此可防止可燃物本身和附近可燃物的蒸发。泡沫析出的水对燃烧物表面进行冷却，泡沫受热蒸发产生的水蒸气可以降低燃烧物附近的氧的浓度。

泡沫灭火器适用于扑救 A 类火灾，如木材地、棉、麻、纸张等火灾，也能扑救一般 B 类火灾，如石油制品、油脂等火灾；但不能扑救 B 类灾中的水溶性可燃、易燃液体的火灾，如醇、酯、醚、酮等物质的火灾。

（2）干粉灭火器　干粉灭火器的灭火作用表现在：一是消除燃烧物产生的活性游离子，使燃烧的连锁反应中断；二是干粉遇到高温分解时吸收大量的热，并放出蒸气和二氧化碳，达到冷却和稀释燃烧区空气中氧的作用。

干粉灭火器适用于扑救可燃液体、气体、电气火灾以及不宜用水扑救的火灾。ABC 干粉灭火器可以扑救带电物质火灾和 A、B、C、D 类物质燃烧的火灾。

（3）二氧化碳灭火器　二氧化碳灭火器的灭火作用表现在：当燃烧区二氧化碳在空气中的含量达到 30% ~ 50% 时，能使燃烧熄灭，主要起窒息作用，同时二氧化碳在喷射灭火过程中吸收一定的热能，也就有一定的冷却作用。

二氧化碳灭火器适用于扑救 600 伏以下电气设备、精密仪器、图书、档案的火灾，以及范围不大的油类、气体和一些不能用水扑救的物质的火灾。

（4）1211 灭火器　1211 灭火器主要是抑制燃烧的连锁反应，中止燃烧。同时兼有一定的冷却和窒息作用。

1211 灭火器适用于扑救易燃、可燃液体、气体以及带电设备的火灾，也能对固体物质表面火灾进行扑救（如竹、纸、织物等），尤其适用于扑救精密仪表、计算机、珍贵文物以及贵重物资仓库的火灾，也能扑救飞机、汽车、轮船、宾馆等场所的初起火灾。

2. 灭火器的使用方法

（1）手提式灭火器的使用

①机械泡沫、1211、二氧化碳和干粉灭火器。一般由一人操作，使用时将灭火器迅速提到火场，在距起火点5米处，放下灭火器，先撕掉安全铅封，拔掉保险销，然后右手紧握压把，左手握住喷射软管前端的喷嘴（没有喷射软管的，左手可扶住灭火器底圈）对准燃烧处喷射。

灭火时，应把喷嘴对准火焰根部，由近而远，左右扫射，并迅速向前推进，直至火焰全部扑灭。

使用泡沫灭火器灭油品火灾时，应将泡沫喷射到大容器的器壁上，从而使得泡沫沿器壁流下，再平行地覆盖在油品表面上，从而避免泡沫直接冲击油品表面，增加灭火难度。

②化学泡沫灭火器。将灭火器直立提到距起火点10米处，使用者的一只手握住提环，另一只手抓住筒体的底圈，将灭火器颠倒过来，泡沫即可喷出。在喷射泡沫的过程中，灭火器应一直保持颠倒和垂直状态，不能横式或直立过来，否则喷射会中断。

（2）推车灭火器的使用

①机械泡沫、1211、二氧化碳和干粉灭火器。推车灭火器一般由两人操作。使用时，将灭火器迅速拉到或推到火场，在离起火点10米处停下。一人将灭火器放稳，然后撕下铅封，拔下保险销，迅速打开气体阀门或开启机构；另一人迅速展开喷射软管，一只手握住喷射枪枪管，另一只手扣动扳机，将喷嘴对准燃烧场，扑灭火灾。

②化学泡沫灭火器。使用时两人将灭火器迅速拉到或推到火场，在离起火点10米处停下，一人逆时针方向转动手轮，使药液混合，产生化学泡沫，另一人迅速展开喷射软管，双手握住喷枪，喷嘴对准燃烧场，扑灭火灾。

3. 灭火器的简单操作要点

1）干粉灭火器：使用时，先拔掉保险销，一只手握住喷嘴，另一只手握紧压柄，干粉即可喷出。

2）1211灭火器：使用时，先拔掉保险销，然后握紧压柄开关，压杆使密封间开启，在氮气压力作用下，1211灭火剂喷出。

3）二氧化碳灭火器：使用时，先拔掉保险销，然后握紧压柄开关，二氧化碳即可喷出。

4. 灭火器的使用注意事项

1）干粉灭火器属于窒息灭火，一般适用于固体、液体及电器的火灾。

2）二氧化碳灭火器、1211灭火器属于冷却灭火，一般适用于图书、档案、精密仪器的火灾。

3）使用二氧化碳灭火器时，一定要注意安全措施。因为空气中二氧化碳含量达到8.5%时，会使人血压升高、呼吸困难；当含量达到20%时，人就会呼吸衰弱，严重者可窒息死亡。所以，在狭窄的空间使用二氧化碳灭火器后，应迅速撤离或戴呼吸器。与此同时，要注意勿逆风使用二氧化碳灭火器。因为二氧化碳灭火器的喷射距离较短，逆风使用可使灭火剂很快被吹散而影响灭火。此外，二氧化碳在迅速喷出后会从周围空气中吸收大量热量，因此，使用中应防止冻伤。

十、拨打"119"电话报警程序

1）拿起话筒拨"119"键，直至听到对方回话。
2）准确讲清起火单位名称、所在位置，要详细讲明什么大厦、门牌号码，不易寻找的地方要说明周围有什么标志性建筑。
3）讲清起火部位、燃烧物品、火势大小、火场面积，起火部位可分为办公室、机房、仓库等；燃烧物质可分为油、化学物质和一般物质。
4）讲清起火单位属于多层建筑还是高层建筑（在几层）。
5）讲清报警人的姓名、联系电话号码，以便随时联系。
6）如需安排消防车要讲清楚接车地点，地点应在起火单位附近易找的地方或标志性建筑旁。

小贴士

> 同学们，快快来，我们都来讲安全。不玩电器不玩火，把住预防这一关。
> 火灾一旦已发生，不要惊恐和慌乱，听从指挥快速跑，乘坐电梯不安全。
> 浓烟围困呼吸难，要把身体贴地面，弄湿毛巾捂口鼻，离开火场去求援，
> 快快拨打"119"，消防队来保平安。

知识点5　日常生活安全

校园是进行教育活动的地方，但是发展到现在已经成了学生重要的生活活动场所，学生在校园内，不仅仅局限于读书，还有丰富多彩的日常生活，日常生活安全教育十分重要。

【案例2-19】 2015年4月15日上午，某职校5名学生到医院就诊，经询问是在学校食用早餐后头晕和肚子痛，感觉出现食物中毒症状到医院治疗。随后又有不同程度病情的20多名学生也出现类似症状去医院治疗。相关部门前往学校调查，发现食堂一些饭菜已经变质。这家学校食堂由校方自主运营，并非对外承包。

就餐人数众多的学校食堂，对于食材采购、烹饪加工属于"规模化生产"，一旦监管有疏忽，很容易产生食品安全问题。一旦发生食物中毒，要追究相关责任人的责任。

学校食堂涉及众多学生，一旦管理不善，就会引发群体伤害事故，因此，学校这种集中用餐的单位应当加强对食品安全的教育和日常管理，降低食品安全风险，及时消除食品安全隐患。

【案例2-20】 某市技工学校学生食堂未取得有效卫生许可证从事食品生产经营活动，9名从业人员未取得健康合格证和培训合格证上岗，餐具在使用前未消毒，且卤肉的调料包内有罂粟壳。市卫生局依法予以取缔并对当事人做出了罚款2万元的行政处罚。

卫生许可证是食堂进行食品加工生产的许可证明，在未取得或吊销卫生许可证后，擅自进行生产经营活动则是违法行为。学校负责人及食堂管理人员，应认真规范食堂管理，取得各项许可证明后方可进行经营。

一、食物中毒的预防及急救措施

"民以食为天"，"食"则以安全为第一要义。如果饮食出了问题，人们的生活质量就会大打折扣，生命健康就会受到严重的威胁。随着食品生产的机械化、集中化，化学品、生物技术的不断应用，科技手段的不断更新，致使食物中毒事件变得更加复杂、隐蔽和难以防范。

1. 食物中毒的概念

我国对食物中毒的定义是："摄入了含有生物性、化学性有毒有害物质的食品或有毒有害物质当作食品摄入后出现的非传染性（不属于传染病）的急性、亚急性疾病。"

WHO（世界卫生组织）对食物中毒的定义为"通过摄食进入人体内的各种致病因子引起的、通常具有感染性质或中毒性质的一类疾病。"

2. 食物中毒的特点

1）中毒病人在相近的时间内均食用过某种共同的可疑中毒食品，未食用者不发病。停止食用该种食品后，发病很快停止。

2）同起食物中毒病人的临床症状基本相似（常表现出腹痛、腹泻、恶心、呕吐等胃肠道症状，其他症状可能有发热、头晕等）。

3）潜伏期（食入食物至出现症状）一般较短，发病较急，病程因致病因素的不同和中毒者的个体差异而长短不一，但一般较短。

4）一般无人与人之间的直接传染。

3. 食物中毒的危害

据世界卫生组织统计报告，全世界每年约有数亿人因食物污染而发病，发病率为5%~10%。我国平均每年有近5万人因食物中毒而使健康受到损害，有300多人因食物中毒死亡。发生食物中毒后，轻者出现腹痛、腹泻、发烧、头痛甚至昏迷等中毒症状，严重者还会因此而致残致死。特别是一些非法食品生产经营者的违法行为和个别不法分子在食品中投毒的犯罪行为，常会造成致人伤残和死亡的严重后果。

4. 食物中毒的分类

一般把食物中毒分为4类，即：细菌性食物中毒、真菌毒素食物中毒、有毒动植物中毒和化学性食物中毒。其中细菌性食物中毒较为常见。近年来，随着假冒伪劣食品的出现，人为投毒事件的发生，以及食品被农药等有毒物质污染的情况的增多，化学性食物中毒也逐渐增多。

5. 引起食物中毒的食品种类

1）被致病菌或致病菌产生的毒素污染的食品。

2）外观与食品相似而本身含有有毒成分的物质（如毒蘑菇）。

3）本身含有有毒物质，而加工、烹调不当未能将其去除的食品（如河豚、四季豆和豆浆等）。

4）由于贮存不当，在贮存过程中产生中毒物质的食品（如发芽马铃薯、霉变粮食等）。含有有毒有害物质的食品通常在外观上与正常食物没有明显区别，一般凭肉眼观察是不易判断和鉴别的。

6. 预防食物中毒原则

小贴士

预防食物中毒十项原则：

1）选择经过安全处理的食品。

2）彻底加热食品。

3）立即吃掉做熟的食品。

4）妥善贮存熟食品。

5）彻底再加热熟食品。

6）避免生食与熟食接触。

7）反复洗手。

8）必须精心保持厨房所有表面的清洁。

9）避免昆虫、鼠类和其他动物接触食品。

10）使用符合卫生要求的饮用水。

世界卫生组织为了指导各国预防食物中毒工作，发布了安全制备食品十原则。这十项原则有的是对食品生产经营者或家庭制作、贮存食品时的要求，有的是针对食用者个人而言的。学校食堂应在食品采购、贮存、加工、销售各个环节中，严格按照有关法律法规操作，杜绝食物中毒发生。

职业院校学生在了解这些原则的基础上，应重点做到如下几点。

1) 选择安全卫生的食品。首先，要到有卫生许可证的商场（店）去购买食品，而且该场所的营业员应持有有效的健康证，在这样的场所购买的食品，基本上是符合卫生要求的。其次，要选购色、香、味、形没有发生异常变化的食品，如果食品的这些感官性状发生了异常变化，表明该食品可能已腐烂变质。另外，如果选购定型包装食品（如各种袋装小食品、瓶装饮料等），要查看包装上的生产单位名称、地址、生产日期和保质期等是否印制齐全、清楚，没有印刷以上内容的即为"三无"食品，不能购买，超过保质期的食品也不能购买。

【案例 2-21】 2018 年 5 月，央视《每周质量报告》对校园周边的"五毛"零食进行了曝光，揭露了其中存在的滥用添加剂、使用非法食品添加剂问题，引起了轩然大波。相关内容在人群中引起巨大反响的同时，各地也陆续开展了相关的"五毛食品"整治工作。

"五毛"零食这种三无食品有百害无一利，病从口入，购买零食的时候还是要认准大品牌、信息标注明确的零食，此外，针对发育中的孩童，还是应该少吃零食，多吃蔬菜，重视正餐的营养。

2) 养成良好的卫生习惯。食用食物前和便后要洗手；不用手接触直接入口食品；不吃已经或者怀疑被有害物质污染，以及腐败变质的食物。

3) 不要食用来路不明的食物。某地农村曾发生过一儿童捡食路边饼干而中毒身亡的事故。另有一名职业院校学生也因食用来路不明的糕点当即中毒死亡。近年来，由于一些用于毒杀老鼠的饵管理不严，常使儿童误食而中毒。在农村，一些人还制作毒饵猎杀野生动物，将毒饵乱放，致使他人误食的情况也有。个别不法之徒，往往利用中小学生警惕性不高，辨别力不强的弱点进行投毒。因此，无论何时何地，遇见来路不明的食品，千万不要食用。

4) 不用装过农药及其他有毒有害物质的瓶、罐等盛装食物及饮用水。这类物品经清洗后，虽然闻不出有农药或其他有毒物质的气味，但残留其中的物质仍能使人中毒。生活中就有因此而发生中毒的事故。

5) 家中的农药、杀虫剂等，要放在专门的地方，避免污染食物或因误食而中毒。

7. 常见食物中毒及预防

(1) 细菌性食物中毒及预防　细菌性食物中毒指吃了被细菌或细菌毒素污染的食品而

引起的食物中毒。虽然细菌性食物中毒一年四季都可以发生，但在夏秋季节发生较多，这是因为这个季节的湿度适合细菌生长繁殖。研究表明，大部分微生物，包括能引起细菌性食物中毒的微生物，其最适宜繁殖的温度在37摄氏度左右，一般在20摄氏度以上即能迅速繁殖生长。在适宜的环境条件下，一个细菌经过8小时的连续繁殖，大致可增长为1600万个。因此，预防细菌性食物中毒的主要措施如下。

1）防止食品被细菌污染。在采购、生产、加工等过程中要避免食品腐败变质和被苍蝇、蟑螂等污染。

2）控制细菌繁殖。如剩余食品要在冷藏或冷冻条件下保存。

3）杀灭病原菌。如充分加热、煮透食品。

【案例2-22】 2014年9月14日，某市技工学校发生一起食物中毒事件，经相关部门查明，这是一起食用凉拌皮蛋而导致的细菌性食物中毒，共有25名学生发病，中毒学生均食用过学校食堂加工销售的凉拌皮蛋，中毒学生经医院及时救治后痊愈，无死亡。

学校要严格控制凉拌食品的加工种类和数量，并对每批次及时进行检验，合格后再食用。发生事故及时报告卫生、教育部门，配合开展对学生的治疗。

细菌性食物中毒的种类很多，下面介绍常见的两种，即沙门氏菌食物中毒和葡萄球菌食物中毒。

1）沙门氏菌食物中毒及预防。沙门氏菌中毒是常见的细菌性食物中毒之一，是因食入了被沙门氏菌污染的食物而引起的中毒。沙门氏菌主要污染禽畜肉类和蛋类食品，其污染来源有两种，一种是禽畜在被宰杀前已经被感染，称为生前感染；另一种是被宰杀后被带菌的粪便、容器或污水等污染，称为宰后污染。

沙门氏菌在20～37摄氏度的条件下能迅速繁殖，在生病和病死家禽家畜体内能大量存在。

①沙门氏菌食物中毒的特点及症状。沙门氏菌食物中毒一年四季都可发生，但主要发生在5～10月。一般在食用被污染的食物后12～24小时发病。初期症状主要是恶心、头晕、腹痛、出冷汗、全身无力等，而后出现腹泻（大便为黄色或黄绿色水样便）、腹胀、发烧（体温可达38摄氏度以上），中毒严重者有昏迷、抽搐等症状，如果抢救不及时会导致死亡。

②沙门氏菌食物中毒的预防措施。

a. 不购买、食用病死和死因不明的禽畜肉。调查发现，通常畜禽类动物的肠内有沙门氏菌存在，当动物抵抗力降低时，可引起全身感染，使其体内大量带菌。如果食用这些带有大量沙门氏菌的禽畜肉，极易发生沙门氏菌中毒。

b. 低温保存食品。在低温情况下，沙门氏菌不能繁殖。因此，将禽畜肉蛋类食品存放在5摄氏度以下的环境中，可以抑制沙门氏菌的繁殖。

c. 加热煮透食品。沙门氏菌在100摄氏度时会被立即杀死，在70摄氏度时5分钟内即被杀死。所以，在烹制肉蛋食品时，一定要烧熟煮透。烹煮的肉块不宜过大，一般每块重量不超过2千克，厚度不超过8厘米，而且要使肉块深部温度达80摄氏度以上，煮沸12分钟；禽蛋应煮沸8分钟以上。

d. 在贮存、加工食品过程中，一定要生熟分开，以避免熟食品被含有沙门氏菌的生食品或食品工具、用具和容器污染。

2) 葡萄球菌食物中毒及预防。引起食物中毒的葡萄球菌主要是能产生肠毒素的葡萄球菌，其中最常见致病力最强的是金黄色的葡萄球菌。葡萄球菌广泛存在于土壤、空气、水、粪便及污水中，在健康人的咽部、手部也带此种细菌。患乳腺炎的病牛的奶中可大量带菌。

被葡萄球菌污染后的食品，如果在高温下保留时间较长，（如在25~30摄氏度的环境中放置5~10小时）就能产生足以引起食物中毒的葡萄球菌肠毒素。吃了这种被污染的食物，就会发生中毒。容易被葡萄球菌污染的食物主要为乳及乳制品、蛋及蛋制品、各类熟肉制品，其次为含有乳制品的冷冻食品，个别也有含淀粉食品。

①葡萄球菌食物中毒特点及症状。葡萄球菌食物中毒多发生在夏秋季。一般潜伏期为2~4小时。主要症状是严重的呕吐，甚至可以吐出胆汁和血性胃液，并有头痛、恶心、腹痛、腹泻等。因为年龄越小，对葡萄球菌肠毒素的敏感性越强，所以儿童发病较多，症状也比成人严重。

②葡萄球菌中毒的预防措施。一般的烹调方法很难破坏葡萄球菌肠毒素，所以，防止葡萄球菌污染食品和肠毒素的形成是非常重要的，其主要措施如下。

a. 严防肉类制品、奶制品等被葡萄球菌污染。食品生产、经营人员应养成良好的个人卫生习惯，避免在生产、经营活动中污染食品。

b. 食品生产、经营人员每年健康检测一次，查出带菌者要立即调离工作岗位。

c. 不食用已变质的肉类、奶类及其制品。不食用患有化脓性皮肤病、上呼吸道感染者接触过的食品，以及在较高温度下放置时间长的熟肉、奶、蛋及其制品。

d. 在低温、通风良好的条件下贮存食物。

e. 剩饭最好先加热后在常温下存放，并应置于阴凉通风处，其放置时间不可超过4小时，食用前还须再次彻底加热。

(2) 毒蘑菇中毒及预防　蘑菇又叫蕈，是城乡居民都喜欢的食品。但有的蘑菇是有毒的，根据有关方面的统计，我国每年因吃毒蘑菇而中毒死亡的有上百人。毒蘑菇中的毒素十分复杂，一种蘑菇可以含有几种毒素，而一种毒素又可以存在于几种毒蘑菇中。经过烹调或晒干的毒蘑菇，其中的毒素仍不会被去掉，食用后仍可引起中毒。

1) 中毒特点及症状。我国的毒蘑菇大概有100余种，其中能致人死亡的至少有10种。由于不同种类的毒蘑菇所含毒素不一样，因而食用后出现的症状也会不一样，一般说来会表现出以下5种类型。

①胃肠炎型：发病较快，多在食用后 2 小时左右发病，短的可在 10 分钟后出现症状。主要症状是剧烈呕吐、恶心，以上腹部和脐周为主的腹绞痛，并有剧烈的腹泻，每日可达 10 余次，体温不高。

②神经精神型：一般在食用后半小时至 4 小时发病，最短的仅 10 分钟。这类中毒表现最为复杂多样，有的产生幻觉、狂笑、手舞足蹈、走路不稳；有的出现"小人国幻视病"（眼前的人和动物都变得非常矮小）；有的出现被害妄想症等类似精神分裂病的症状；严重的病人会出现精神错乱、抽风、昏迷等。

③溶血型：潜伏期 6～12 小时，最长可达 2 天。最初有恶心、呕吐、腹泻等症状，发病 3～4 天后皮肤变黄、肝区疼痛。严重者可能会因急性肾功能衰竭而死亡。

④脏器损害型：这种中毒最严重，如不及时抢救，死亡率极高。病人的潜伏期一般为 10～24 小时，开始表现为恶心、呕吐、腹痛、腹泻。一部分病人出现这些症状后病情迅速恶化，出现休克、昏迷、抽风、全身广泛出血、呼吸衰竭，并在短期内死亡；一部分病人恶心呕吐、腹痛腹泻 1～2 天后，症状缓解并消失，自我感觉变好，其实这个时候毒素由肠道吸收，通过血液进入脏器，逐渐对脏器造成实质侵害，这个时期称为假愈期。这个时期是非常危险的，千万不能麻痹大意，死亡率一般在 60%～80% 之间。

⑤日光性皮炎型：潜伏期一般为 24 小时左右，开始多表现为面部肌肉震颤，而后手指和脚趾疼痛，上肢和面部可出现皮疹，暴露于日光部位的皮肤可肿胀；指甲部剧烈疼痛，指甲根部出血；病人的嘴唇肿胀外翻，形似猪嘴。

2）毒蘑菇中毒的预防措施。毒蘑菇中毒，往往病情凶险，死亡率高。因此，预防工作尤为重要。

首先，应在日常生活中做到不采摘，不食用不认识和未吃过的蘑菇，学校食堂采购人员更应注意这一点，特别是采购干杂蘑菇，一定要坚持向出售方索证。最好不购买新鲜的野生蘑菇。

其次，要提高鉴别毒蘑菇的能力，这样能避免自己误食，又能帮助别人识别，防止中毒事故的发生。民间有一些识别毒蘑菇的方法，有一定的借鉴作用，但不能完全照搬，因为其中有的方法也不是百分之百可靠的。例如，民间认为颜色鲜艳，形状好看的，有苦、腥、酸等怪味的蘑菇有毒，这种办法虽然可以识别出很多毒蘑菇，但却不能识别出所有的毒蘑菇，因为有些颜色并不鲜艳，样子也不好看的蘑菇仍然有毒，而且有的还有致命剧毒。千万记住，色彩鲜艳，好看的蘑菇有毒，但色彩不鲜艳不好看的，不一定就没有毒。要提高识别毒蘑菇的能力，还得用科学的方法，去熟悉、掌握各种毒蘑菇的形态特征和内部结构，同时结合实践检验，才能避免误采误食，防止毒蘑菇中毒的发生。

(3) 亚硝酸盐中毒及预防　亚硝酸盐中毒一般被归为化学性食物中毒类，亚硝酸盐进入人体后，能在短时间内使血液中的血红蛋白推动输送氧的功能，导致人体组织缺氧而发生中毒。一般认为，食入 0.3～0.5 克亚硝酸盐即可引起中毒，食入 1～3 克即会致死。

【案例 2-23】 2014年9月6日晚，某市中学部分学生在校园内食用无证经营的小吃部的炒饭、炒面等食物后，出现腹痛、呕吐等症状。随后这些学生被紧急送往医院进行救治。经调查，此次中毒事件的"罪魁祸首"为亚硝酸盐。

1）含亚硝酸盐较多的食物

①存放过久和腐烂的蔬菜中，以及煮熟后放置过久的蔬菜中，亚硝酸盐含量都较高。

②腌制的咸菜（特别是腌泡时间不长的所谓"暴腌菜"，即重庆人称的"跳水咸菜"）中含有大量亚硝酸盐。经测试，腌制7~8天的腌菜，如果加盐量少于12%、气温高于20摄氏度时，其中的亚硝酸盐含量最高。

③一些腌腊卤制肉食品，常用硝酸盐或亚硝酸盐作为发色剂，使制出的肉制品色泽好看，如果加得过多，易发生中毒。

④一些井水中含有较多的硝酸盐（常称此类井水为"苦井水"）。如果用这种水煮饭和烹饪其他食物，又将煮制的食物在不卫生的条件下存放过久，其中的硝酸盐就会在一些细菌的作用下还原成亚硝酸盐。

⑤亚硝酸盐还可以在人体内形成。

2）引起亚硝酸盐中毒的常见原因

①误食。常见的亚硝酸盐有亚硝酸钠和亚硝酸钾，为白色或黄色结晶或颗粒状粉末，无臭，味微咸，易溶于水。它的这些特性，易被人误作为食盐使用，导致误食而中毒。

②进食了含有大量亚硝酸盐的食品。如过量食用亚硝酸盐的腊卤制肉食品；腌制中产生了大量亚硝酸盐的咸菜；存放过久、保洁不好的煮熟蔬菜等。

③一次性大量食入叶菜类的蔬菜。如菠菜、芹菜、大白菜等。特别是胃肠功能紊乱、贫血、患肠寄生虫病及胃酸浓度降低时，可使肠道内的硝酸盐还原菌大量繁殖，将硝酸盐还原为亚硝酸盐，并使其在肠道内过多过快地形成而来不及分解，结果使大量的亚硝酸盐进入血液导致中毒，通常称此为"肠原青紫症"。儿童如果健康状况较差，或胃肠功能紊乱时，最易出现此种情况。

3）亚硝酸盐中毒特点及主要症状 亚硝酸盐中毒发病急，潜伏期的长短或因摄入量和中毒原因的不同而有所不同。摄入量大和误食纯品引起的中毒，潜伏期短，10多分钟即可发病；大量食用叶类蔬菜引起的亚硝酸盐中毒，一般潜伏期为1~3小时，有的可长达20小时。中毒后，轻者有头晕、头痛、恶心、呕吐、胸闷、乏力以及口唇、耳郭、指（趾）甲发紫等症状。中毒严重者，眼结膜（白眼仁）、面部及全身皮肤严重发紫、嗜睡或烦躁不安、呼吸困难、甚至出现昏迷、惊厥、大小便失禁等，特别严重的可因呼吸循环衰竭而死亡。

4）亚硝酸盐中毒的预防措施

①妥善保管亚硝酸盐，其包装上应有醒目标志，绝不能与食盐及其他调料放在一起，严防将其误作食盐而导致误食中毒。

②制作腌腊卤肉食品，应严格按国家规定的允许量使用，切勿多加。

③保持蔬菜新鲜。经测定，新鲜蔬菜几乎不含亚硝酸盐，储存2天后，亚硝酸盐含量为0.24毫克/千克；4天后为1.10毫克/千克；第6天开始腐烂后达6.70毫克/千克；第8天完全腐烂后，急增到146毫克/千克。因此，最好食用新鲜蔬菜，存放过久的蔬菜不要食用，更不能食用腐烂变质的蔬菜。

④腌制咸菜时，食盐应加至合理浓度（不低于12%），咸菜最好在腌制20天后再吃。切勿吃变质的咸菜。

⑤不在短时间内集中进食含亚硝酸盐的蔬菜，如需食用大量叶类蔬菜，应切碎后，先用沸水预煮3~5分钟，弃汤后再食用。煮熟的蔬菜，不要在高温下存放过久，并要注意盛装的容器和环境卫生，防止微生物污染。

⑥不喝"苦井水"，不用"苦井水"煮食物。

(4) 发芽马铃薯中毒及预防　马铃薯又称洋芋、土豆等。发芽的马铃薯中，因含有较多的龙葵碱，人食用后易发生中毒。龙葵碱难溶于水，对人的胃肠道黏膜有较强的刺激作用，还有麻痹呼吸中枢和溶解红细胞的作用。经测定，正常马铃薯内也含有少量的龙葵碱，但不足以使人中毒，但在发芽马铃薯的芽及芽眼部分，龙葵碱含量很高，食后常使人中毒。

1) 发芽马铃薯中毒特点及症状。多数中毒者在进食后2~4小时内出现咽喉部的抓痒感和烧灼感，以及上腹部烧灼感或疼痛症状，而后出现剧烈恶心、呕吐、腹痛、腹泻，严重的还会有头痛、头晕、烦躁不安、昏迷、呼吸困难等表现，甚至可因心力衰竭、呼吸麻痹而死亡。

一旦因食用发芽马铃薯而出现咽喉、上部烧灼感，应立即用手指、筷子等刺激咽喉部，以便吐出吃进的食物，尽量减少身体对龙葵碱的吸收，并要立即到医院救治。

2) 发芽马铃薯中毒的预防措施

①把马铃薯贮存在低温、无阳光直射的地方，防止生芽。购买马铃薯时最好吃多少买多少，避免存放。

②如果是轻微生芽的马铃薯，应彻底挖去芽和芽眼，并将芽眼周围的皮削去一部分，再加工食用。龙葵碱遇酸容易分解，烹调时最好加点醋。

③坚决不吃生芽过多，皮呈黑绿色的马铃薯。

(5) 四季豆中毒及预防　四季豆中的毒素，可能是一种红细胞凝聚素，对人体具有凝血作用。这种毒素怕高温，如果烹调时把四季豆彻底加热熟透，毒素就被破坏掉了，一般不会引起中毒。如果烹调方法不当，加热不足，四季豆未熟透，毒素未被破坏，食后就易中毒。四季豆中毒是我国常见的食物中毒，一年四季都可以发生，但夏秋季节发生较多，也常发生在集体食堂中。

1) 四季豆加热不透的原因。调查资料表明，四季豆加热不透的原因有以下几种。

①锅小但加工量大，翻炒不均，受热不匀，这样不易把四季豆烧熟煮透，这是集体食

堂容易发生四季豆中毒的主要原因。

②把四季豆先在开水里焯一下，然后再用油炒，误认为经两次加热就可以了，实际上哪一次加热都不彻底，还是没有把毒素破坏掉。

③加工人员缺乏相关知识，只求烹调出的四季豆颜色好看，而没有将四季豆加热熟透。

2）四季豆中毒特点及症状。四季豆中毒的症状一般不太严重，多数在食用后 30 分钟至 5 小时发病。起始时感觉胃部不适，继而恶心、呕吐、腹痛，部分病人可出现头晕、头痛、出汗、腹泻。一般的中毒者不需治疗，症状可自行消失，中毒严重者应到医院治疗。

3）四季豆中毒的预防措施。彻底加热，将四季豆煮熟焖透，是防止四季豆中毒最简单有效的方法。烹调出的四季豆在外观上若没有原有的生绿色，吃起来没有豆腥味，就应是安全的。在集体食堂加工四季豆时，每一锅的量不应超过锅容量的一半，用油炒过后，应加入适量的水，然后盖上盖子焖 10 分钟左右，并用铲子经常翻动，让锅中的四季豆受热均匀。

另外，注意不买、不吃老四季豆，因老四季豆的毒素含量较多。即使是鲜嫩的，烹调前也应将豆角两头去掉，因为豆角两头的毒素含量也是较多的。

（6）豆浆中毒及预防　生豆浆中含有能使人中毒的毒素，这种毒素有较强的耐热性，要经过高热才能被破坏。当豆浆在烧煮中被加热到 80 摄氏度左右的时候，豆浆中的一些物质受热膨胀，会形成泡沫上浮，造成假沸现象，而这时豆浆中的有害物质仍然没有被破坏，吃了这种未彻底加热煮透的豆浆，就会中毒。

1）豆浆中毒特点及症状。豆浆中毒的症状一般在喝下豆浆后 30 分钟至 1 小时出现，主要表现为恶心、呕吐、腹胀、腹泻等症状，有的还会同时出现头晕、乏力等症状，一般不发烧。豆浆中毒的症状一般较轻，不需特殊治疗，但中毒严重者或是儿童中毒后，应及时到医院治疗。

2）豆浆中毒的预防措施。把豆浆彻底煮熟后饮用，是防止豆浆中毒的最根本办法。需要提醒的是把豆浆加热到一定程度后出现泡沫时，豆浆是没有熟的，必须继续加热至泡沫消失，豆浆沸腾后应再加热 5~10 分钟。如果豆浆比较稠或量较大，加热时还应经常搅拌，使其受热均匀，防止因烧糊锅底而影响烧煮时间。

豆浆中毒在幼儿园和学校食堂中较常见，可能与青少年儿童对豆浆中的有害物质较为敏感有关。因此，学校的食堂工作人员在烧煮豆浆时要特别注意，应保证烧熟煮透。

二、煤气中毒的预防及急救措施

【案例 2-24】　冬天，不少市民都习惯紧闭门窗洗澡，但如果防护不当，很容易造成一氧化碳中毒事件发生。2018 年 2 月 5 日凌晨，江南区富德路东一里一民房内就发生了一起悲剧，疑因洗澡时煤气泄漏，导致一家五口（2 名成人 3 名儿童）一氧化碳中毒。

经抢救，其中1名12岁的女孩不幸身亡，其余4人经送医院治疗已清醒，无生命危险。

冬季使用热水器洗澡要注意通风换气，严防一氧化碳中毒。一旦发现一氧化碳中毒，首先要开窗通风关闭燃气，然后立即将患者转移到通风处，等待救护车的到来。

在现代家庭发生的有害气体中毒事件中，煤气中毒是最常见的一种。煤气是煤或其他含碳物质在燃烧不全时产生的一种混合性气体，其中以一氧化碳的含量最高，毒性最大，所以，人们一般所说的煤气中毒，实际上是急性一氧化碳中毒。

当一氧化碳吸入人体后，与血液内的血红蛋白结合成碳氧血红蛋白，且不易解离，导致人体缺氧而发生中毒。

1．煤气中毒的原因

一是在密闭居室中使用煤炉取暖、做饭，由于通风不良，供氧不充分，可产生大量一氧化碳，积蓄在室内。

二是煤气管道漏气，开关不紧，均可使煤气大量溢出，造成中毒。

三是使用燃气热水器，通风不良，洗浴时间过长。

四是冬季在车内发动汽车或开动车内空调后在车内睡眠，都可能引起煤气中毒。

2．煤气中毒的类型

1）轻型：中毒时间短，血液中碳氧血红蛋白浓度为10%~20%。中毒的早期症状表现为头痛眩晕、心悸、恶心、呕吐、四肢无力，甚至出现短暂的昏厥。当神志尚清醒，吸入新鲜空气，脱离中毒环境后，症状迅速消失，一般不留后遗症。

2）中型：中毒时间稍长，血液中碳氧血红蛋白浓度为30%~40%，在轻型症状的基础上，可出现虚脱或昏迷。皮肤和黏膜呈现煤气中毒特有的樱桃红色。如抢救及时，可迅速清醒，数天内完全恢复，一般无后遗症状。

3）重型：发现时间过晚，吸入煤气过多，或在短时间内吸入高浓度的一氧化碳，血液碳氧血红蛋白浓度常在50%以上，病人呈现深度昏迷，各种反射消失，大小便失禁，四肢厥冷，血压下降，呼吸急促，会很快死亡。一般昏迷时间越长，愈后越严重，常留有痴呆、记忆力和理解力减退、肢体瘫痪等后遗症。

3．煤气中毒的急救措施

1）将中毒者安全地从中毒环境内抢救出来，迅速转移到清新空气中。

2）若中毒者呼吸微弱甚至已停止，应立即进行人工呼吸，人工呼吸应坚持两小时以上；如果患者曾呕吐，人工呼吸前应先消除口腔中的呕吐物；如果心跳已停止，应进行心脏复苏。

3）迅速供氧。供氧应持续到中毒者神志清醒为止。

> **小贴士**
>
> 同学们，要记住，食品安全很重要，油炸食品方便面，不能把它当饭吃，辛辣食品不多吃，冷饮不能当水喝，腐烂食品切莫吃，多吃水果和蔬菜，面食米饭为主食，切忌零食莫多食，食品安全记心间，我的健康我做主。
>
> 同学们，快快来，食品安全要记牢，一日三餐有规律，饭前记得要洗手，垃圾食品不要吃，安全质量没保证，食品安全靠大家，一起行动你我他。
>
> 同学们，要当心，野菜好吃莫乱采，确认无毒方可吃，发觉不适别耽误，速送医院救得快，土豆生芽切莫食，扁豆不熟会中毒，不洁饮水不要喝，多喝开水好处多，食物中毒莫惊慌，压舌催政策为上，速用清水多洗胃，重症求医莫彷徨。

知识点6 自然灾害的应对

自然灾害，如地震、泥石流、滑坡、崩塌等地质灾害及雷电、大风、洪水、冰灾、沙尘暴等气象灾害，常给人类的生命财产造成重大损失。在遭遇灾害时，除及时告知政府部门救援外，利用掌握的防灾救护知识，在遇险时及时应对，可减少事故发生，保障人身安全，减轻灾害影响。

一、地震危机及其应对

【案例2-25】 2008年5月12日14时28分，四川省阿坝藏族羌族自治州汶川县发生里氏8.0级地震，造成69227人遇难，374643人受伤，17923人失踪。震中位于中国四川省阿坝藏族羌族自治州汶川县映秀镇与漩口镇交界处、四川省省会成都市西北偏西方向92千米处。"5·12"汶川地震影响包括震中50千米范围内的县城和200千米范围内的大中城市。全国多个省、自治区、直辖市都有明显震感。地震造成的直接经济损失8452亿元人民币，四川损失最严重，占到总损失的91.3%，甘肃占到总损失的5.8%，陕西占总损失的2.9%。

地震又称地动、地振动，是地壳快速释放能量过程中造成振动，期间会产生地震波的一种自然现象。地震开始发生的地点称为震源，震源正上方的地面称为震中。破坏性地震的地面振动最强烈处称为极震区，极震区往往也就是震中所在的地区。

当前的科技水平尚无法预测地震的到来，未来相当长的一段时间内，地震也是无法预测的。对于地震，我们更应该做的是提高建筑抗震等级、做好防御，而不是预测地震。

1. 地震发生时的常见预兆

（1）宏观异常 人的感官能直接觉察到的地震异常现象称为地震的宏观异常。地震宏观异常的表现形式多样且复杂，异常的种类多达几百种，异常的现象多达几千种，大体可分为：地下水异常、生物异常、气象异常、地声异常、地光异常、地气异常、地动异常、地鼓异常和电磁异常等。

1）地下水异常。地下水包括井水、泉水等，主要异常有发浑、冒泡、翻花、升温、变色、变味、突升、突降、井孔变形、泉源突然枯竭或涌出等。人们总结了震前井水变化的谚语："井水是个宝，地震有前兆；无雨泉水浑，天干井水冒；水位升降大，翻花冒气泡；有的变颜色，有的变味道。"

2）生物异常。许多动物的某些器官感觉特别灵敏，它能比人类提前知道一些灾害事件的发生，例如海洋中的水母能预报风暴，老鼠能事先躲避矿井崩塌或有害气体泄露等。

动物反常的情形，人们也有几句顺口溜总结得很好："震前动物有预兆，群测群防很重要；牛羊骡马不进厩，猪不吃食狗乱咬；鸭不下水岸上闹，鸡飞上树高声叫；冰天雪地蛇出洞，大鼠叼着小鼠跑；兔子竖耳蹦又撞，鱼跃水面惶惶跳；蜜蜂群迁闹哄哄，鸽子惊飞不回巢；家家户户都观察，发现异常快报告。"

除此之外，有些植物在震前也有异常反应，如不符合季节规律的发芽、开花、结果或大面积枯萎与异常繁茂等。

3）气象异常。地震之前，气象也常常出现反常，主要有震前闷热，人焦灼烦躁，久旱不雨或阴雨绵绵，黄雾四塞，日光晦暗，怪风狂起，六月冰雹等。

4）地声异常。地声异常是指地震前来自地下的声音，其声有如炮响雷鸣，也有如重车行驶、大风鼓荡等，多种多样。当地震发生时，有纵波从震源辐射，沿地面传播，使空气振动发声，由于纵波速度较大但势弱，人们只闻其声，而不觉地动，需横波到后才有动的感觉。所以，震中区有"每一之先，地内声响，似地气鼓荡，如鼎内沸水膨胀"的记载。

5）地光异常。地光异常指地震前来自地下的光亮，其颜色多种多样，可见到日常生活中罕见的混合色，如银蓝色、白紫色等，但以红色与白色为主；其形态也各异，有带状、球状、柱状、弥漫状等。一般情况下，地光出现的范围较大，多在震前几小时到几分钟内出现，持续几秒钟。我国海城、龙陵、唐山、松潘等地区地震时及地震前后都出现了丰富多彩的发光现象。地光多伴随地震、山崩、滑坡、塌陷等自然现象同时出现，常沿断裂带或一个区域做有规律地迁移，其成因总是与地壳运动密切相关。

6）地气异常。地气异常指地震前来自地下的雾气，又称地气雾或地雾。这种雾气，具有白、黑、黄等多种颜色，有时无色，常在震前几天至几分钟内出现，常伴随怪味，有时伴有声响或带有高温。

7）地动异常。地动异常是指地震前地面出现的晃动。地震时地面剧烈振动，是众所周知的现象。但地震尚未发生之前，有时感到地面也晃动，这种晃动与地震时不同，摆动得十分缓慢，地震仪常记录不到，但很多人可以感觉得到。

8）地鼓异常。地鼓异常指地震前地面上出现鼓包。1973年2月6日四川炉霍7.9级地震前约半年，甘孜县拖坝区一草坪上出现一地鼓，形状如倒扣的铁锅，高20厘米左右，四周断续出现裂缝，鼓起几天后消失，反复多次，直到发生地震。与地鼓类似的异常还有地裂缝、地陷等。

9）电磁异常。电磁异常指地震前家用电器如收音机、电视机、日光灯等出现的异常。最为常见的电磁异常是收音机失灵，在北方地区日光灯在震前自明也较为常见。

电磁异常还包括一些电机设备工作不正常，如微波站异常、无线电厂受干扰、电子闹钟失灵等。

(2) 微观异常　人的感官无法觉察，只有用专门的仪器才能测量到的地震异常称为地震的微观异常，主要包括如下几类。

1）地震活动异常：大地震虽然不多，中小地震却不少。

2）地形变异常：大地震发生前，震中附近地区的地壳可能发生微小的形变，某些断层两侧的岩层可能出现微小的位移，借助于精密的仪器，可以测出这种十分微弱的变化，分析这些资料，可以帮助人们预测未来大地震的发生。

3）地球物理变化：在地震孕育过程中，震源区及其周围岩石的物理性质可能出现一些变化，利用精密仪器测定不同地区重力、地电和地磁的变化，也可以帮助人们预测地震。

4）地下流体的变化：地下水（井水、泉水、地下岩层中所含的水）、石油和天然气，以及地下岩层中产生和贮存的一些其他气体，都是地下流体。用仪器测定地下流体的化学成分和某些物理量，研究它们的变化，可以帮助人们预测地震。

2. 地震对人的伤害

地震酿成的灾害包括楼宇倒塌、火灾及地震过后的瘟疫，可致大批人员伤亡，地震中人们经常遇到的伤害情况如下。

1）颅脑损伤是地震伤亡中死亡率最高的，早期死亡率达30%。

2）颌面、五官损伤会造成人体严重功能障碍，可因血凝块和组织移位，造成窒息。

3）四肢损伤约占人体受伤各部位的50%，并且常伴有周围血管和神经损伤。

4）腹部损伤的发生率低。

5）骨盆损伤多伴有泌尿系统损伤，肾部损伤可导致肾衰竭。

在各类伤害中，骨折占第一位，软组织损伤占第二位，挤压综合征占第三位。其中，脊柱骨折约占全部骨折的1/4，其中30%~40%可并发截瘫。有相当数量的截瘫是在搬运中加重的。四肢骨折以闭合性骨折为主。肋骨骨折的断端刺伤可造成气胸或血胸。人体肌肉受到强烈挤压，或被重压6小时以上，局部肌肉坏死，释放出大量蛋白分解物质进入血循环，导致休克和肾功能衰竭，即挤压综合征，死亡率极高，症状稍轻的也会影响以后的肌肉功能。

休克和外伤感染、饥饿和缺水均是地震伤亡的原因。

3. 地震中的自救

一旦发生地震，千万不要惊慌，要保持镇静，不能拥挤乱跑。应根据所在环境，采取相应的自救措施。

（1）地震时在工作岗位上的应急自救

1）办公楼内，要迅速藏在办公桌下，震后从楼梯有秩序地迅速撤离到安全地点。

2）正在工厂上班的人员，要立即关闭机器，切断电源，然后迅速撤离。

3）井下作业人员，地震时应立即停止生产，不要急于往外跑，应避开巷道或竖井等危险地区，选择有支撑的巷道避震，地震过后，有组织、有秩序地向地面转移。

4）与化工有关的在岗人员和使用、生产有毒、放射性、细菌类化工用品的岗位人员，应根据各自的专业特点、规范，立即按照程序停止使用和生产，并迅速采取措施避震。例如：迅速将两种不同化学性质物品中的一种移出室外或采取隔离措施；迅速熄灭火源；紧急固定装在空气中易自燃物质的容器，迅速关闭生产、储存有毒气体的阀门；必要时，应迅速中和有毒气体，千方百计消灭可能造成间接损失或产生次生灾害的根源。当在岗位生产的大部分人员疏散后，还应留少数人在预先加固的支撑保护处监视震情，以便及时处理，防止蔓延。

5）高温、高压工作人员，应按工作程序和有关规定，立即停止生产。按规范紧急关闭、处理可能产生灾害的源头，杜绝隐患，保证地震冲击下的绝对安全。

6）高空作业人员，应立即停止工作，迅速降低重心或返回地面，寻找安全地方躲避。

7）正在海上航行的船只，发现地光，应立即停止航行，就近靠岸。

8）自动控制、资料储存、重要文件储存库等计算机系统，要采取耐震措施，防止存储损失。

9）正在做手术或为临产产妇接生的医务人员，一旦发生地震，应发扬人道主义精神，坚守现场，等地面停止震动后，照常进行手术。最好在震前就对手术室、接生室进行加固，用角铁做成支撑房架，并设防尘罩。

（2）地震时在公共场所的应急自救

1）影剧院、大型娱乐场馆在地震时，应立即停止活动，观众应躲在座椅下、乐池等地方。等地震停止后，有秩序地组织观众分别从不同的路口疏散。

2）正在进行比赛的体育场馆，应立即停止比赛，稳定观众情绪，防止慌乱、拥挤。等地震过后，有组织、有步骤地向体育场外疏散人群。

3）正在上课的学生，地震时应迅速将书包放置于头顶上，躲避在课桌下。地震停止后，在教师的统一指挥下，迅速撤离教室，就近在开阔地带避震。

4）无自理能力的幼儿园、托儿所内的儿童，由值班教师组织在桌下避震，震后带领儿童进行疏散。

(3) 地震时被埋废墟下的应急自救

1) 应注意用毛巾、衣服或衣袖等捂住口鼻，避免意外事故的发生。

2) 想方设法将手与脚挣脱开来，并利用双手和可以活动的其他部位清除压在身上的各种物体。用砖块、木头等支撑住可能塌落的重物，尽量将"安全空间"扩大些，保持足够的空气呼吸。

3) 若环境和体力许可，应想办法逃离险境，如发觉受埋周围有较大空间通道，可以试着从下面爬过去或者仰面蹭过去。要把上衣脱掉，把带有皮带扣的皮带解下来，以免中途被阻碍物挂住，要朝着有光线和空气的地方移动。

4) 当几个人被压在一起，而周围又很容易产生再倒塌时，应该由一人先出来，到了安全地带后，再一个接一个地脱险。

5) 如果周围比较稳定的话，最好像排队似地一起出来。还有一种方法是，先脱险的人把一头打了结的绳索或者表面粗糙容易抓住的皮带丢给待脱险者，等脱险者把它系在身上后，拉其迅速脱险。

6) 无力脱险自救时，应尽量减少气力的消耗，静待外面有救援人员方可采取呼叫、敲击物件等方法引起救灾人员注意，以及时抢救。坚持的时间越长，得救的可能性越大。

7) 地震中，在被压埋的期间，还要想方设法在周围寻找水源、食物或代用食物，包括自己的尿液等。

4. 地震后的互救

地震发生后第一件事情是自救和互救，这样能赢得宝贵的时间。一般自救互救成功率为40%～80%。在废墟中挖出伤员后，首先要快速暴露其头部，清除灰土，再暴露其胸腹部，如有窒息，应立即人工呼吸。不能强行硬拉。

急救原则：排除窒息和呼吸道梗阻；处理创伤性休克；处理完全性饥饿；外伤止血、包扎、固定。

5. 震后急救应急措施

虽然目前人类还不能完全避免和控制地震，但是只要能掌握自救互救技能，就能使伤害降到最低限度。

1) 就近抢救，逐步扩展。地震后救人，时间就是生命。救人应先从最近处抢救，找寻、抢救最近处被埋压人员，再由近及远，逐步进行抢救工作。

2) 尽可能先救青壮年和医务人员。救出一个青年，就等于增多一份救援力量；救出一个医生，就可以尽快医治和护理好一批伤病员。

3) 注意先救有呼声的人，先救容易救的人。救人时要先呼唤，确知人还活着，再进行抢救。

4) 出血、砸伤和挤压伤是地震中常见的伤害。开放性创伤、出血应首先止血，抬高患肢。对开放性骨折，不应做现场复位，以防止组织再度受伤，一般用清洁纱布覆盖创面，做简单固定后再进一步治疗。不同部位骨折按不同要求进行固定，视具体情况送医院进一步处理。

5）妥善处理伤口挤压伤，应设法尽快解除重压，遇到大面积创伤者，要保持创面清洁，用干净纱布包扎，怀疑有破伤风和产气杆菌感染时，应与医院联系以便诊断和治疗。对重伤者，可口服糖盐水，预防休克发生。

6）防止地震引发火灾等次生灾害。在大火中应尽快脱离火灾现场，脱下燃烧的衣帽，或用湿衣服覆盖在身上，或卧地打滚，也可用水浇泼灭火。切忌用双手扑打火苗，以免烧伤双手。若受伤，用消毒纱布或清洁布料包扎伤口后，送医院进一步处理。

7）预防破伤风和气性坏疽，并且要尽早处理尸体，注意饮食饮水卫生，防止大灾后的大疫。

6. 震后救护

1）积极寻找被埋人员，方法有：①根据知情人提供的情况进行有目的的搜索定位；②监听遇难人发出的呼救信号及信息，如手电筒光、警哨、敲击声、呼喊声、呻吟声等；③利用训练有素的警犬进行快速搜索定位；④辨认血迹和瓦砾中人活动的痕迹，进行追踪搜索；⑤根据倒塌体的特征，结合原设计图纸，分析研究，找出安全地带，探寻被埋压者的方位；⑥用微量气体快速测定仪，对倒塌中二氧化碳气体扩散中的浓度变化进行测定，来准确测定遇险者的位置。

2）救人时，应先确定伤员的头部位置，以最快而又轻巧的动作，使伤员头部暴露，然后迅速清除其口鼻内的尘土；暴露其胸腹部，如窒息，应进行人工呼吸。挖到伤员时，不可再用利器刨挖。

3）梁柱相互叠压时，要注意其对上方重物的支撑，不可鲁莽行事。清除压埋阻挡时，要注意保护支撑物。

4）被救人摆脱危险可借自己力量爬出时，为争取时间，营救人员可依次抢救其他被埋压的人。

5）起吊重物时，注意平稳轻吊，不要造成偏压或撞压，致使下面的支撑空间失去平衡，造成被救对象受伤。

6）被埋压人员无法救出时，要为其进行通风换气，定时为其递送食品和饮用水，静等时机再进行抢救。但要有人时常探望，并注意安全防护，使伤员免受强余震的威胁。

7）被埋压者脱离废墟时，不能生拉硬扯，应暴露全身，查明伤情，确定受伤类型：如果是饥饿性虚脱，需注射葡萄糖针剂；如果流血过多，需紧急输血。

8）脊椎骨折，要注意抬扶，需用硬板担架。经过现场检查、消毒和包扎后，选择适当的搬运方式，送往震区医院进行详细检查和治疗。

9）为避免强余震带来的伤亡，处于危险地带的伤员，要立即转运到安全地带。

10）可采用近人爆破（燃烧剂）技术救出遇难人员，特别对于大型倒塌，可大大提高抢救效率。

11）抢救出来的轻伤幸存者，可迅速充实扩大互救队伍，更合理地展开救助活动。

> **小贴士**
>
> **防震自救歌**
>
> 大地晃，桌椅摇，地震危险躲再逃。披着被子遮住头，蹲在床边把空留。
> 厨房里，远离火，卫生间站水管边。幼儿园，学校里，两课桌间找安全。
> 挨着窗户塌得快，玻璃碎了扎小手。大震小震有间隔，抓紧时间到门口。
> 抬头看看啥危险，不坐电梯下楼梯。小孩大人排成队，顺着右边有序走。
> 出了屋门找草坪，两楼中间莫停留。万一被压别慌张，保存力气不哭喊。
> 砖头敲墙一二三，等待救助要时间。伤口流血要按压，掐在上头不松手。
> 全身疼痛不乱动，头要抬高背要挺。哼哼儿歌想爸妈，大手会把小手拉。

二、泥石流危机及其应对

【案例2-26】 2010年8月7日22时许，甘肃省甘南藏族自治州舟曲县突降强降雨，县城北面的罗家峪、三眼峪泥石流下泄，由北向南冲向县城，沿河房屋被冲毁，泥石流阻断白龙江，形成堰塞湖。泥石流造成县城由北向南5000米长、500米宽区域被夷为平地（约250万平方米）。截至2010年9月7日，舟曲"8·7"特大泥石流灾害中遇难1481人，失踪284人，累计门诊治疗2315人。

泥石流是山区特有的一种自然现象，它是由于降水而形成的一种带大量泥沙、石块等固体物质的特殊洪流。

泥石流发生的时间规律是与集中降雨时间规律相一致的，具有明显的季节性。一般发生在多雨的夏秋季节，因集中降雨的时间差异而有所不同。

泥石流具有很强的冲击力和破坏性，冲毁道路、堵塞河道，甚至淤埋村庄、城镇，给生命财产和经济建设带来极大危害。

1. 形成泥石流必须具备的三个条件

1）固体松散物质储备丰富。例如，坡面与沟谷流域内有厚层风化壳、黄土、坡积物与块体运动堆积物。

2）坡面坡度与沟谷纵比降较大。以重力作用为主，土体失稳，供给量大的重力坡，有滑坡活动或冲刷严重的侵蚀坡，纵比降较大且具有土质沟床的沟谷，最有利于泥石流形成。

3）可从高强度降水或冰雪融水获得充足的水源供给。

世界上最具备以上条件的山地是环太平洋山地及从阿尔卑斯山到喜马拉雅山的广大山地，它们因此也是泥石流的主要分布区。我国的泥石流广泛分布于天山、昆仑山、祁连山、贺兰山、太行山、燕山、横断山脉、巫山、十万大山、南岭等山地，尤以甘肃、四川、云南等省最多。

2. 泥石流紧急避险措施

1）注意泥石流发生前的一些迹象：河流突然断流或水势突然加大，并夹有较多柴草、树皮；深谷或沟内传来类似火车轰鸣或闷雷般的声音；沟谷深处突然变得昏暗，并有轻微震动感等。

2）危险地区要特别注意暴雨天气。白天降雨量较多时，夜间应密切注意降雨量。降雨量过大时，最好提前转移，避开泥石流危险地，不能存在侥幸心理在室内就寝。

3）之前3日及当天的降水量累计达到100毫米左右时，处于危险区内的人员应尽快在泥石流到来之前搬出危险地区。

4）在沟谷内逗留或活动时，一旦遭遇暴雨，要迅速转移到安全的高地，不要在低洼的谷底或陡峻的山坡下躲避、停留。

5）旅游时，如需在野外露营，要选择平坦安全的高处驻扎，尽可能避开有滚石和易发生泥石流的坡地下方，不要在山谷及河沟底驻扎。

6）在大量降雨后，途经山谷地带，留心观察周围环境情况。当听到危险区内有轰鸣声、河水上涨、道路两旁植被遭严重破坏时，又突遇暴雨，应立即意识到泥石流即将到来，要迅速转移至安全的地方，切勿停留。

3. 泥石流危机应对

1）遭遇泥石流时，要立即选择与泥石流垂直的方向沿两侧山坡往上爬，爬得越快越高越安全。不要顺泥石流的方向往下跑，也不要爬树，更不要停留在低洼处。

2）应选择较高的基岩台地、低缓山梁上等安全处修建临时避险棚，切忌建在沟床岸边、较低的阶地、台地及坡脚、河道拐弯的下游边缘地带。

3）泥石流非常危险，一旦陷入其中很难摆脱，万一不幸陷入其中，不要慌张，要大声呼救，并及时向后边的人发出警告，然后将身体后倾轻轻躺在沼泽地里，同时张开双臂，十指张大，平贴在地面上，慢慢将陷入泥潭的双脚抽出来，切忌用力过猛过大，避免陷得更深。然后采取仰泳般的姿势向安全地带"游"过去，尽量以轻柔缓慢的动作进行，千万不要惊慌挣扎。

4）长时间降雨后，即使暴雨渐小或刚停，也不应马上返回危险区。

5）泥石流发生后，沿河（沟）谷的道路也被掩埋破坏得无影无踪，泥沙满沟，行走时要防止跌伤、磕碰，避免发生各种外伤。

6）遭遇泥石流后，要及时通告上级有关部门，请其帮助救灾。

7）及时通知上、下游受害的地区，做好防灾避险的准备。

8）当公路、铁路、桥梁被冲毁后，应及时采取阻止车辆通行的行动，插上警示牌，以免造成更多伤亡。

9）泥石流发生时，常席卷、淹浸、淤埋沿途的房屋、牲畜及杂污物，泥石流结束之后应进行清理消毒，做好卫生防疫工作，防止流行病的发生和传播。

小贴士

泥石流避灾口诀

下暴雨，泥石流，危险之地是下游，
逃离别顺沟底走，横向快爬上山头，
野外宿营不选沟，进山一定看气候。

三、雷电危机及其应对

【案例2-27】 2005年9月14日下午4时，湖南第一师范学院东方红校区篮球场东南角遭受雷击，将当时正在篮球场进行军训的6位女同学和一名教官击倒在地，其中3名同学是趴着倒下的，3名同学是仰着倒下的。6名同学中，一人因受雷击过重，抢救无效，不幸去世。当时天气闷热，天空积雨云层较低，但没有刮风下雨。

上述案例敲响校园防雷的警钟。作为校园的运动场所，又正是学生活动集中的地方，应该如何进行雷电防护？

雷电在一定的条件下会对人身或其他物体造成伤害。当条件适合时，雷云就可能对建筑物或树木放电，巨大的放电电流就会顺着建筑物或树木形成放电通路而流入大地。在放电回路中，放电电流会产生很大的能量而形成破坏作用。

1．如何预防雷击

1）在雷电交加时，感到皮肤刺痛或头发竖起，是雷电将至的先兆，应立即躲避。躲避不及，要立即贴近地面。

2）如果身处树木、楼房等高大物体下面，应该马上离开。如果来不及离开高大物体，应该找些干燥的绝缘物放在地下，坐在上面，采用下蹲的避雷姿势，注意双脚并拢。

3）不要在山洞口、大型岩石下或悬崖下躲避雷雨。

4）远离铁栏杆及其他金属物体。

5）雷雨时，如果身在空旷的地方，应该马上蹲在地上，这样可减少遭受雷击的危险。

6）应回避空旷地带和山顶上的孤树。

7）应尽量回避未安装避雷设备的高大物体。

8）如果在游泳，遇上雷雨要赶快上岸离开。

9）如果正在驾车，应留在车内。

10）在雷雨天气中，不宜在旷野中打伞；不宜进行户外球类运动；不宜在水面和水边停留；不宜快速开车、奔跑。

11）雷雨天气时，要注意关好门窗，以防侧击雷和球状雷侵入。雷雨天气时，最好把电器的电源切断，并拔掉电源插头。

12）雷雨天气时，不要使用带有外接天线的收音机和电视机，不要接打电话。

13）雷雨天气时，不要接触天线、煤气管道、铁丝网、金属窗、建筑物外墙等，远离带电设备，不要赤脚站在泥地和水泥地上。

14）不要在雷电交加时用喷头洗澡。

2. 雷击事故施救常识

当有人不幸遭到雷击时，最要紧的就是迅速抢救。大量的雷击抢救实践证明，有一部分遭到雷击后呈现死亡状态的人还未真正死亡，这就是人们通常所说的雷击"假死"现象。及时采取正确的抢救措施，往往可以"死而复生"。

对于遭到雷击的伤者，一般的抢救方法是进行人工呼吸和胸外心脏按压，即胸骨下部心脏按压与口对口吹气同时进行。当然，在实施这些力所能及的现场急救的同时，应立即将伤者送往医疗机构，或者及时呼叫120急救中心，请专业技术人员迅速施救。

另外，气象防雷专家还特别提醒大家：夏季外出郊游，最好携带非金属的防雨工具，如塑料雨衣；旷野中避雷时最好将身上的金属物取下，放在几米距离之外；打雷时避雨切忌狂奔，因为步子大了通过身体的跨步电压就大，容易受伤；不要随便在楼顶或屋顶设置金属天线，包括晒衣服的铁线，因为这些金属线容易引来雷击；当遇到强大的雷电时，应选择低洼处，双脚合并，低头蹲下。万一发生了不幸的雷击事件，要及时报警求救，同时为伤员或假死者做人工呼吸和胸外心脏按压，进行力所能及的抢救。

四、洪水危机及其应对

【案例2-28】 2012年7月21日至22日8时左右，中国大部分地区遭遇暴雨，其中北京及其周边地区遭遇61年来的最强暴雨及洪涝灾害。截至8月6日，北京已有79人因此次暴雨死亡。根据北京市政府举行的灾情通报会的数据显示，此次暴雨造成房屋倒塌10660间，160.2万人受灾，经济损失116.4亿元。

大城市的防范涝灾能力亟待提升。城市应该根据不同区域的地理条件、人口密度以及建筑物的分布，设定不同的防汛建设标准，不断加强城市地下管道的建设和配套管理，完善城市内涝防御应急体系建设。

洪水是指河、湖、海所含的水体上涨，超过常规水位的水流现象。

1. 洪水的预防

1）易受洪水淹没的地区，当有连续暴雨或大暴雨时，应注意收听当地气象台的洪水警报，注意水位变化，选择最佳路线和目的地撤离。

2）接到洪水预报时，应备足食品、衣物、饮用水、生活日用品和必要的医疗用品，妥善安置家庭贵重物品，可将不便携带的贵重物品做防水捆扎后埋入地下或放到高处，票款、首饰等小件贵重物品可缝在衣服内随身携带。

3）搜集木盆、木材、大件泡沫塑料等适合漂浮的材料，加工成救生装置以备急需。

4）保存好尚能使用的通信设备。收集手电、口哨、镜子、打火机、色彩艳丽的衣服等可作为信号之用的物品，做好被救援的准备。

2. 洪水危机应对

1）在野外，山洪暴发时，如果来不及转移，要就近迅速向山坡、高地、楼房、避洪台等地转移，等候救援人员营救。

2）在野外不要沿着行洪道方向跑，而要向两侧快速躲避；千万不要轻易涉水过河；不要游泳逃生，不要爬到泥坯房的屋顶上，更不可攀爬带电的电线杆、铁塔。

3）在室内，为防止洪水涌入屋内，首先要堵住大门下面的所有空隙。最好在门槛外侧放上沙袋，若无沙袋，可用麻袋、草袋或布袋、塑料袋，塞满沙子、泥土和碎石。如果预料洪水还会上涨，那么底层窗槛外也要堆上沙袋。

4）如果洪水不再上涨，应在楼上储备一些食物、饮用水、保暖衣物以及烧开水的用具；洪水到来时，来不及转移的人员，应立即爬上屋顶、楼房高层等高地暂避。

5）如洪水继续上涨，暂避的地方已难自保，则要充分利用准备好的救生器材逃生，或迅速找一些门板、桌椅、木床、大块的泡沫塑料等能漂浮的材料扎成筏逃生。

6）被山洪困在山中，要设法尽快与当地政府救援部门取得联系，报告自己的方位和险情，积极寻求救援。

7）如已被卷入洪水中，设法抓住固定的或能漂浮的东西，寻找机会逃生。

8）洪水水位未完全退却前，不要到易被淹没的地带活动，也不要到淹没地带围观。

9）在通过受淹道路和下穿式通道时，要注意观察水情，树立警示牌，防止别人误入深水区或掉进排水口。

10）洪水退后，要协助防疫人员做好食品、饮水卫生和疾病防疫工作。不能食用动物尸体，水饮用前要彻底煮沸。

3. 洪灾后卫生防病常识

1）洪水过后，要及时清除室内外淤泥、垃圾、积水，搞好环境卫生，防止蚊蝇滋生；要积极开展消毒、杀虫、灭鼠工作，预防疾病的发生和蔓延。

2）要开门开窗，通风换气，保持空气流通，预防呼吸道传染病。

3）要清理和保护饮用水水源，确保饮用水安全。

4）漱口以及洗瓜果、蔬菜、餐具和厨具的水要卫生，使用经消毒处理的水。

5）食物要煮熟，煮熟后应及时食用，不要生吃；不要食用被洪水浸泡过的食物。

6）不要食用被洪水淹死的家禽、家畜，要深埋处理，防止污染环境。

7）不吃来源不明、无明确厂名厂址、过期以及标识不清的食品。

8）浑浊的水，须经过滤、沉淀后，再消毒处理后使用。

9）不采集、不食用野菇等野生植物，防止中毒。

10）救灾疲劳后要注意休息，注意个人卫生；要防中暑、防受凉、防蚊虫叮咬。

11）不要随地大小便；不要乱扔垃圾。

12）清理淤泥、积水时，要避免长时间裸脚接触淤泥和污水，防止染上皮肤病。

13）生病要及时就医。发现传染病以及不明原因的疾病患者，要及时向当地卫生院、防疫站报告。消毒、除虫和灭鼠的方法应向当地卫生院、防疫站咨询。

五、台风危机及其应对

【案例 2－29】 台风桑美是自 1949 年新中国成立以来登陆我国最强的台风之一，具有强度大，雨量多的特点，登陆强度比 2005 年登陆美国的飓风卡特里娜还要大，严重影响了中国东部沿岸地区，造成了 196.58 亿人民币的损失。

台风，指形成于热带或副热带 26 摄氏度以上广阔海面上的热带气旋。世界气象组织定义中心持续风速在 12 级至 13 级（即 32.7～41.4 米/秒）的热带气旋为台风或飓风。

强劲的台风是一种常见的灾害天气。狂风能折断树木，掀倒房屋，刮断电线，伤害人畜。大风在城市的建筑物间还会产生一种"强风效应"，破坏房屋、掀翻广告牌和大树，甚至引发火灾。

1．台风预警信号

注意收听、收看气象预警信号，密切关注台风发展动向。

1）蓝色预警信号：24 小时内可能受热带低压影响，平均风力可达 6 级以上，或阵风 7 级以上；或者已经受热带低压影响，平均风力为 6 或 7 级，或阵风 7 或 8 级并可能持续。

2）黄色预警信号：24 小时内可能受热带风暴或强热带风暴、台风影响，平均风力可达 8 级以上，或阵风 9 级以上；或者已经受热带风暴影响，平均风力为 8 或 9 级，或阵风 9 或 10 级并可能持续。

3）橙色预警信号：24 小时内可能受热带风暴或强热带风暴、台风影响，平均风力可达 8 级以上，或阵风 9 级以上；或者已经受热带风暴影响，平均风力为 8、9 级或阵风 9、10 级并可能持续。

4）红色预警信号：6 小时内可能受台风影响，平均风力可达 12 级以上；或者已经受台风影响，平均风力已达 12 级以上，并可能持续。

2. 台风灾害的预防

1）台风季节，要随时留意当地的天气预报。若有台风警报，可准备好蜡烛、火柴、手电筒、干净的水和食物、防水胶布及塑料布备用。

2）台风季节，应及时加固门窗、围挡、棚架等易被风吹动的搭建物，妥善安置易被大风损坏的室外物品。

3）台风季节，不要将车辆停在高楼、大树、电线杆、广告牌等下方，以防玻璃、树枝部分被吹落或倒下，造成损坏。

4）在大风天气尽量不要外出。

5）狂风大作时常伴有雷电交加，此时应尽量拔下电器插头，电视天线引入线最好也要从电视机背后拔下。

6）用竹木、镀锌铁皮等材料搭建的房屋，室内人员在狂风暴雨来临前应及时躲避到安全处。

3. 台风危机应对

1）狂风中，不在大型广告牌和大树下停留；在工地附近行走时应尽量远离工地并快速通过，以防风中杂物的伤害。

2）在家中，屋顶瓦片被大风掀起时，暂时不要到室外查看，以免被坠落的瓦片砸伤；如果被雨淋湿衣服、手脚，则不要碰触电器开关。

3）驾驶机动车和非机动车应减速慢行，密切注意路况；风太强烈时可转移至桥梁下或涵洞中进行躲避。

4）行人在大风中逆行不稳时，可把衣服用带子扎紧，弯腰紧缩身体，慢慢前行；顺风时不要急跑，如眼和鼻中进沙，应及时清除后再继续行走。

5）骑车遇到强风时，应暂时停车进行躲避；停车时应远离楼房、广告牌和大树等。

6）当发现有被大风刮倒的房屋、广告牌和其他物品时，应拨打当地政府的防灾电话求救。

7）大风天气，应立即停止露天集体活动，并疏散人员；遇到危险时，立即拨打当地防灾电话求救。

8）立即停止高空、水上等户外作业。

9）当发现有人被压在倒塌物下时，应迅速将被压伤员救出险境。抢救时不可用力强扯硬拉，以免脊椎骨折者发生脊椎横断；救出伤员后，应立即清除口腔和鼻孔内的泥沙，以保持呼吸道通畅；对呼吸和心脏停止者，应立即进行现场的心肺复苏，口对口人工呼吸和胸外心脏按压；对发生出血、骨折者，进行止血、包扎、骨折处固定等处理，并立即送医院治疗。

六、高温天气及其应对

世界气象组织建议高温热浪的标准为日最高气温高于 32 摄氏度,且持续 3 天以上。中国气象学上一般把日最高气温达到或超过 35 摄氏度时的天气称为高温天气。

高温天气会给人体健康、交通、用水、用电等方面带来严重影响。

1. 高温天气的预防

1)注意收听高温预报,饮食宜清淡;多喝凉开水、冷盐水、白菊花水、绿豆汤等防暑饮品。

2)室内要注意应早晚通风,可在室内适当洒水以达到降温的目的;如在户外工作,可早出晚归,中午多休息。

3)准备一些常用防暑降温药品,如清凉油、十滴水等。

4)夏季炎热,衣着要宽大舒适,以通风透气性好、吸水性强的棉织物为宜。外出时的衣服尽量选棉、麻、丝类的织物,少穿化纤品类服装。

5)合理安排作息时间;睡眠时注意不要躺在空调的出风口和电风扇下,以免患上"空调病"和热伤风;空调温度应控制在与室外温差 5~10 摄氏度之间,室内外温差太大,反而容易中暑、感冒。

6)白天尽量减少户外活动时间,中午 12 时至下午 2 时之间最好不要外出。

2. 高温天气危机应对

1)高温外出时,应备好太阳镜、遮阳帽、清凉饮料等防暑用品;长时间外出还要准备好十滴水、清凉油等防暑药物。

2)乘车长途旅行时要适当站起来活动;改善臀部、背部的透气性,不要长时间靠、坐或睡觉,否则皮肤局部汗液排泄不畅及被汗液长时间浸渍后,易生痱子。

3)晒伤皮肤出现肿胀、疼痛时,可用冷水毛巾敷在患处,直至痛感消失。出现水泡时,不要去挑破,应请医生处理。

4)衣衫被汗浸湿后要及时更换。皮肤上的汗要及时擦干,还应注意皮肤清洁,勤用温水洗脸洗澡。

5)出汗后,应用温水冲洗,洗净擦干后,在局部易出痱子的地方适当扑些痱子粉,以保持皮肤干燥。

6)一旦发现他人中暑,应尽快将人移到阴凉通风处,将其衣服用冷水浸湿,裹住身体,并保持潮湿;或者不停地给其扇风散热并用冷毛巾擦拭身体,直到体温下降到 38 摄氏度以下;用冷水毛巾敷于头部,喂其喝冷盐开水,口服十滴水 5 毫升,太阳穴涂清凉油。

7)如果中暑者意识还比较清醒,应让其身体保持坐姿休息,给予头和肩部以支撑。

如果中暑者已失去意识,应让其平躺。给患者补充水分,一般来说口服补液盐就足够了,并且越凉越好。多次少量地喝,不要大口喝,以免导致呕吐,如果病情严重,需送往医院救治。

8)对于重症中暑者,应尽快先进行物理降温,如在额头上、两腋下和腹股沟等处放置冰袋,防止脑水肿,同时用冷水、冰水或者浓度为75%的酒精(白酒亦可)擦拭全身。如果病情严重,应及时送往医院。

小贴士

预防自然灾害歌

遇地震,先躲避,桌子床下找空隙,靠在墙角曲身体,抓住机会逃出去,远离所有建筑物,余震蹲在开阔地。

火灾起,怕烟熏,鼻口捂住湿毛巾,身上起火地上滚,不乘电梯往下奔,阳台滑下捆绳索,盲目跳楼会伤身。

洪水猛,高处行,土房顶上待不成,睡床桌子扎木筏,大树能拴救命绳,准备食物手电筒,穿暖衣服度险情。

下暴雨,泥石流,危险处地是下游,逃离别顺沟底走,横向快爬上山头,野外宿营不选沟,进山一定看气候。

阴雨天,生雷电,避雨别在树下边,铁塔线杆要离远,打雷家中也防患,关好门窗切电源,避免雷火屋里蹿。

龙卷风,强风暴,一旦袭来进地窖,室内躲避离门窗,电源水源全关掉,室外趴在低洼地,汽车里面不可靠。

对疫情,别麻痹,预防传染做仔细,发现患者即隔离,通风消毒餐用具,人受感染早就医,公共场所要少去。

珍爱生命重于山,防灾避险于未然,掌握技能常演练,祝愿人人保平安!

项目三　网络安全

项目导航

职业院校阶段是学生从一个非独立的青少年转变为一个能适应社会各种要求的社会人的重要时期。近几年来，有些青少年产生了"网瘾""网恋"等问题，严重影响了学业、生活和工作，妨碍了健康人格的形成，并给社会带来巨大伤害。

通过本项目的学习，应清楚地认识到网络上存在的各种不安全的隐患，学会在虚拟的网络世界中保护自己的利益；理智地对待各种诱惑，抵制不良思想的侵蚀；不能沉迷于网络游戏。

知识点 1　预防网络综合征

一、网络综合征定义及判断标准

【案例 3-1】　"我要变身，变成血龙就能打死他们……"17 岁的少年阿辉一边大喊，一边用指甲在手臂上抓出一道道血痕……这样的场景，几乎每天都发生在阿辉的家中，即白云区永泰附近城中村的一间出租屋内。心理医生说，这是阿辉长期上网成瘾所导致的精神障碍，称为习惯与冲动控制障碍，令他在某种强烈欲望驱使下，做出伤害自己或他人的行为。

【案例 3-2】　27 岁的王晓（化名）重点大学毕业后没考上研究生，男朋友又离她而去，遭受双重打击的她将全部的情感转移到网络中。整天把门一关，就是上网。父母想让她换个环境，可是到盘锦的亲戚家后，她见亲戚家里也有计算机，于是又玩了起来。毕业两年来，一直在家赋闲，也不出门找工作。

上述案例中的阿辉和王晓，由于沉浸在网络中的时间过长，随着乐趣的不断增强，而欲罢不能，难以自控，有关网络上的情景反复出现在大脑中，进而漠视了现实生活的存在。

1. 网络综合征的定义

网络综合征是人们由于沉迷于网络而引发的各种生理、心理障碍的总称。这是新近出现的疾病之一。网络综合征也称"互联网痴癖征",其表现为无节制地上网,不上网时情绪低落,对其他事物没有兴趣,生物钟紊乱,食欲下降,思维迟缓,不愿与人交往等。

2. 网络综合征的判断标准

如何判断一个人得了网络综合征?国外心理学家提出八项可以自我诊断网络综合征的标准。

1) 你是否觉得上网已占据了你的身心?
2) 你是否觉得只有不断增加上网时间才能感到满足,从而使得上网时间经常比计划的时间长?
3) 你是否无法控制自己上网的冲动?
4) 每当互联网的线路被掐断或由于其他原因不能上网时,你是否会感到烦躁不安或情绪低落?
5) 你是否将上网作为解脱痛苦的唯一办法?
6) 你是否对家人或亲友隐瞒迷恋互联网的程度?
7) 你是否因为迷恋互联网而面临失学、失业或失去朋友的危险?
8) 你是否在支付高额上网费用时有所后悔,但第二天却仍然忍不住还要上网?

如果你有 4 项或 4 项以上的表现,并已持续一年以上,那就表明你已患上了网络综合征。

二、网络综合征的应对

(1) 度——每天上网时间不超过 3 小时 网络的积极作用毋庸置疑,关键是要把握好一个"度"。建议青少年每天上网时间不要超过 3 个小时,而且要调整好上网的心态:利用网络来开阔视野、增长知识和扩大交往面,而不是将自己与现实世界隔离,发泄情绪。

(2) 自我控制——远离互联网上的色情、暴力内容 要注意远离一切色情、暴力性节目。儿童、青少年正处于成长发育时期,家长更应对他们注意监督,从严控制,以免色情、暴力等内容对其造成不良影响。

(3) 自我调节——舍得放弃网络上虚拟的东西 生活单调是人们患上网络综合征的主要原因之一,调查发现,部分网络综合征患者在初期都是认为"不上网时也没有什么感兴趣的事情做,不如就在网络上打发一下时间"。当现实生活不能满足心理需要的时候,他们才转向网络世界。

(4) 丰富业余文化生活——旅游、下棋、体育运动 据调查,业余文化生活丰富的人普遍对网络有较少的依赖感,对网络感兴趣的人普遍业余文化生活较为匮乏。丰富的业余文化生活,如旅游、下棋和体育运动等应该是医治网络综合征的良药。丰富的业余文化生活不仅可以休闲娱乐、健身,而且也可以消除工作带来的烦恼,拓展交际,增进情感交流及交友,人们可以通过业余文化生活结识许多不同身份、年龄、性别的人,丰富精神生活和增进相互间的感情交流。

（5）保持正常而规律的生活——上网要有明确的目的　一定要注意保持正常而规律的生活，不要把上网作为逃避现实生活问题或者消极情绪的方式。上网要有明确的目的，有选择性地浏览自己所需要的内容。

知识点 2　网络犯罪与网络安全

随着社会的进步与信息技术的发展，互联网已经成为人们工作和生活中必不可少的元素。当今时代，互联网已经全面渗入到国家安全、社会生产、民众生活的方方面面，提供着种种服务。"中国已成为名副其实的网络大国，截至 2018 年 12 月底，中国互联网用户达 8.02 亿，普及率为 57.7%。"而与此同时，互联网也带来了网络犯罪与网络安全问题，并且有愈演愈烈的趋势。各种网络违法犯罪活动频发，严重危害了网络安全，侵害人民利益。根据可靠资料显示，从 2008 年开始，中国的网络犯罪案件数量开始以年均 30% 的速度增长。

网络犯罪具有低成本性、虚拟性、全球性等特点，不法之徒利用这些特点在互联网上实施盗窃、诈骗、赌博、传播淫秽色情信息等，并日益猖獗。

【案例 3-3】　2013 年 7 月间，被告人许某某与卢某某共谋利用网络诈骗他人钱财，由卢某某提供便携式计算机、银行卡等作案工具，并租赁某酒店式公寓等处作为诈骗窝点，许某某负责在婚恋网站诱骗女性被害人投资"彩票"实施诈骗。

同年 8 月间，许某某在某婚恋网站上搭识苏某某并取得苏某某的信任，并谎称其是澳门彩票公司的主管，以有内幕消息可让苏某某中奖为由，诱骗苏某某"投注"人民币 1 万元。随后，卢某某以彩票公司经理的身份打电话通知苏某某中奖人民币 278 万元，并以需缴纳银行开户费等为由，骗取苏某某汇款人民币 6 万元。同月 18 日，卢某某又联系邱某龙（另案处理）冒充"香港金融管理局"的工作人员，以苏某某的奖金被"香港金融管理局"冻结，需要解冻费用等为由，骗取苏某某再次汇款人民币 8 万元，后卢某某让卢某凯（另案处理）到银行的自动取款机上取走其中的人民币 8 万元。

诈骗后，许某某分得人民币 12000 元。案发后，福建省漳州市漳浦县公安局向卢某某扣押人民币 15 万元退还给被害人苏某某。被害人苏某某对许某某表示谅解。

漳浦县人民法院经审理认为，许某某伙同他人以非法占有为目的，采用虚构事实、隐瞒真相的方法，骗取他人人民币 15 万元，数额巨大，其行为已构成诈骗罪。公诉机关指控的罪名成立。在共同犯罪中，许某某起次要作用，是从犯，且犯罪时不满 18 周岁，依法应当减轻处罚，以被告人许某某犯诈骗罪，判处其有期徒刑一年六个月。

网络犯罪的各种具体表现方式大致分为网络诈骗类、网络盗窃类、网络侮辱、诽谤类、网络淫秽类、网络黑客类、网络赌博、洗钱类等。

一、网络诈骗类

购物退款诈骗、二维木马诈骗、伪基站短信诈骗、网络兼职诈骗和百度搜索钓鱼网站诈骗等形形色色的网络诈骗充斥着我们的生活。网络诈骗即是通过网络进行的诈骗行为，是指犯罪分子利用网络骗取款额较大的公私财物的行为。网络诈骗应该是最"贴近"人们日常生活的一类网络犯罪，每个人都可能受到过网络诈骗的潜在威胁。而相对于一般诈骗，其手段通常较为新颖，让人稍有不慎就遭受损失。如下为网络诈骗的案例，同学们应注意防范。

【案例3-4】 远程协助——骗！

案例介绍：2018年6月14日，陈某在一家淘宝网店购买一台42寸标价2003元的电视机，但因操作失误多付了2003元。因退款心切，在客服的要求下，陈某添加了对方的QQ账户，让对方远程操控自己的计算机"帮助退款"，结果被对方分7次转走6万余元。

警示：千万不要让陌生人远程操作你的计算机。因为一旦启动远程操控，任何人都可以在异地通过网络控制你的计算机。另外，淘宝交易需要添加QQ账号进行沟通的，往往是诈骗。

【案例3-5】 钓鱼链接——骗！

案例介绍：2018年4月15日，小邵在一家淘宝网店看中一辆摩托车，与店家一番讨价还价后，双方决定以4000元的价格达成交易。小邵拍下宝贝后，店家称淘宝上无法修改交易价格，另发了一个支付链接。小邵通过该链接付款后，店家就失去了联系，小邵这才发现被骗。

警示：小心别中钓鱼链接的招。网络购物，尤其付款时，务必仔细核对网址，认清购物网站的域名，不要轻易点击对方发来的链接。

【案例3-6】 低价陷阱——骗！

案例介绍：2018年1月，徐某无意中进入一个买卖二手车的网址，发现其中一辆本田CRV车只要13000元。徐某心动不已，随即联系网站客服，按照对方要求填写信息并通过网银转账500元订金。2天后，对方告知押车员已将车子运送至天台县，要求徐某支付余款12500元。徐某打款后兴冲冲等着去提车，结果对方又找各种理由要求他再付16870元，徐某这才恍然大悟自己是被骗了。

警示：网上购物请选择正规网站，不要轻信虚假网站和论坛等发布的所谓超低价促销信息。此外，要求通过银行等直接汇款的大部分为诈骗，务必警惕。

【案例3-7】 兼职"刷信誉"——骗！

案例介绍：2018年暑期，琳琳在QQ群里看到一则兼职赚佣金的广告，一时心动，她加了对方的QQ账号,填了"兼职申请表"。随后,被所谓8%的佣金所诱惑,在对方的步步引导下,琳琳陆续刷了120单用于购买游戏充值卡,直到卡里钱被刷完。可是琳琳左等右等都没有等到返款到账消息,而对方的QQ账号离线了!琳琳这才恍然大悟,钱没赚到,反而被骗了1万多元。

警示:仅通过QQ或者电话联系的招聘往往是诈骗,需要你先付钱的往往是诈骗。这些需要"刷信誉"的网站实际上都是一些无法退款的虚拟商品交易网站,一旦被骗,投诉无门。

【案例3-8】 中奖、贷款、办信用卡——骗!

案例介绍:2018年8月,裘某在网上看到一则无抵押贷款广告,于是联系对方表示想要贷款10万元。对方要求裘某先办一张银行卡并存入9000元"保证金",随后对方又向裘某索取了银行卡号、密码及验证码。当天晚上,在对方的要求下,裘某又给对方银行账号转入1万元"手续费"。交了近2万元的服务费,贷款却迟迟没有动静,后来对方甚至无法联系,裘某这才意识到自己是被骗了。

警示:请通过正规渠道贷款、办理信用卡。切勿轻信"无抵押贷款""办理信用卡""网络中奖"等诱惑性信息,需要你先拿出钱财的一定要警惕。

【案例3-9】 投资发大财——骗!

案例介绍:2018年2月,华某看到一则炒股广告,称登录某网站申请会员,即可获得牛股,日获利不低于7%。华某联系对方申请了会员并付了2万元到对方账户,第二天果真得到了21200元返款。随后,在一名指导分析师的引诱下,华某又陆续给对方打款46万元,结果这次对方没有返款,人也消失了。

警示:目前,各类金融投资类钓鱼网站已成欺诈主流之一,所谓的"会员制""天天返利""高额回报""翻倍分红"实为欺诈,一旦败露,骗子就关闭网站,遁逃无踪。

以上这些都是近年来出现在人们身边的网络新骗术,需要加强防范,以防一时疏忽造成财产损失。

小贴士

网络防骗顺口溜

飞来大奖莫惊喜,反复套钱洞无底;
网络中奖真够狠,奖品多是笔记本;
领奖先要手续费,买个教训实在贵。
网络购物陷阱多,安全支付很重要;
真假网店难分辨,购物不慎就被骗;

以次充好货难验，拿钱就跑最常见；
不明来电别轻信，家庭情况要保密；
实在难分真和假，多方求证长心眼。

二、网络盗窃类

【案例3-10】 2015年5月14日，江苏省徐州市睢宁县淘宝卖家王某到公安机关报案，称其支付宝账号内余额被盗3996元。江苏徐州公安机关侦查发现，犯罪嫌疑人以定做家具名义向受害人的QQ账号发送伪造成图片样式的木马程序，利用该木马程序将受害人支付宝账号内的余额盗走。该木马程序具有远程控制、键盘记录、结束进程等功能，并且可以避免被主流杀毒软件发现。用户一旦被植入木马程序，用户计算机即被嫌疑人监控，当受害人登录网银、支付宝等网站时，即可获取受害人的账户密码等信息。

网络盗窃也就是通过网络进行的盗窃。与传统盗窃的区别是，网络盗窃利用了网络信息技术，往往通过盗窃账号密码、种植木马、黑客行为等方式，将数据化的财务货币占为己有。网络盗窃的对象既有数据化的现实货币也有网络虚拟财产，网络虚拟财产虽然具有虚拟性、局限性等一些不同于现实中财产的特征，但网络虚拟财产具有价值与使用价值，凝结了无差别的人类劳动。因此虚拟财产应列入网络盗窃的犯罪客体，受法律保护。当今的网络盗窃越来越技术化与组织化，经常为团伙作案，专业的网络技术人员也参与其中，利用"先进技术"来进行犯罪。

三、网络侮辱、诽谤类

【案例3-11】 2011年7月，甬温线动车事故善后处理期间，秦某为利用热点事件进行自我炒作，提高网络关注度，使用昵称为"中国秦火火_f92"新浪微博账户，捏造并散布原铁道部向"7.23"甬温线动车事故中的外籍遇难旅客支付3000万欧元高额赔偿金。该微博被转发11000次，评论3300余次，引发大量网民对国家机关公信力的质疑，对事故善后工作的开展造成了不良影响。

北京市朝阳区人民法院认为，秦某在信息网络上捏造事实，诽谤他人，情节严重，其行为已构成诽谤罪；其在重大突发事件期间，在信息网络上编造、散布对国家机关产生不良影响的虚假信息，起哄闹事，造成公共秩序严重混乱，其行为又构成寻衅滋事罪，依法应予以惩处并数罪并罚。鉴于其归案后能如实供述所犯罪行，认罪悔罪态度较好，对其所犯诽谤罪、寻衅滋事罪均依法予以从轻处罚。判决秦某犯诽谤罪，判处有期徒刑2年；犯寻衅滋事罪，判处有期徒刑1年6个月，决定执行有期徒刑3年。

网络侮辱是指在网络上对被害人公然贬低人格，破坏其名誉的行为。网络诽谤则是指在网络上故意捏造并散布虚构的事实，破坏他人名誉的行为。两者同为破坏他人名誉的犯罪，区别在于网络诽谤使用虚构的事实并传播，而网络侮辱则直接对被害人言语暴力。最常见情形如下：捏造损害他人名誉的事实，在网络上散布，或者组织、指使人员在网络上散布；在网络上指名道姓肆意辱骂他人，情节严重。现在某些网络推手肆意炒作，污染网络空间，对网络环境造成极大破坏。利用网络捏造大量看似真实的事件来扰乱网络秩序，破坏社会稳定，制造扭曲的社会价值观，甚至把网络民众当作造谣的工具来利用。

四、网络淫秽类

【案例 3-12】 快播公司自成立以来，公司主管人员王某、吴某、张某、牛某以牟利为目的，在明知其公司免费上传到国际互联网的 QVOD 媒体服务器安装程序及快播播放器被网络用户用于发布、搜索、下载、播放淫秽视频的情况下仍予以放任，导致大量淫秽视频在国际互联网上传播。

2016 年 9 月 13 日，快播涉传播淫秽物品案在海淀法院进行正式宣判。快播公司 CEO 王某获刑 3 年 6 个月，张某、吴某以及牛某等三人获刑 3 年 3 个月，快播公司被处罚金 1000 万元。

网络淫秽主要指利用网络复制、传播、贩卖淫秽物品的行为，以传播淫秽物品最为常见，近期则出现利用网络组织卖淫，进行淫秽色情表演等犯罪行为。具体表现形式有建立黄色网站、论坛，开设色情视频聊天室，通过聊天工具传播卖淫信息等。网络淫秽类犯罪一方面破坏了国家对淫秽物品的管理秩序，污染社会环境，严重影响未成年人身心健康，另一方面其往往内含其他网络犯罪，例如传播病毒、盗取账号密码、破坏计算机系统等，并通过广告位、流量赚取不菲广告费等。

五、网络黑客类

【案例 3-13】 被告人耿某在 2015 年至 2016 年间，于江苏省扬州市通过互联网以利用计算机漏洞植入木马的方式，非法控制计算机信息系统后出租给他人，以牟取不法利益。经勘验，耿某于 2016 年 1 月 29 日非法控制计算机信息系统 50 台。

李某是德州扑克游戏的玩家，他在租用耿某的服务器后，连续对联众的一个端口发送数据包，致使联众的德州扑克游戏短暂停止，李某利用这个游戏停止的空间，下注玩游戏，其对家因为服务器断开自动放弃，其因此赢钱。

北京市海淀区人民检察院指控被告人耿某犯非法控制计算机信息系统罪、被告人李某犯破坏生产经营罪的事实清楚，证据确实充分，指控罪名成立。鉴于被告人耿某、李某在到案后及在庭审过程中均能如实供述犯罪事实，认罪态度较好，法院依法对其均予以从轻处罚。

法院判决被告人耿某犯非法控制计算机信息系统罪，判处有期徒刑一年六个月，罚金人民币二万元；判决被告人李某犯破坏生产经营罪，判处有期徒刑十一个月。

此类犯罪为网络犯罪所独有，不同于任何传统犯罪。黑客来源于英文"Hacker"，是指利用计算机技术，秘密窥视或改变他人计算机系统的人。在网络诞生初期，"Hacker"曾是褒义词，指一些热衷信息技术、水平超高的计算机专家。但随着网络技术的发展，一些黑客出现了转变。他们以非法侵入计算机系统为乐，随意获取他人信息，肆意控制、破坏计算机系统，对他们来说网络上的一切资源信息都应该是共享的、不设防的，网络是绝对自由的。关着的系统对黑客是一种挑衅，锁着的系统对他们则是侮辱。黑客类犯罪严重威胁国家安全与企业安全，扰乱网络秩序，使信息无法安全存储。更严重的是现在不乏利用黑客技术实行其他网络犯罪的行为，如利用木马病毒进行网络盗窃、诈骗。

面对黑客类网络犯罪的新兴，2011 年，最高检最高法联合发布了《关于办理危害计算机信息系统安全刑事案件应用法律若干问题的解释》，该解释明确规定黑客非法获取支付结算、证券交易、期货交易等网络金融服务的账号、口令、密码等信息 10 组以上，可处 3 年以下有期徒刑等刑罚。

六、网络赌博、洗钱类

【案例 3-14】 2017 年初，杭州战鱼互游网络科技公司开发的 APP"战鱼德州圈"涉嫌网络赌博，警方迅速成立专案组开展侦查工作。经查，该平台自 2016 年 4 月正式上线运行，注册用户共计 10.8 万多人，遍布全国 80 多个地市，涉案金额上亿元。犯罪团伙搭建游戏平台，以部落、俱乐部形式出售虚拟货币、获取抽头等方式非法牟利，玩家购买虚拟货币参与赌博活动。2017 年 8 月，杭州警方在杭州、温州、上海、邯郸等地统一开展抓捕行动，先后抓获犯罪嫌疑人 102 人，其中刑事拘留 42 人。

警示： 按照规定游戏公司只能发行游戏币，供游戏玩家正常娱乐使用，但是游戏公司在这个过程中组织他人进行买卖、回收游戏币，游戏币即为筹码，游戏公司即为庄家，整个游戏平台就变成了一个赌场，所有参加这个游戏的玩家，只要进行了买卖，便构成了赌博行为。

网络赌博又称网络博彩，是在互联网上进行赌博的行为。网络洗钱就是利用网络，通过各种手段，将非法来源资金转化为合法来源资金，而网络赌博本就是网络洗钱的手段之一。网络赌博、洗钱破坏了社会管理秩序与金融管理秩序，与传统赌博洗钱行为相比更加突出了隐蔽性、低成本性和危害性。网络赌博一般把网站服务器设立在境外，赌博平台具有国际性，而玩家来自世界各地，参赌人员众多且越来越年轻。网络赌博不仅仅造成了治安问题，也使国内资金流失，是网络洗钱的最佳手段之一。网络赌博看似公平，实则与传统赌博一样，永远是庄家赚取大笔金钱。同时，网络赌博容易引发其他刑事案件。

网络洗钱利用了网络本身的匿名性，虚拟性使洗钱行为变得前所未有的简单方便，突破了以往地域、成本的限制，让洗钱行为更难被追查。

因此，必须要建立自我保护的意识，学会抵抗网络上的各种不良诱惑，保护好自己的利益不受侵害，同时遵法守法，不去做一些网络犯罪的事情来危害社会的稳定，使网络更好地为自身服务，做到健康上网、绿色上网、文明上网、上网守法。

七、网络安全的相关法律、法规

1.《中华人民共和国刑法》

第二百六十四条　盗窃公私财物，数额较大的，或者多次盗窃、入户盗窃、携带凶器盗窃、扒窃的，处三年以下有期徒刑、拘役或者管制，并处或者单处罚金；数额巨大或者有其他严重情节的，处三年以上十年以下有期徒刑，并处罚金；数额特别巨大或者有其他特别严重情节的，处十年以上有期徒刑或者无期徒刑，并处罚金或者没收财产。

第二百六十六条　诈骗公私财物，数额较大的，处三年以下有期徒刑、拘役或者管制，并处或者单处罚金；数额巨大或者有其他严重情节的，处三年以上十年以下有期徒刑，并处罚金；数额特别巨大或者有其他特别严重情节的，处十年以上有期徒刑或者无期徒刑，并处罚金或者没收财产。本法另有规定的，依照规定。

第二百八十七条　利用计算机实施金融诈骗、盗窃、贪污、挪用公款、窃取国家秘密或者其他犯罪的，依照本法有关规定定罪处罚。

2.《中华人民共和国治安管理处罚法》

第四十二条　有下列行为之一的，处五日以下拘留或者五百元以下罚款；情节较重的，处五日以上十日以下拘留，可以并处五百元以下罚款：

（一）写恐吓信或者以其他方法威胁他人人身安全的；

（二）公然侮辱他人或者捏造事实诽谤他人的；

（三）捏造事实诬告陷害他人，企图使他人受到刑事追究或者受到治安管理处罚的；

（四）对证人及其近亲属进行威胁、侮辱、殴打或者打击报复的；

（五）多次发送淫秽、侮辱、恐吓或者其他信息，干扰他人正常生活的；

（六）偷窥、偷拍、窃听、散布他人隐私的。

知识点3　职业院校学生沉迷网络的危害及预防对策

互联网是一把"双刃剑"，在开启了一种全新的文化空间的同时，也对法律、道德带来了新的挑战，直接影响到职业院校学生的生活方式、价值观念和行为方式。在对某校学生上网的调查中，约有68%的学生上网为了玩游戏，20%的学生上网为了聊天。由于大部分学生有着求新求异、追求娱乐的强烈需求，互联网络的新奇性、虚拟性、游戏性正好满足其心理需求。学生的身体和心理状况还不成熟，具有意志力较差、对各类诱惑缺乏抵抗力、生活阅历较浅等特征,因此,学生上网的时候,很容易沉溺于网络世界,有的学生甚至因此而荒废了学业,引发了众多社会问题。

【案例 3-15】 欣某是某职业学校的学生,父母在外打工,他与爷爷奶奶住在一起。在他很小的时候父母就给他买了手机,他就在手机上玩一些小的益智游戏。进入职业学校之后,便寻找时间去网吧打游戏。慢慢地,家里给的零花钱已经无法满足他上网打游戏的需要。一天晚上,他从游戏厅里出来,路过一家超市,店主睡着了。欣某慢慢地走进超市,在收银台翻找钱,不料惊醒了店主。欣某很恐惧,拿起身边的凳子朝正想起身的店主砸了过去。店主的头被砸破了,流血倒在了地上,欣某害怕地跑了出去,在村外的庄稼地里躲了一天一夜,后来回家后投案自首了。

警示:这是一起职业院校学生因迷恋网络游戏而引发的案件,涉及故意伤害他人,应负刑事责任。互联网的内容丰富庞杂,良莠不齐,有些内容会对未成年人的人生观、世界观和价值观构成潜在的威胁。一些青少年沉迷网游,荒废学业,甚至发生盗窃、诈骗、抢劫等违法行为。

一、职业院校学生沉迷网络的危害

网络对职业院校学生的危害主要来自于游戏和聊天工具等途径。许多学生一旦接触网络,便深陷其中而不能自拔,沉迷网络的危害主要表现在如下几个方面。

1. 生理的伤害

由于上网持续时间过长,大脑神经中枢持续处于高度兴奋状态,引起肾上腺素水平异常增高,交感神经过度兴奋,血压升高,体内神经递质分泌紊乱。这些改变,会使机体免疫功能降低,从而诱发种种疾病,如心血管疾病、胃肠神经官能症、紧张性头痛、焦虑症和抑郁症等。同时,由于眼睛长时间注视计算机屏幕,视网膜上的感光物质视红质消耗过多,若未能补充其合成物质维生素 A 和相关蛋白质,就会导致视力下降、眼痛、怕光、暗适应能力降低等。尤其对正在发育的青少年来说,过度使用网络,可能会导致骨骼发育不良,感知能力和动作协调能力下降等。再加上网吧内空气混浊,环境条件极差,严重影响着学生的身体健康,对身体造成极大伤害。

2. 心理的损害

有人说,学生学习负担重,心理压力大,能在网上找个忠实的听众聊天,心情可以得到放松。但实际上,许多未成年人一旦上网,便无法把握,对网络产生很强的心理依赖,轻者影响学习和身体,重者致使心态扭曲、心理变态。长期上网会引发青少年网络孤独症,具体表现为人际情感淡漠,对现实社会产生不认可甚至逃避的心理;"网恋"和网络聊天会引发青少年的感情纠葛,导致各种情感问题;上网时间过长,还会导致网络成瘾,使青少年变得孤独、敏感、忧郁、警觉、不服从社会规范，甚至出现精神障碍、自杀等情况。

3. 滋事生非，诱发犯罪

为了得到进网吧的钱，有的学生结伙敲诈，有的学生偷盗抢劫，因此打架斗殴的事件经常发生。有的网吧经营者唯利是图，向过夜未成年人提供饮食住宿，为家庭和社会带来了不安定因素。网络中的内容良莠不齐，尤其是一些不符合社会主义核心价值观的内容，对于仍处于人生观、价值观和世界观成形期的青少年来说，易使其误入歧途，走上犯罪的道路。

4. 荒废学业、影响前途

学生一旦花费过多的时间沉迷于网络，过分迷恋虚拟世界，便会精力不足，无心上课，学习成绩大大下降，出现旷课、逃学等现象。有一位学生写道："该死的网络游戏，你夺走了我的学业、夺走了我的大学，我咬牙切齿地恨你！但我就是不能自控！"还有位同学这样说："我一闭眼，就能看到键盘，手指碰到任何物体都有鼠标的感觉。"我们无法真正进入他们的内心世界去体味他们的感受，但可以看到他们那通红的眼睛和疲惫的状态。

5. 隐患重重、危及安全

社会上的许多网吧未请专业人员安装设备，其营业场所中的计算机安放密集，计算机走线、安全出口的设置等都存在着不同程度的安全隐患，严重威胁到上网者的人身安全。

二、职业院校学生沉迷网络的预防对策

充分发挥网络积极作用，引导青少年趋利避害是一项长期复杂的系统工程，需要全社会各个层面的不懈努力和共同协作。

1. 政府重视、措施得当

（1）出台政策、推进网络的法治化　我国政府为了严格管理信息活动，避免在信息活动中的违法行为，相继出台了《中华人民共和国计算机信息网络国际联网管理暂行规定》《中华人民共和国未成年人保护法》《中华人民共和国预防未成年人犯罪法》《娱乐场所管理条例》《互联网上网服务营业场所管理条例》等法律法规。共青团中央、教育部等部门联合发布《全国青少年网络文明公约》，并在全国开展宣传公约的活动。教育部在发布《关于加强对教育网站和网校进行管理的公告》之后，又发布了《教育网站和网校暂行管理办法》，这对规范网络和网络教育活动起到了积极的作用，对于净化网络环境、规范网络行为具有非常重要和深远的意义。

(2) 加强监管，建设健康网络体系　政府有关部门应加强对网站建设的监管，制定有关政策、法规，引导和规范网站建设，严厉监控和打击非法经营的、利用网络传播消极、黄色、谬误，甚至是反动内容和信息的网站。要切实加强对网吧的管理，加大整治力度，认真落实未成年人不得进入营业性网吧的规定，净化网络空间，为青少年的健康成长营造绿色网络环境。要对"黑网吧"进行全面整顿，取缔侵害青少年身心健康的非法网吧。要加大对网吧经营者的培训和宣传力度，通过举办培训班、发放宣传资料等方式，大力宣传相关的法律法规，使经营者在网吧经营中学会知法、守法和用法。

2. 社会合力，创设良好环境

（1）积极构建青少年绿色上网通道　积极争取相关部门的支持，开通专用上网通道，在网络接入时，通过技术手段对反动、黄色、封建迷信等内容及黑客攻击、病毒感染等进行查堵，屏蔽和过滤不良站点，同时可监控上网记录，控制上网时段及上网时间，避免青少年因长时间上网造成的负面影响，并保证低廉的上网资费，保持价格吸引力，消除家长对上网资费的顾虑，使互联网能够更好地服务于更多的青少年，使之成为国际互联网的一条青少年绿色上网通道。

（2）开辟青少年网站，占领网络阵地　互联网是一个正在迅速发展的新型媒介，如果任由商业网站来传播其价值观念，必将对青少年的成长有着不良的影响。建设一批健康、文明，尤其是对青少年能起正确导向作用且富有吸引力的网站，是进行网络文明建设的重要方面。要根据青少年群体的特点，通过学习、就业、交友、心理咨询、法律援助、网上竞赛、网上论坛等青少年喜闻乐见的内容和形式，服务青少年、凝聚青少年，从而建立吸引青少年的强势网站，更好地发挥自主阵地的作用，使青少年提高明辨是非的能力，增强政治敏锐性和鉴别力，从而得到健康成长。

（3）尽快建立适应青少年的道德规范　在信息时代，传统的道德规范已无法适应网络对青少年德育发展的需要，引发了大量道德失衡的行为。因此，实施网络伦理、道德规范是目前网络社会所必需的。采取有效的德育传播策略来加强和改进现有的德育工作，同时强化青少年的网络道德教育、网络思想渗透，帮助青少年增强对网络文化的识别能力、自律能力、抗诱惑能力，使他们自觉地履行网络规范，培养出自觉的网络意识、道德意志和道德责任。

3. 发挥学校教育优势对学生进行正确引导

（1）积极引导，增强免疫力　学校要培养学生的判别能力和批判意识，教给学生掌握辨别真假信息的标准和方法，使他们能在浩如烟海的信息大潮中，去伪存真，发挥他们的自我教育功能，自觉抵制那些庸俗、低级、劣质、反动信息的侵蚀和诱惑，自觉遵守网络的规则，并积极同形形色色的不良网络行为做斗争，从而避免种种困惑、失落与盲从。

（2）主动出击、变"害"为"利"　积极开展网上正面引导，主动发布健康上进的信息，开展热点、焦点问题的讨论，传递正确的思想舆论，展开正面的宣传攻势。学生面对纷繁复杂的社会，不敢面对现实社会中的一些问题，有心事不敢或不愿向教师、家长和同学诉说，一旦进入网络世界却会尽情倾诉。大部分学生容易在网络中暴露自己的真实想法，这就为了解学生的真实情况，掌握学生的思想动态，为进行有目的、有针对性的教育提供了便利条件。

（3）因势利导、以"导"代"堵"　建立健全上网规章制度，发挥教师的指导、主导作用，因势利导，帮助学生正确认识网络世界的各种问题与现象，提高学生判断信息和选择信息的能力。设置网络过滤平台，对网络内容进行监控，最大限度地发挥网络的积极作用。要对学生认识网络、使用网络进行正确引导，改变学生上网主要倾向于网络游戏和聊天的不良习惯，把其兴趣转移到提高计算机应用能力上，从而培养高水平的网络爱好者，同时要培养学生的科学、健康的上网习惯，使其自觉抵制各种不健康、不文明的内容和行为的侵蚀。学校应充分利用校园集体生活的特点，大力开展丰富多彩的课余文化生活，组织青少年社团，吸引青少年对健康、科学、积极的社会生活和文化活动的兴趣，培育青少年的健全人格和健康心理。

（4）三位一体，群策群力　为帮助学生增强网络安全防范意识和网络道德意识，引导他们文明上网，还要发挥家长的重要作用，建立家庭、学校与社会三位一体的全方位的立体培育与监督体系，对他们进行网络道德教育。家长除了平时要重视培养学生的适应能力、耐挫力、自信心、好奇心和探索精神之外，还要让他们明确上网以学习知识为目的，安排足够时间让他们参与社会活动，控制上网时间，加密锁定不良网站，防止上网成瘾。社会教育机构应负起净化和优化网络环境的责任，积极推进网吧行业经营管理的规范化，努力形成积极、健康的网络文化氛围。面对网络教育的负面效应，政府要出台相关的法律法规，启动网络道德教育工程，以适应新型社会条件下道德建设的需要。学校、家长、社会应义不容辞地承担起网络道德教育的责任，发挥全社会对学生网络教育的作用。

总之，网络将在职业院校学生的生活中占有主要的位置，家庭、学校和社会必须防患于未然，对他们实施正确的网络道德教育。通过网络道德教育，使职业院校学生正确认识和使用互联网，成为网络技术的主人，让互联网活跃在他们的生活中。

项目四　公共安全

项目导航

面对复杂多变的社会环境，由于学生仅有有限的社会阅历和生活经验，往往容易受敲诈、勒索、抢劫、绑架、自然灾害、意外事故和社会不良行为的侵害。因此，学生自我保护意识的提高，自我保护方法和技巧的获得，就显得尤为重要。

毒品、艾滋病、暴力犯罪像瘟疫一样成为当代社会的"国际公害"。其中，毒品犯罪更是以其极大的危害性困扰着世界上许多国家。

作为一名学生，应该认识到赌博带来的危害，自觉抵制赌博现象。

近年来，职校学生遭遇网络金融诈骗的问题十分突出。一些网络借贷平台采取虚假宣传、隐瞒实际资费标准等手段，向校园拓展业务，诱骗在校学生过度消费，甚至陷入高利贷陷阱。

通过本项目的学习，了解校园常见骗术及其应对方法；了解毒品的危害，掌握远离毒品的方法；掌握防范性侵害的方法；了解艾滋病的传播途径，掌握其防范方法；学会正确对待艾滋病患者；了解赌博的危害及远离赌博的方法。

知识点1　提高警惕，防范诈骗、敲诈与抢劫

一、预防诈骗

【案例4-1】　某个星期天下午，校外某一公交车站台旁，一名男生正在等待公交车回学校。此时一个骑摩托车的青年男子跟他说自己没有带电话，但有急事需联系朋友，想借手机用下，该男生想都没有想就乖乖地把电话借他，结果那男子接过电话后，立刻骑车掉头跑掉，这时男生才知道自己上当受骗了。

警示：该男生缺乏防骗意识，容易轻信他人，缺乏警惕性。因此，在日常生活中，要提高防范意识，学会自我保护。

1. 常见的诈骗术

（1）"传销"诈骗术　传销是指一些不法分子向自己熟悉的人，如家人、同学、同事和邻居等游说，要他们交纳高额入会费或认购昂贵的假冒伪劣商品，加入到传销队伍。绝

大部分传销人员不仅没有挣到钱,到最后甚至血本无归,有些人倾家荡产,妻离子散。

(2)"贪利求廉"诈骗术　有些诈骗分子利用人们贪图便宜的心理,以高利集资为诱饵,促使人们上当受骗。也有些诈骗分子利用人们经验少,又追求物美价廉的特点,上门推销劣质产品,以次充好。

(3)"交友"诈骗术　诈骗分子常利用一切机会与人们拉关系,在骗取信任后寻机作案。如通过网上交友骗取信任,而后编造谎言进行诈骗;以恋爱为名进行诈骗;编造学生在学校受到意外伤害,对学生家长及亲属实施诈骗等。

【案例4-2】　学生郑某从广州乘火车回学校。乘火车途中与邻座人员闲聊,两人聊至兴处,该陌生人向郑某索取其通讯方式以示友好,以备今后联系,郑某当时没有起疑,便将其家中弟弟电话告知。该陌生人在途中下车后,随即给郑某弟弟打电话,骗说郑某途中被劫,并遭打致后脑部中伤,现在某医院治疗,需要做紧急手术,他是该院院长。由于郑某家庭偏远不能及时赶到,该陌生人要求郑某家里电汇两万元款到他给的账号,郑某家人心急如焚,向该陌生人提供的账号电汇近万元,随后向学校询问情况,学校老师随即和某医院联系,该医院有关同志告知并无此事,并说这种情况已经发生几次,肯定是骗局。郑某家中事后发现电汇给陌生人的钱很快被取走。等到郑某回校后,安然无恙,方知被热情陌生人诈骗。

警示:不要轻易相信陌生人,一定要保管好自己的存折、银行卡、密码和身份证,不要轻易示人或借给陌生人。另外,千万不要相信手机短信中的中奖信息而被人诈骗。

(4)"破财消灾"诈骗术　这类诈骗常以家人可能有"血光之灾"为由,逐步攻克受害人的心理防线,而后以祈福消灾等迷信手段诈骗财物,并忠告受害人不得告诉任何人,否则就不灵验了。

(5)"拾获贵重物品"诈骗术　诈骗分子常在选定的行骗目标前拾获贵重物品,并提出平分,但要求先垫付现金,而后借机调包或逃之夭夭。

(6)"易碎品"诈骗术　诈骗分子趁行人经过身边时,故意将自己的眼镜、瓷器等易碎物品扔到地上,然后找各种理由诈骗高额赔偿。

(7)"网络"诈骗术　诈骗网站往往伪造腾讯、淘宝等国内著名网站的页面,与真实网站一模一样,并以高额奖金为诱饵骗网民入套。

(8)"短信、电话"诈骗术　诈骗分子利用人们的公开信息,对其亲朋好友进行短信、电话诈骗。

近些年,各大卫视的综艺真人秀节目炙手可热,例如《奔跑吧兄弟》《我是歌手》《爸爸去哪儿》等,诈骗分子利用此进行诈骗:"尊敬的手机用户您好!恭喜您,您的手机号码已被××卫视×××栏目组的真情回馈活动抽为场外幸运号码,奖品为×××,请致电×××或登录×××进行领取。"遇到这类短信,一定要记住"天下没有免费的午餐",目前主流的电视节目活动都很公开,互动普遍集中在微博、微信,已经很少有短信互动了,因此应分辨出此类短信为诈骗。

【案例4-3】　　江苏省南京市某中职学校学生林某刚在淘宝网上付过款,半小时后,她接到一个陌生电话:"你好,是林某吗?我是支付宝中心话务员。"电话中传来一个男子的声音。林某见对方叫出了自己的真实姓名,便放下了心中的疑虑。对方说:"刚才支付宝交易中心系统突然发生故障,你的支付行为没有成功,系统暂时冻结了你的银行卡。"

林某连忙问对方应该怎么办,对方告诉她,要到工商银行网上银行去解冻,但要先在官网上开通e支付。林某按照对方提示的操作方法进行"解冻",但是操作了3次,系统都提示错误。这时,对方提出帮林某解冻。林某不假思索地就将银行卡号报给了对方。过了几分钟,对方告诉林某,她的这张卡没有解冻功能,如果要开通解冻功能的话,账户里至少得有1000到2000元,但开通是免费的。林某虽然心存疑虑,但考虑到他说的开通服务费是免费的就放下心来。她卡里没有那么多钱,只好从另一张卡里取出1000元后存到被"冻结"的工商银行卡里面。不久,她的手机接到一条短信,内容是支付宝发来的银行卡被支取200元的动态验证码,对方让林某提供给他,并说是要把卡上的钱先转到支付宝的一个安全账户上,等银行卡解冻之后再转给她。过了半分钟,林某手机收到一条被支取1000元的动态验证码,对方还是以同样的理由让林某说出了验证码。此后,林某越想越不对劲,赶紧给对方回拨手机,可号码根本打不通。这时,她意识到自己被骗了,连忙报警。

(9) 常见的校园骗术

1) 假冒身份。诈骗分子往往利用假名片、假身份证与人进行交往,通常采用游击方式流窜作案,财物到手后立即逃离。

2) 失踪战术。一些骗子利用学生社会经验少、法律意识差、急于赚钱补贴生活的心理,常以公司名义让学生为其推销产品,事后却不兑现酬金而使学生上当受骗。

3) 设置招聘陷阱。诈骗分子利用学生勤工俭学这一机会,用招聘的名义对一些学生设置骗局,骗取介绍费、押金、报名费等。

4) 以"求助"行骗。此类诈骗以一男一女结伙作案为主,部分不法分子还驾驶车辆作案,以使其谎言更逼真,更令人信服。

5) 以"中奖"行骗。作案流程为:打事主电话→冒充某公司人员称事主的手机中了现金大奖→事主拨打联系电话→自称该公司的某主任,称领奖前必须先交纳手续费→留下银行账号及账户名→收到事主汇款后再次拨打事主手机,编造其他理由(交纳税费、公证费、转账费等)让事主再次汇款→如果事主继续汇款就不断编造理由,直到事主发现被骗。

【案例4-4】　　钟某利用在互联网上购买的QQ号码向被害人王某某的QQ号码发送虚假中奖信息,称王某某已获得腾讯公司周年庆典二等奖的奖品,1台三星笔记本式计算机及奖金 4.8 万元，王某某向虚假中奖信息中的联系方式打电话询问，被告人钟某谎称其是腾讯公司客服中心的工作人员，并称兑换奖金和奖品需要缴纳 2800 元的手续费，王某某信以为真，于当晚通过其银行账户向被告人钟某提供的银行账号转账 2800 元，后被告人钟某以需要缴纳个人所得税、过渡费为由，分别骗取被害人王某某人民币 5800 元、2000 元和 3188 元。

6）以"传销"设局。通常传销人员会以"招工"或"发展事业"为名，将受害者骗至外地。等受骗者抵达后，由组织内的"业务员"对其进行"洗脑"。

【案例 4-5】 某职业院校学生郑某，暑假中听信一个朋友的谎言，说在大连某五星级宾馆打工，每个月挣 5000 元左右，于是他瞒着父母，乘火车到了大连，结果是"传销"骗局，在经过一段时间的"洗脑"后，郑某也开始骗人钱财。在暑假中，他还骗了同班同学周某去大连。周某父母得知后，电话告知了班主任，班主任及时与郑某和周某联系后，最后说服了周某。郑某则继续在大连传销。郑某经过教训后才醒悟，回其老家，现在某机械厂工作。

2. 诈骗的预防措施

1）在日常生活中，如果能做到不贪图便宜，不谋取私利，就不易受骗。在提倡助人为乐、奉献爱心的同时，要提高警惕，不能轻信花言巧语。

2）不要把自己的学校、专业、宿舍、手机号码、家庭地址等情况随便告诉陌生人，以防上当受骗。

3）发现可疑人员要及时报告，上当受骗后更要及时报案、大胆揭发，让犯罪分子受到应有的制裁。

小贴士

防骗歌

出行订票要谨慎，改签需问总公司；即使爱情价更高，金钱不可随便抛；
交易需走第三方，兼职不能只虚拟；国家不要个人钱，此种情况需报警；
熟人借钱莫着急，每笔都要打电话；天上不会掉馅饼，退款中奖不可信；
网络安全勤关注，冒牌网络远离好；个人信息保护好，社会安定黑恶跑。

3. 诈骗罪及其处罚

（1）诈骗罪的概念 诈骗，是指以非法占有为目的，用虚构事实或者隐瞒真相的方法，骗取款额较大的公私财物的行为。

（2）诈骗罪的构成特征

1）侵犯的客体是公私财物所有权，侵犯的对象仅限于国家、集体或个人的财物，而不是骗取其他非法利益。

2）在客观方面，表现为使用骗术，即虚构事实或者隐瞒真相的欺骗方法，使财物的所有人、管理人产生错觉，信以为真，从而似乎"自愿地"交出财物。其实，这种"自愿"是受犯罪分子欺骗而上当所致，并非出自被害人的真正意愿。

3）在主观方面，应当由直接故意构成，并且具有非法占有公私财物的目的。对于使用欺骗手段，意图短期占有公私财物，追紧就还，不追就拖的情况，一般不宜作为犯罪对待。

(3) 诈骗罪的处罚　根据《中华人民共和国刑法》第二百六十六条的规定，诈骗公私财物，数额较大的，处三年以下有期徒刑、拘役或者管制，并处或者单处罚金；数额巨大或者有其他严重情节的，处三年以上十年以下有期徒刑，并处罚金；数额特别巨大或者有其他特别严重情节的，处十年以上有期徒刑或者无期徒刑，并处罚金或者没收财产。

二、预防敲诈勒索

【案例4-6】　某校学生陈某，于2018年11月9日晚，在其姐家待至10点左右外出找同学，找完同学后，11点多准备返回学校，行至和家村附近被3人包围，在被敲诈钱财过程中遭到匪人攻击，其所佩戴眼镜被打碎，镜片碎片扎入右眼球中，后拨打110报警，被送往陕西省人民医院进行治疗。

外出一定要小心，最好不要与陌生人搭话，特别是从银行出来的时候，一定要看清周围环境状况。一般不要单独外出，有事在外应尽早返校。

1. 敲诈勒索的预防措施

敲诈勒索之徒之所以能够得逞，主要是因为敲诈者抓住了个别同学的某些把柄或他们身上的某些弱点，再据此相威胁，从而达到敲诈勒索钱物的目的。为避免落入坏人的圈套，同学们要做到洁身自好，不贪图不义之财，不接受小恩小惠，以免授人以柄；要提高自身防范意识，比如在校外尽量和同学结伴而行，注意识破敲诈勒索者的圈套等。

2. 遭遇敲诈勒索的应对措施

1）老师和家长一定要注意孩子的心理变化，多与孩子沟通。发现孩子有异常时，应及时了解和处理。

2）学校不能只立足于学业教育，要不定期地开展学生自我保护和相关法律、法规知识的教育，以提高在校生的防范能力。学生本身要懂得自我保护，放学后如无特殊情况要及时回家，不要去网吧、酒吧等人员复杂的场所。

3）学生要有自我防范意识，不要炫耀财物，校服外不要佩戴昂贵的饰品，尽量不要当众使用手机。学生不要与一些行为不良的人交往，由于自己是弱势的一方，对于交往对象要慎重选择。若有低年级学生被高年级学生或社会青年敲诈勒索的事情发生，受害人应大胆地向老师或家长反映，及时与家长或老师沟通，切勿因害怕遭到报复而不敢对别人说，不要找一些所谓的"老大"来保护自己。

4）学生上学、放学时，应尽量避免走一些偏僻、狭窄的小巷。晚自习回家的时间不要太晚，并尽量与同学结伴而行。在遭遇敲诈勒索时，可大声呼救，在确保自身安全的情况下，拨打110报警，寻求警察的帮助。

3. 敲诈勒索罪及其处罚

（1）敲诈勒索罪的概念　敲诈勒索罪是指以非法占有为目的，对公私财物的所有人、保管人使用威胁或要挟的方法索取公私财物的行为。

（2）敲诈勒索罪的构成特征

1）侵犯的客体是公私财产的所有权，同时也侵犯被害人的其他合法权益，如人身权、经营权、隐私权等，但主要客体是公私财产所有权。

2）在客观方面，表现为行为人采用威胁或要挟的方法，逼迫财物所有人、保管人就范，将公私财物交由行为人或其指定的第三人控制或提供财产性利益。

所谓威胁或要挟的方法，即指利用财物所有人或保管人的某种要求、困境或弱点，对其进行讹诈，如不满足讹诈的条件，将公私财物交出来或提供财产性利益，就将有不利的行动及后果发生在其本人、亲属或其利害关系人身上。

3）在主观方面，只能是直接故意，并且以非法占有公私财物或财产性利益为目的。如果行为人进行威胁或要挟，目的是为了要求对方偿还欠下的正当债务或履行义务，则不构成本罪。如果行为人讹诈的不是公私财物或财产性利益，而是其他，如要求对方与之发生性关系等，也不按此罪处理。

（3）敲诈勒索罪的处罚　根据《中华人民共和国刑法》第二百七十四条规定，敲诈勒索公私财物，数额较大或者多次敲诈勒索的，处三年以下有期徒刑、拘役或者管制，并处或者单处罚金；数额巨大或者有其他严重情节的，处三年以上十年以下有期徒刑，并处罚金；数额特别巨大或者有其他特别严重情节的，处十年以上有期徒刑，并处罚金。

《最高人民法院关于敲诈勒索罪数额认定标准问题的规定》中提及，根据刑法第二百七十四条的规定，对敲诈勒索罪数额认定标准规定如下：

1）敲诈勒索公私财物"数额较大"，以一千元至三千元为起点；

2）敲诈勒索公私财物"数额巨大"，以一万元至三万元为起点。

各省、自治区、直辖市高级人民法院可以根据本地区实际情况，在上述数额幅度内，研究确定本地区执行的敲诈勒索罪"数额较大""数额巨大"的具体数额标准，并报最高人民法院备案。

三、预防抢劫

【案例4-7】　2016年1月10日，合肥市公安局包河分局责任区刑警二队接到一男青年许某的报案，称其在网吧上网时，结识了一个网名叫"诱惑"的17岁女网友，并相约到安徽省某学校附近一网吧见面。当两人见面后，"诱惑"谎称自己回家取衣服，将许某骗至常青镇十五里河附近一桥边，由埋伏在此的一男青年实施抢劫，抢走其一部手机和400余元现金。

1. 学校抢劫案件及其危害性

学校抢劫是指以非法占有为目的，以职业院校学生为侵害目标，使用暴力、胁迫或其他的方法强行劫取财物的行为。

学生涉世不深，缺乏社会经验以及遇险被抢劫后大多数不敢反抗，往往成为犯罪分子选择的对象。这类案件在一定情况下往往容易转化为凶杀、伤害、强奸等恶性案件，造成被害人精神伤害，甚至危及生命安全，严重影响职业院校学生正常的学习和生活，具有更大的危害性。广大同学只有充分认识其危害性，不断提高自我保护能力，才能有效地防止人身伤害和财产损失，才能在遇到危险时采取恰当的防范措施，减少不必要的伤害。

2. 学校抢劫案件的特点

（1）时间上的规律性　学校抢劫案一般发生在行人稀少、夜深人静及学校开学特别是新生入学时，具有一定的规律性。因为在行人稀少、夜深人静时，同学们往往孤立无援，而犯罪分子却人多势众，易于得手；学校开学时，同学们一般带有一定数量的现金，特别新生入学时，有的新生及家长还带有较大数额的现金，为犯罪分子所垂涎。

（2）地点上的隐蔽性　犯罪分子作案一般选择校园内较为偏僻，或校园周边地形复杂、人少及夜间无路灯的地段。因为在这些地方，犯罪分子比较容易隐藏，不易被人发现，得手后也容易逃脱。

（3）目标上的选择性　犯罪分子抢劫的主要目标是穿着时髦、携带贵重财物、单身行走的学生及在无人地带谈恋爱的学生情侣等。

（4）人员上的团伙性　为了抢劫财物这一共同目的，一些犯罪分子往往结成团伙，共同实施抢劫。犯罪团伙内有明确的分工，有人充当诱饵专门物色抢劫对象，有人专门充当打手，有人在抢劫前进行周密的预谋。

（5）手段上的多样性　犯罪分子实施抢劫的手段通常有：抓住部分同学胆小怕事的心理，对被侵害对象进行暴力威胁或言语恫吓，实施胁迫型抢劫；利用部分同学单纯幼稚的性格，设计诱骗职业院校学生上当，实施诱骗型抢劫；犯罪分子采用殴打、捆绑等行为实施暴力型抢劫；利用职业院校学生热情好客等特点，冒充老乡或朋友，骗得同学的信任，继而寻找机会用药物将同学麻醉，实施麻醉型抢劫等。

3. 学校抢劫案件的预防措施

预防抢劫案件的发生，要从思想上引起高度的重视，严格遵守学校制定的有关安全规定，并自觉落实到具体的行动中，不给犯罪分子以可乘之机。

（1）校纪校规要牢记　为确保同学们的安全，学校都有相应的纪律规定。如不得擅自在外租房，按时就寝不得晚归等。但总有一部分同学不遵守规章制度，要么晚归，要么夜不归宿，这样就给犯罪分子作案提供了机会。

（2）外出结伴不独行　犯罪分子对学生实施抢劫，被抢对象多为单人出行。因此，为了保护自身安全，学生外出务必结伴而行，晚上最好不外出。

（3）仪表风度不装酷。　少数职业院校学生喜欢刻意打扮装酷，往往也给自己埋下祸根。

（4）携带现金不要多　现金是犯罪分子抢劫的最主要目标，职业院校学生若携带现金，被发现后易被抢劫，一定要将多余现金及时存入银行，学费最好通过银行汇兑，平时只带少量的零花钱。

（5）偏僻小道不能走　根据学校抢劫案的特点，职业院校学生遭遇的抢劫多发生在比较偏僻、阴暗的地方。因而，为避免受不法侵害，应该选择校园内的大道走，特别是在夜间，莫贪近路走一些偏僻小道。

（6）校外网吧要少进　学生不要光顾校外网吧，因为一些不法分子往往对经常出入网吧的学生实施抢劫，这类案件在校园周围的网吧中常有发生。

（7）预防公共场所飞车抢劫　行走时应尽量靠近人行道内侧，不要太靠近行车道。独自外出时，应尽量少戴或不戴贵重首饰，少"露财"。

手机也不要挂在胸前，避免在大路或街上边走边打手机。在路上行走或逗留时，如发现有两人共骑一辆摩托车在周围转悠，或遇有摩托车无缘无故靠近，或听到有摩托车从背后冲来的声音，都要立刻保持警觉，谨防抢夺"黑手"的突然袭击。骑自行车时，不要随意将随身的包、物，特别是贵重物品，不加固定地放置在自行车车筐里，防止不法分子抢夺。

（8）预防入室抢劫　独自在家时，要锁好院门、防盗门、防护栏等。如果有人敲门，千万不可盲目开门，应首先从门镜观察或隔门问清楚来人的身份。如果是陌生人，不应开门。如果有人以推销员、修理工等身份要求开门，可以说明家中不需要这些服务，请其离开；如果有人以家长同事、朋友或远房亲戚的身份要求开门，也不能轻信，可以请其待家长回家后再来。遇到陌生人不肯离去，坚持要进入室内的情况，可以声称要打电话报警，或者到阳台、窗口高声呼喊，向邻居、行人求援，以震慑迫使其离去。不邀请不熟悉的人到家中做客，以防给坏人可乘之机。不要让陌生人以任何借口叫开房门，而造成人身伤害或财产损失。

4．遭遇抢劫案件的应对措施

（1）沉着冷静不恐慌　学生无论何时遭遇抢劫，首先要保持镇定，克服畏惧、恐慌情绪，其次要有"正义必然战胜邪恶"的信念。只有这样，才能从精神和心理上压倒对方，继而以灵活的方式战胜对手。

（2）力量悬殊不蛮干　犯罪分子实施抢劫作案，一般都做了相应准备，要么人多势众，要么以凶器相逼，有的同学由于生性刚烈，往往鲁莽行事，易被犯罪分子伤害。

（3）快速撤离不犹豫　俗话说"三十六计走为上"，同学们如遇到抢劫时，对比双方力量，感到无法抗衡时，可看准时机向有灯光或人员集中的地方快速奔跑，犯罪分子由于心虚，一般不会穷追不舍，从而可有效避免抢劫案的发生。

（4）巧妙周旋不畏缩　当同学们已处于犯罪分子的控制之下无法反抗时，可先交出部分财物缓和气氛，再理直气壮地向作案人进行法制宣传教育或晓以利害，造成犯罪分子心理上的恐慌而终止作案，或在犯罪分子心理开始动摇放松警惕时，看准机会反抗或逃脱。

（5）留下印记不放过　同学们一旦遭遇抢劫，要注意观察作案人，尽量准确地记下其特征，如身高、年龄、发型、体态、衣着、胡须、特殊疤痕、语言及行为等，还可趁其不注意在作案人身上留下暗记，如向其衣服上擦墨水等，便于为公安机关侦破案件提供线索。

（6）大声呼救不胆怯　犯罪分子有其胆大妄为和凶悍的一面，更有其心虚的一面，只要同学们把握机会，及时呼救，一些抢劫案便可以得到有效的控制。

5．抢劫罪及其处罚

（1）抢劫罪的概念　抢劫罪是指以非法占有为目的，以暴力、胁迫或者其他方法，当场强行劫取公私财物的行为。

（2）抢劫罪的构成特征

1）本罪侵犯的客体是复杂客体，即不仅侵犯了公私财产的所有权，同时也侵犯了被害人的人身权利，往往造成人身伤亡的结果。这个特征是抢劫罪不同于其他侵犯财产罪或一般的侵犯人身权利罪的主要标志。

2）在客观方面，行为人必须有对公私财物的所有人、经管者或相关人当场使用暴力、胁迫或者其他方法，立即抢走财物或者迫使其交出财物的行为。

3）在主观方面，行为人只能是出于直接故意这一种罪过形式，并以非法占有公私财物为目的。如果行为人为非法占有枪支、弹药、爆炸物而实施抢劫，只能按抢劫枪支、弹药、爆炸物罪处罚。

4）本罪的犯罪主体是已满14周岁并具有刑事责任能力的自然人。

（3）抢劫罪的处罚　《中华人民共和国刑法》第二百六十三条规定：以暴力、胁迫或者其他方法抢劫公私财物的，处三年以上十年以下有期徒刑，并处罚金；有下列情形之一的，处十年以上有期徒刑、无期徒刑或者死刑，并处罚金或者没收财产：入户抢劫的；在公共交通工具上抢劫的；抢劫银行或者其他金融机构的；多次抢劫或者抢劫数额巨大的；抢劫致人重伤、死亡的；冒充军警人员抢劫的；持枪抢劫的；抢劫军用物资或者抢险、救灾、救济物资的。

《中华人民共和国刑法》第二百六十九条规定：犯盗窃、诈骗、抢夺罪，为窝藏赃物、抗拒抓捕或者毁灭罪证而当场使用暴力或者以暴力相威胁的，依照本法第二百六十三条的规定定罪处罚。

四、防止绑架

【案例 4-8】 中央电视台《今日说法》播出了一个令人深思的在校生犯罪案例，18 岁的张某和 16 岁的小雪，对一个小学生自称是刚调到学校的体育教师，把其带到野外。两人问出小孩家的电话号码后，给小孩家里打电话，要求家长晚上 9 点带现金到火车站取人。快到取人时间打电话联系时，因为有人要查他的电话卡，以为事情暴露，又给小孩钱让其打车回家。结果被一审法院判 2 人犯了绑架罪，18 岁的张某判有期徒刑 10 年，16 岁的小雪判有期徒刑 4 年，原因是对小孩实施了数小时的人身控制，并且向家长勒索现金。虽然过程中对小孩没有暴力、胁迫等行为，又没有伤害小孩和拿到现金，但只能是不典型的绑架罪的犯罪未遂，而不是犯罪中止。

1. 绑架的预防措施

防止绑架事件的发生，关键是要提高预防意识，尽量避免该事件的发生。

1）平日生活要注意消费方式，不要铺张浪费，不暴露自己的钱财。

2）择友应当征求一下家长或者老师的意见，不要随便与社会上的陌生人交往，更不要随便跟陌生人出去，不要跟不认识的网友见面，不要吃陌生人给的东西，不要喝陌生人给的饮料。

3）外出、上学和放学要结伴而行。如果外出，应告知家人，把情况向家人说清楚，并告知回家的时间，不要随意逗留在外。

4）如果有人突然找你，对你说："你家中出事了！"或声称你父母生病、出车祸等，并要带你离开学校或家中时，不要慌乱，首先应设法与你的家人联系查证，并将此事告诉你的老师或邻居。

2. 遭遇绑架的应对措施

一旦遇到绑架，千万不要惊慌，一定要冷静理智，果断勇敢，应积极采取措施自救，要坚持求生的信念，并随时做好逃脱的准备。

1）当意识到自身遭遇绑架后，不要慌张，要保持冷静与警觉，尽可能了解自己所处的位置。如被蒙住眼睛，可通过计数的方式，估算汽车行驶的时间和路途的远近。若被绑架至某处，停下来后，要观察自己所处的环境，冷静地分析有无逃跑的机会。即使暂时没有机会，也要想办法把自己的危险处境让他人知道，如偷偷写字条扔出窗外，或者采用一些违反常态的行为引起他人注意，例如从楼上往下扔东西以引起路人关注，开车故意闯红灯或与他人车辆相撞等。

2）如果歹徒要捆绑你，一定要把肌肉绷紧，这样他一走，你就比较容易把结打开。

3）在确保自身不会受到更大伤害的情况下，尽可能地与犯罪嫌疑人巧妙周旋，如利用犯罪嫌疑人准许人质与亲属通话的时机，巧妙地将自己所处的位置、现状、犯罪嫌疑人的情况等告诉亲属。

4）要保持良好的心理状态，强迫自己多进食、多饮水，保证身体有足够的水分和营养。衡量自己是否有能力逃跑，再考虑如何运用随身携带的物品自卫。若无充分把握，勿以言语或动作刺激绑匪，以防不测。如周围有人，可乘机呼救，引人注意，再伺机逃脱。

5）应佯装不懂绑匪交谈所使用的方言，并伺机留下求救信号，如眼神、手势、私人物品、字条等。一旦被绑，应凡事顺从，采取低姿态来降低绑匪的戒心。要熟记绑匪的容貌、口音、使用的交通工具及周围环境特征（特殊声音、味道）等。

6）如果嘴被胶带封住，就用舌头舔嘴上的胶带，唾液会使胶带渐失功效；也可以将嘴对在其他坚硬物件上摩擦挣脱，挣脱后根据情况决定是呼救还是逃跑。

7）一旦有机会逃开，应立即以电话向家人、亲友或公安机关求助。反复回忆事件的经过及细节，获救后将其提供给警方破案。

3. 绑架罪及其处罚

（1）绑架罪的概念　绑架罪是指以勒索财物或者扣押人质为目的，使用暴力、胁迫或者麻醉的方法，劫持他人或者偷盗婴儿的行为。

（2）绑架罪的构成特征

1）本罪侵犯的客体是复杂客体，即既侵犯了公民的人身自由权，也侵犯了公民、集体、国家的财产权。犯罪的对象是特定的被绑架者以及与之有关系的公私财物。

2）本罪在犯罪客观方面的表现是：行为人有违反国家法律、行政法规规定的行为；采用暴力、胁迫或其他方法实施了绑架行为；行为人有造成被绑架人被绑架的后果发生；行为人有以勒索财产为目的的偷盗婴儿的行为。

3）本罪的犯罪主体为一般主体，即年满十六周岁以上、具有刑事责任能力的自然人。

4）本罪在犯罪主观方面表现为故意，即行为人出于勒索财物的目的，扣押他人作为人质，明知自己采取的手段是绑架而积极为之，并积极追求这种结果的产生。

（3）绑架罪的处罚

1）处 10 年以上有期徒刑或者无期徒刑，并处罚金或者没收财产。

2）致被绑架人死亡或者杀害被绑架人的，处死刑，并处没收财产。

3）以勒索财产为目的偷盗婴儿的，按前两个规定定罪处罚。

知识点 2　珍爱生命，拒绝毒品

毒品是指国际禁毒公约规定的受管制的麻醉药品和精神药品。

【案例 4-9】　被告人霍某某，男，汉族，1997 年 11 月 8 日出生，捕前系某财经职业学校学生。被告人霍某某因交友不慎，沾染吸毒恶习。2014年1月、2014年9月、2015年3月2日1时许，被告人霍某某先后三次在其家中容留曲某某吸食毒品。

依照相关法律规定，以容留他人吸毒罪判处被告人霍某某拘役二个月，并处罚金人民币二千元。

警示：近年来，未成年人涉嫌毒品犯罪的案件增长迅速。本案被告人霍某某未满十八周岁就成为"瘾君子"，以身试法，多次提供场所容留他人吸毒。且其主观上对毒品危害和违法性认识不深，认为仅仅为熟人提供吸毒场所，未牟取任何利益，不算触犯法律。毒品违法犯罪活动是我国严厉打击的行为，容留他人吸毒将受到法律的严厉惩处。每位公民特别是未成年人要增强识毒、防毒、拒毒的意识和能力，切莫因一时好奇、朋友义气或追逐所谓的"时尚"而陷入毒品泥潭不能自拔。学校也应加大禁毒宣传力度，教育学生远离毒品侵害，创造"干净无毒"的校园环境。

一、常见毒品种类

毒品种类繁多，但一般来说，毒品都有4个共同的特征：不可抗力，强制性地使吸食者连续使用该药，并且不择手段地去获得它；连续使用有不断加大剂量的趋势；对该药产生精神依赖性及躯体依赖性，断药后产生戒断症状（脱瘾症状）；对个人、家庭和社会都会产生危害后果。

各类毒品根据不同的标准有不同的划分方法。联合国麻醉品委员会将毒品分为6大类：吗啡型药物（包括鸦片、吗啡、可卡因、海洛因和罂粟植物等）；可卡因、可卡叶；大麻；安非它明等人工合成兴奋剂；安眠镇静剂（包括巴比妥药物和甲喹酮）；精神药物，即安定类药物。

世界卫生组织（WHO）将当成毒品使用的物质分成8大类：吗啡类、巴比妥类、酒精类、可卡因类、印度大麻类、苯丙胺类、柯特（KHAT）类和致幻剂类。其他还有烟碱、挥发性溶液等。目前毒品种类已达到200多种。从近年来所查获的吸毒人员所吸毒品来看，主要是海洛因，其次是苯丙胺类，即"冰"毒等种类。

《中华人民共和国刑法》第三百五十七条规定：毒品是指鸦片、海洛因、甲基苯丙胺（冰毒）、吗啡、大麻、可卡因以及国家规定管制的其他能够使人形成瘾癖的麻醉药品和精神药品。

二、毒品的危害

毒品带给人类的只会是毁灭，毁灭自己，祸及家庭，危害社会。

1. 毁灭自己

（1）生理依赖性　毒品作用于人体，使人体体能产生适应性改变，形成在药物作用下的新的平衡状态。一旦停掉药物，生理功能就会发生紊乱，出现一系列严重反应，称为戒断反应，使人感到非常痛苦。用药者为了避免戒断反应，就必须定时用药，并且不断加大剂量，使吸毒者终日离不开毒品。

（2）精神依赖性　毒品进入人体后作用于人的神经系统，使吸毒者出现一种渴求用药的强烈欲望，驱使吸毒者不顾一切地寻求和使用毒品。一旦出现精神依赖后，即使经过脱毒治疗，在急性期戒断反应基本控制后，要完全康复原有生理机能往往需要数月甚至数年的时间。更严重的是，对毒品的依赖性难以消除。这是许多吸毒者一而再、再而三复吸毒的原因，也是世界医、药学界尚待解决的课题。

（3）毒品危害人体的机理　中国流行最广、危害最严重的毒品是海洛因，海洛因属于阿片类药物。在正常人的脑内和体内的一些器官中，存在着内源性阿片肽和阿片受体。在正常情况下，内源性阿片肽作用于阿片受体，调节着人的情绪和行为。人在吸食海洛因后，抑制了内源性阿片肽的生成，逐渐形成在海洛因作用下的平衡状态，一旦停用就会出现不安、焦虑、忽冷忽热、起鸡皮疙瘩、流泪、流涕、出汗、恶心、呕吐、腹痛、腹泻等。这种戒断反应的痛苦，反过来又促使吸毒者为避免这种痛苦而千方百计地维持吸毒状态。冰毒和摇头丸在药理作用上属中枢兴奋药，毁坏人的神经中枢。

（4）影响寿命　据国外有关部门统计，吸毒者一般寿命不超过四十岁。

（5）助长传染病　吸毒不仅损害本人健康，还会造成乙型肝炎、丙型肝炎、性病的传播等公共卫生问题，其中最严重的是艾滋病的感染和传播。静脉注射毒品者共用不洁注射器可造成艾滋病感染，且此种感染途径的感染率极高。

2. 祸及家庭

吸毒导致了大量家庭悲剧的发生。一旦家庭中出现一个吸毒者，就意味着贫困和矛盾将永远围绕着这个家庭，最后的结局往往是倾家荡产，妻离子散，家破人亡。首先，吸毒耗费大量钱财，到了一定程度必然要靠变卖家中财产换取毒品，致使家徒四壁。一些丧尽天良者甚至卖儿卖女，逼妻卖淫；其次，吸毒会导致家庭破裂。因为一个人一旦染上毒瘾，就会失去对家庭的责任观念，最终必然导致家庭破裂。再次，吸毒危及下一代。怀孕妇女吸毒将严重影响胎儿的正常发育，有的致使新生儿先天畸形。

3. 危害社会

1) 对社会生产力的巨大破坏。吸毒导致身体疾病，影响生产，造成社会财富的巨大损失和浪费。

2) 毒品活动扰乱社会治安。毒品活动加剧诱发了各种违法犯罪活动，扰乱了社会治安，给社会安定带来巨大威胁。

4. 职业院校学生如何防范吸毒

【案例4-10】　小西（化名）是一名职业院校学生，放暑假时闲来无事去酒吧玩认识了社会闲散人员大古（化名）。大古谎称吸食冰毒能够减肥，诱骗小西吸毒并染上毒瘾。小西单靠零花钱根本无力承担吸食毒品的费用，在大古的诱骗下，小西沦为大古贩卖毒品的工具，流窜于各地，帮助大古贩卖毒品，从中获取一点劳务费，"以贩养吸"。小西先后卖给吸毒人员冰毒（甲基苯丙胺）共计2.2克，被公安机关抓获，最终获刑有期徒刑十个月，并处罚金人民币二千元。

1）接受毒品基本知识和禁毒法律法规教育，了解毒品的危害，懂得"吸毒一口，掉入虎口"的道理。

2）树立正确的人生观，不盲目追求享受，寻求刺激，赶时髦。

3）不听信毒品能治病，毒品能解脱烦恼和痛苦，毒品能给人带来快乐等各种花言巧语。

4）不结交有吸毒、贩毒行为的人。如发现亲朋好友中有吸、贩毒行为的人，一要劝阻，二要远离，三要报告公安机关。

5）慎重交友，远离烟酒，不进歌舞厅，决不吸食摇头丸、K粉等兴奋剂。

6）即使自己在不知情的情况下，被引诱、欺骗吸毒一次，也要珍惜自己的生命，不再吸第二次。

小贴士

在校生，认清毒，将来不要入迷途。一朝吸，十年戒，万万不能小看它。

好奇心，不能有，一旦沾染鬼缠身。吸毒者，莫接近，以免踏上不归路。

知识点3　防范侵害，加强自我保护

性侵害一般以女学生为目标，指以暴力、胁迫或其他手段，违背其意志，占有或玩弄女性的行为。

【案例4-11】　被告人闫某某，男，汉族，1999年11月20日出生，捕前系某计算机学院学生。2016年1月16日下午，被告人闫某某通过朋友刘某某介绍与被害人肖某（女，时年15岁）相识，后三人于当晚在某小区共同饮酒。闫某某趁肖某醉酒后进入卧室睡觉时，欲强行与之发生性关系，遭到肖某的反抗。刘某某听到异常，进入该房间，肖某趁机跑出卧室，后又被闫某某扶回床上。闫某某趁肖某醉酒、丧失反抗能力之机，强行与肖某发生性关系。

依照相关法律规定，以强奸罪判处被告人闫某某有期徒刑二年。

警示：本案中的两个未成年人，沾染饮酒恶习，大量饮酒后不能自控和自我防护，一个锒铛入狱,成为强奸犯,一个成为被性侵对象,心理和身体受到严重伤害,令人惋惜。未成年女性,心智发育不成熟,自我安全防范意识不强,缺乏预防性侵害的能力,容易成为性侵害的对象,在遇到侵害时不知、不敢、不能及时想办法向他人求救和进行自救。人民法院在审理本案中发现,被告人闫某某走上犯罪道路的原因之一是家庭教育和管理缺失,自身法律意识淡薄,年少放纵,不能克制自己的欲望。

一、性侵害的主要形式

1. 暴力型性侵害

暴力型性侵害是指犯罪分子使用暴力和野蛮的手段,如携带凶器威胁、劫持女同学,或以暴力威胁加之言语恐吓,从而对女同学实施调戏、猥亵、强奸或轮奸等。暴力型性侵害的特点如下:① 手段残暴。当性犯罪者进行性侵害时,必然受到被害者的本能抵抗,所以很多性犯罪者往往要施行暴力且手段野蛮和凶残,以此来达到自己的犯罪目的;② 行为无耻。为达到侵害女学生的目的,犯罪者往往会厚颜无耻地不择手段,比野兽还疯狂地任意摧残凌辱受害者;③ 群体性。犯罪分子常采用群体性纠缠的方式对女学生进行性侵害,这是因为人多势众,容易制服被害人的反抗而达到目的。此种方式还会使原来单个不敢作案的罪犯变得胆大妄为,危害极大;④容易诱发其他犯罪。性犯罪常会诱发其他犯罪,如杀人、斗殴等恶性事件。

2. 胁迫型性侵害

【案例4-12】 某公司总经理,利用一些女生求职心切的心理,以招聘总经理秘书为诱饵,以见习试工为手段,先后多次对4名前来求职的女学生进行性骚扰。

胁迫型性侵害是指利用自己的权势、地位、职务之便,对有求于自己的受害人加以利诱或威胁,从而强迫受害人与其发生非暴力型的性行为。其特点有:① 利用职务之便或乘人之危而迫使受害者就范;② 设置圈套,引诱受害人上钩;③ 利用过错或隐私要挟受害人。例如,某校一女生,由于交友心切,不慎与毕业班的一名男生谈恋爱并发生了性关系,后因发现男生性情暴躁、心胸狭窄,遂提出分手。男生以曾发生过性关系、拍下裸照相威胁,扬言"如果断绝关系,便公开此事"。后来,该女生一直在悔恨和担惊受怕的心态中度过了她的学生生活。

3. 社交型性侵害

社交型性侵害是指在自己的生活圈子里发生的性侵害,与受害人约会的大多是熟人、同学、同乡,甚至是男朋友。社交型性侵害又被称作"熟人强奸""社交性强奸""沉默强奸""酒后强奸"等。受害人身心受到伤害以后,往往出于各种考虑而不敢加以揭发。

4. 诱惑型性侵害

诱惑型性侵害是指利用受害人追求享乐、贪图钱财的心理,诱惑受害人而使其受到的性侵害。

【案例4-13】 一位来自边远山区的女生,十分羡慕城市女生的时尚打扮。暑假在与同学结伴郊游时,偶遇一位富商派头十足的商人。两人各怀心事、各有所求,遂一拍即合。此后,两人频频约会,逛商店、上酒楼、进舞厅,商人不断买高档衣物和贵重首饰送给她。一个晚上,商人将该女生灌醉后,带到预定的房间将其强暴。

5. 滋扰型性侵害

滋扰型性侵害主要包含以下几种类型:一是利用靠近女生的机会,有意识地接触女生的胸部,摸捏其躯体和大腿等处,在公共汽车、商店等公共场所有意识地挤碰女生等;二是暴露生殖器等变态式性滋扰;三是向女生寻衅滋事、无理纠缠,用污言秽语进行挑逗,或者做出下流举动对女生进行调戏、侮辱等。

二、容易遭受性骚扰性侵害的时间和场所

1. 夏天是女学生容易遭受性侵害的季节

夏天天气炎热,夜生活时间延长,外出机会增多。夏季校园内绿树成荫,罪犯作案后容易藏身或逃脱。同时,由于夏季气温比较高,女生衣着单薄、裸露部分较多,因而对异性的刺激增多。

2. 夜晚是女学生容易遭受性侵害的时间

夜间光线暗,犯罪分子作案时不容易被人发现。所以,在夜间女学生应尽量减少外出。

3. 公共场所和僻静处所是女生容易遭受性侵害的地方

公共场所如教室、礼堂、舞池、溜冰场、游泳池、车站、码头、河边、影院等场所,人多拥挤时,不法分子常乘机袭击女生;僻静之处如公园假山、树林深处、夹道小巷、楼顶阳台、没有路灯的街道楼边、尚未交付使用的新建筑物内、下班后的电梯内、无人居住的小屋、陋室、茅棚等,若女生单独逗留,很容易遭到违法袭击。所以,女生最好不要单独行走或逗留在上述这些地方。

三、女学生如何避免性骚扰性侵害

1. 筑起思想防线,提高识别能力

女学生特别应当消除贪图小便宜的心理,对一般异性的馈赠和邀请应婉言拒绝,以免因小失大。女学生应当谨慎地待人处事,对于不相识的异性,不要随便说出自己的真实情况,对自己特别热情的异性,不管是否相识都要倍加注意。一旦发现某异性对自己不怀好意,甚至动手动脚或有越轨行为,一定要严厉拒绝、大胆反抗,并及时向学校有关领导和

保卫部门报告，以便及时加以制止。

2．行为端正，态度明朗

如果自己行为端正，坏人便无机可乘。如果自己态度明朗，对方则会打消念头、不再有任何企图。若自己态度暧昧、模棱两可，对方就会增加幻想、继续纠缠。在拒绝对方的要求时，要讲明道理、耐心说服，一般不宜嘲笑挖苦。参加社交活动与男性单独交往时，要理智地有节制地把握好自己，尤其应注意不能过量饮酒。

3．学会用法律保护自己

对于那些失去理智、纠缠不清的无赖或违法犯罪分子，女学生千万不要惧怕他们的要挟和讹诈，也不要怕他们的打击报复。要大胆揭发其阴谋或罪行，及时向领导和老师报告，学会依靠组织和运用法律武器保护自己。千万注意不能"私了"，"私了"的结果常会使犯罪分子得寸进尺、纠缠不清。

4．学点防身术，提高自我防范的有效性

一般女性的体力均弱于男性，防身时要把握时机、出奇制胜，狠准快地打击其要害部位，即使不能制服对方，也可制造逃离险境的机会。人的身体各部位都可用来进行自卫反击，头的前部和后部可用来顶撞，拳头、手指可进行攻击，肘朝背后猛击是最强有力的反抗，用膝盖对脸和腹股沟猛击相当有效，用脚前掌飞快踢对方胫骨、膝盖和阴部时常非常有效。同时，要注意设法在案犯身上留下印记或痕迹，以备追查、辨认案犯时做证据。

四、女学生防范性骚扰性侵犯应注意的事项

1）在日常生活中，避免穿袒胸露背或超短裙之类的衣服去人群拥挤或偏僻的地方。

2）外出时，在陌生的环境中要提高警惕，注意那些不怀好意的尾随者，必要时采取躲避措施。

3）不贪图小便宜，不但要警惕陌生人送钱财，而且要对熟人的过于殷勤和热情有所防范。

4）不去歌舞厅、酒吧等公共场所，深夜也不独自外出。

5）一旦遭到骚扰，要沉着冷静，在适当的时机大声呼救、抗争。

小贴士

职业院校学生应掌握一些必要的防卫术

1）击腹法：遇到脖子被歹徒勒住的情况，速用拳头或肘猛击歹徒的腹部，可使其松手。

2）蹬踩法：用鞋跟部猛蹬歹徒的胫骨前部或用力踩歹徒的足部。

3）扭指法：遇到歹徒将自己勒住或抱住时，速将其小指捏住，用力向外侧扳，使之剧痛或折断其手指。

4）戳喉法：五指合拢并伸直，以指尖或掌侧猛戳歹徒的喉头。

5）击膝法：靠近歹徒时，提膝向其胯下、裆部或小腹部猛撞。

6）戳眼法：用两指叉开成"V"型，用力插戳歹徒的眼睛。

7）口咬法：被歹徒抓住后，在不得已时，可用口咬歹徒的舌头、鼻子、口唇、耳朵或手指等。

8）头撞法：与歹徒靠近时，可用头部撞击歹徒的胸、腹和头等要害部。

注意：这些方法只能用来对付歹徒，用于正当防卫，千万不可在学生之间滥用，以免造成令人痛心的后果。

知识点4 科学防范艾滋病

艾滋病，即获得性免疫缺陷综合征（又译：后天性免疫缺陷症候群），英语缩写为AIDS。艾滋病被称为"史后世纪的瘟疫"，也被称为"超级癌症"和"世纪杀手"。艾滋病是一种危害性极大的传染病。

许多受艾滋病病毒感染的人在潜伏期没有任何自觉症状，但也有一部分人在感染早期会出现发烧、头晕、无力、咽痛、关节疼痛、皮疹、全身浅表淋巴结肿大等类似感冒的症状，有些人还可发生腹泻。这种症状通常持续1~2周后就会消失，此后病人便转入无症状的潜伏期。潜伏期病人的血液中有艾滋病病毒，血清艾滋病病毒抗体检查呈阳性反应，这样的人称为艾滋病病毒感染者，或称艾滋病病毒携带者，简称带毒者。艾滋病病毒感染者有很强的传染性，是传播艾滋病最重要的传染源。

一、艾滋病的传播途径

艾滋病主要的传播途径有3种，包括性传播、血液传播和母婴传播。其中血液传播和性传播是艾滋病主要的传播途径。在一般的生活接触中是不会传染到艾滋病毒的，所以在生活中不要歧视艾滋病患者。共同用餐、握手等行为都不会传染艾滋病。

(1) 艾滋病传播途径一：性接触传播　包括同性及异性之间的性接触。肛交、口交有着更大的传染危险。

(2) 艾滋病传播途径二：血液传播

1）输入污染了HIV的血液或血液制品。

2）静脉药瘾者共用受HIV污染的、未消毒的针头及注射器。

3）共用其他医疗器械或生活用具（如与感染者共用牙刷、剃须刀）也可能经破损处传染，但较为罕见。

4）输骨髓和器官移植，注射器和针头没有进行彻底的消毒，或者没有消毒，尤其是儿童预防针，如果没有做到一人一针管，是有很大危险的。口腔科使用的器械、接生使用的器械、针刺治疗用针、外科手术使用的器械，理发、美容（文眉、穿耳）和文身等所使用的刀具、针具，浴室的修脚刀、剃须刀和牙刷等，若没有进行消毒而与别人共用，则具有很大的危险。传输没有进行过艾滋病抗体检查的血液，救护流血的伤员时，救护者本身破损的皮肤接触伤员的血液等也会具有很大的危险。

（3）艾滋病传播途径三：母婴传播　也称围产期传播，即感染了 HIV 的母亲在产前、分娩过程中及产后不久将 HIV 传染给了胎儿或婴儿。可通过胎盘，或分娩时通过产道，也可通过哺乳传染。

二、艾滋病的预防

1）洁身自爱，不去非法采血站卖血，不涉足色情场所，不要轻率地进出某些娱乐场所，不要因好奇而尝试吸毒。

2）生病时要到正规的诊所、医院就诊，注意输血安全，不到医疗器械消毒不可靠的医疗单位，特别是个体诊所打针、拔牙、针灸、手术。不用未消毒的器具穿耳孔、文身、美容。

3）不与他人共享剃须刀、牙刷等，尽量避免接触他人体液、血液，对被他人污染过的物品要及时消毒。

4）患有艾滋病的女性，应避免怀孕、哺乳。

三、正确对待艾滋病患者

在科学预防艾滋病的同时，要懂得善待艾滋病患者。

1）给艾滋病病毒感染者和艾滋病病人以关爱，营造一个宽松的环境，给他们更多的理解和爱心。

2）不能让艾滋病病毒感染者和艾滋病病人再遭受精神摧残。

3）善待艾滋病病人。对艾滋病病人多些宽容，给予他们真诚的关心和帮助，使他们感到社会的温暖和生活的温馨。

知识点 5　健康生活，远离赌博

【案例 4-14】　男子杨某在某中专学校就读期间，因为嗜赌，将父亲的医药费输光。

为了填补亏空，2016 年 11 月 1 日晚，他竟购买刀具抢劫杀害失足妇女郭某。杨某持刀连续捅刺郭某致命部位十多次，作案手段残忍且归案后无悔罪之意，海口中院一审依法判处其死刑。

赌博是利用赌具，以钱财做赌注，以占有他人利益为目的的违法犯罪行为。

职业院校学生通常以打麻将、打扑克（斗地主、扎金花、梭哈、关牌等）、买非法彩票、赌马和赌球等方式参与赌博。部分学校周边设有非法游戏机室，有些学生通过老虎机、轮盘机、二十一点机等参与赌博。

一、赌博的危害

1）赌博容易使人产生贪欲，也会使人的人生观、价值观发生扭曲，使人妄想不劳而获。赌博经常通宵达旦进行，影响休息和睡眠，扰乱了饮食起居的正常规律，造成生物钟紊乱，严重影响身体健康。赌博时人的精神高度紧张，赢钱了就会强烈兴奋、情绪激动，输钱了就会心烦意乱、脾气暴躁，情绪反差极大，有人甚至会因此自杀。

据医学证明，长期赌博会引起神经系统和心脑血管系统的疾病，也容易诱发脑出血和心脏骤停而危及生命。

2）赌博还容易诱发人的投机冒险心理，使人铤而走险，偷盗抢劫，给社会带来不稳定因素。赌博不但腐蚀人们的思想，而且对家庭危害很大，特别是它为各种刑事犯罪活动提供了温床。有些人赢了钱，就会腐化、堕落；有些人输了钱，就会杀人、打架斗殴、偷窃、诈骗、贪污，还会使家庭不和甚至家庭破裂。

3）对于职业院校学生而言，赌博是严重违反校规校纪的行为。首先，赌博活动影响正常的教学秩序，有些学生白天"蒙头大睡"，晚上"挑灯夜战"；有些学生因为长期赌博熬夜，精神萎靡不振，就难免迟到、早退、旷课，上课时注意力不集中。其次，赌博活动不可避免地要影响周围的同学，而大多数不愿参与赌博的同学又碍于情面不便或不敢出面直接制止，时间一长，不可避免地会受到影响。再次，有些学生会因赌博而盗窃，从而走上违法犯罪的道路。

二、职业院校学生赌博行为的心理分析

1. 影响职业院校学生赌博的主要原因

社会上赌博风气的存在，是影响职业院校学生参加赌博活动的主要原因。在一些地区，赌博活动成了一种"社会时尚"，从城市到农村，赌博成了具有普遍性的活动。例如打麻将赌博，有的职业院校学生振振有词地说："大人们可以玩，为什么我们不能玩？"许多成年人，特别是学生家长进行赌博，成了坏榜样。有的学生自小在家中看父母打麻将赌博，久而久之，他也在父母的"言传身教"中开始打麻将赌博。

2. 职业院校学生赌博的心理特征

某些参与赌博的职业院校学生常糊涂地认为下注小就不算违法。同时，他们看到身边的成年人都在赌博，便认为自己也可以赌博。这些职业院校学生缺乏对法律的认识，也不了解赌博会带来的严重危害。正是在这样错误认识的影响下，他们逐渐走上赌博的道路。

常见的职业院校学生的赌博动机有：①好奇心。这往往是开始赌博的动机；②寻求刺激。赌博对一些学生来说，不仅是物质刺激，更是精神刺激，这种刺激对参赌者来说具有磁铁般的吸引力；③逃避和消遣的需要。有些职业院校学生缺乏高尚的情趣，空闲时间无聊时，或逃学外出时，就会热衷于赌博活动；④不正确的好胜心。争高低、图输赢是大多数职业院校学生一次又一次继续赌博的动机。

参与赌博的职业院校学生大多意志力薄弱。即使在应当做作业、复习功课的情况下，或者是应该回家的时候，只要碰到同学一招手、一鼓动，就忍不住去赌博。某学校二年级学生李某对赌博的害处有了一定认识，在老师和家长的教育下，他写了保证书表示决不再赌。有一次请假离校，他在街上一个角落看见几个少年正在打扑克牌赌博，他就站在背后看了起来，心想："我不去玩，看不要紧吧！"看了一会，他觉得那个小男孩不会打牌，好几次牌都打错了，心中可惜起来，嘴上不免嘀咕着："怎么回事？"那男孩就站起来拍着他肩膀说："我是不行，你来玩玩吧！"另外几个人带着小看他的眼光说："你来又怎么样？谁怕谁呢？"这句话真把他惹急了，他一坐下来就玩了几个小时。回校的路上，他才后悔起来："说不玩的，怎么又玩了呢？"职业院校学生戒赌，由于意志的不坚定，不是一下子能轻易改掉的，通常是会有反复的。

三、职业院校学生赌博行为的矫正

1）开展家庭禁赌活动，使家长明白赌博对青少年的危害。家长以身作则，不参与赌博活动；特别是有赌博行为的父母，为了孩子的健康成长，应尽快彻底戒赌，还给孩子一个良好的家庭环境。

2）对有过赌博经历的学生，应细致地进行个别教育，给他们分析赌博的具体害处；同时帮助他们逐步做到不去参加赌博活动，切断引起他们赌博的源头，同时鼓励他们参加其他富有趣味的、有益的活动（如打球、下棋等）。学校应与家长密切配合，制订具体可行的措施来帮助他们，促使他们一步步地脱离赌博活动，成为好学生。

3）重视强迫性赌博行为的早期预防。所谓强迫性赌博行为，是一种人格障碍的行为。这类人无法控制自己的赌博行为，以致赌博行为持续终生。研究表明，强迫性赌博行为的形成原因始于少年时代。这类人常常在少年时代就形成了不正确的价值观，或家中有一个嗜赌的"榜样"。因此，要特别关心生长在父母赌博的家庭中的青少年。这些青少年很容易沾上赌博习气，而且周围环境不利于矫正他们的赌博行为，他们中有的人很可能会演变成强迫性赌博行为者。因此，要对他们尽早进行帮助。经验表明，早期采取有力的预防措施,是可以消除强迫性赌博行为的。

4)学校应大力加强宣传教育工作,根据职业院校学生的心理特点进行教育,充分利用广播、宣传栏、校刊、校会、演讲比赛等形式,宣传赌博的危害性,消除职业院校学生存在的一些模糊认识,提高职业院校学生对赌博活动的自制力。还可聘请司法人员给广大职业院校学生宣传禁赌活动,使"守法光荣,赌博可耻"的观念深入人心。

5)对有赌博行为的学生建立档案资料,便于学校的跟踪教育。

6)班主任要勤于家访。要及时了解有赌博行为的学生在家各方面的表现,经常同家长(监护人)保持联系,同时,家长对子女也有了一个真实全面的了解,与学校"齐抓共管",达到"转化"其子女的目的。教师应倾注爱心,唤回有赌博行为学生的自尊和自信。无论何种原因形成的"问题生",都渴望得到老师的尊重和关爱,有赌博行为的职业院校学生也是一样。如果老师一味地批评、指责,甚至挖苦讽刺,会导致他们的逆反心理,自暴自弃。"亲其师才能信其道",所以最好的方法是在生活、学习方面用慈母般的温暖来体贴他们、关心他们、爱护他们,使他们感到老师还在平等地对待他们,以此唤回他们的自尊和自信。然后,在此基础上正确引导,让他们能正确看到自身的缺点和错误,从而痛改前非。

7)不断丰富职业院校学生的课外生活,转移他们的兴趣爱好。据调查,学生迷恋赌博的主要原因是学习成绩较差,同时校园文化生活贫乏,只好在赌博中寻找刺激。所以班主任要在平时勤于观察,善于发现他们的兴趣和爱好,了解他们的特长,组建各类兴趣小组,开展丰富多彩的课外活动,充分发挥他们的特长,利用兴趣的转移来教育引导他们最终走到正道上。

8)充分调动班集体的力量来感化他们。班主任要善于在班级中培养学生养成互相帮助、团结奋进的班风,使有赌博行为的学生在这种环境中受到熏陶,感到自己的不足,鼓起勇气,奋起直追。班里的同学应平等地对待他们,给他们关心和温暖,帮助他们走出歧途。

9)呼唤社会各界力量来关爱他们。城镇社区可聘请有威望、热心教育事业的老党员、老干部、老教师等担任义务辅导员,定期组织学生开展教育活动,农村村委会应恢复和建立乡村图书阅览室,大力支持现在的农村文化个体户,用先进健康的文化为农村的职业院校学生提供有益的精神食粮。

四、赌博的预防措施

抵制和拒绝参与赌博,必须做到如下几点:

(1)要从思想上筑起保护墙,树立起"千里之堤,溃于蚁穴"的理念 要防微杜渐,分清娱乐和赌博的界限。大部分赌徒都是以寻求所谓的刺激和放松为借口,如从"消遣""带点刺激"等开始,逐渐沉溺其中,染上赌博瘾,从而陷入赌博的"泥潭"。

(2) 要正确看待社会上的赌博现象

1) 声明自己不会赌博。

2) 拒绝要有礼貌,但是态度要坚决,不要给人以"在讲客气"的错觉。总之要预防赌博,必须有自制力,"苍蝇不叮无缝的蛋",自己坚持不打牌,久而久之便没有人请你打了。

3) 看透赌博的本质,充分认识赌博的危害,要自觉遵守各项规章制度,建立遵纪守法的意识。

4) 树立远大的理想,培养高尚的情操,把精力花在学习科学文化知识上,努力提高自身的思想政治素质和文化素质。

五、戒赌措施

1) 避免出入任何赌博场所,培养其他可取代赌博的嗜好,努力打消赌博的念头。

2) 定一个限额,无论你正在赢钱或输钱,只要赌款达到所定的限额,便立即停止赌博。

3) 控制现金的流转,限制现金的供应,如设置从银行提款的限额,对手头的现金进行适当的分配,不留下过多的钱进行赌博活动。

4) 减轻精神压力、定时做运动(如慢跑等)、学习放松的技巧(如冥想等),或进行休闲活动(如听音乐、与朋友逛街等),借此驱走闷气,舒缓紧张的情绪。

5) 养成记录的习惯,例如写日记可助你了解自己的赌博行为,进行自我反省。

6) 可以通过电话向心理医生和社会学家一起商讨戒赌问题。

7) 积极听从家人的劝阻,清醒地认识到自己的错误,多想想自己身上肩负的责任,多想想赌博带来的危害。

小贴士

赌博的危害

一心赢钱,两眼熬红,三餐无味,四肢乏力,五业荒废,六亲难认,七窍生烟,八方借债,九(久)陷泥潭,十成灾难。

知识点6 警惕校园贷,远离套路贷

【案例4-15】 合肥一职业学院男生小林(化名),陷入了校园高利贷漩涡。其2016年9月向放贷人借了2000元人民币,到11月份刚刚两个月时间,债务本息滚雪球一般增长了接近100倍,到处打短工的父母倾尽家中积蓄,还了1万多元债后,欠的高利贷本息仍有17万多元。小林如今已不敢上学，躲回家中，精神疑似出现障碍。因为追债人频繁上门，其家人甚至不敢回家，只得报警求助。

一、警惕校园贷

1. 什么是网贷

（1）网贷的起源　网络信贷起源于英国，随后发展到美国、德国和其他国家，其典型的模式为网络信贷公司提供平台，由借贷双方自由竞价，撮合成交。

网贷，又称P2P网络借款，P2P是英文Peer to Peer的缩写，意即"个人对个人"。在传统P2P模式中，网络平台仅为借贷双方提供信息流通交互、信息价值认定和其他促成交易完成的服务，不实质参与到借贷利益链条之中，借贷双方直接发生债权债务关系，网络平台则依靠向借贷双方收取一定的手续费维持运营。

（2）网贷在中国　P2P网贷于2007年进入中国，并在2013年迎来大发展。现如今，全国P2P网贷平台在运营数量已有2000家左右，全国P2P投资人突破百万大关。

P2P网贷在中国已经不同于欧美国家的原始面貌，发生了很多变化，有的提供担保机制，有的引入了线下模式，有的已经介入到借贷双方债权债务关系中去，成为借贷资金流转的中转站。

（3）P2P网贷的运营模式　资金借出人获取利息收益，并承担风险；资金借入人到期偿还本息，网络信贷公司收取中介服务费。

（4）校园贷　校园贷是近年来互联网金融发展最迅猛的产品之一。只要是在校学生，在网上提交资料，通过审核，支付一定手续费，就能轻松申请信用贷款。

如果是正常的信贷，作为一种金融工具，它是"互联网＋"时代创新发展的金融理财衍生服务，它的确为职业院校学生打开了一扇解决经济困难的"窗"。

如果是不良信贷，即经常提到的校园不良网络信贷，它则一般披着具有诱惑力的迷人外衣，打着申请便利、手续简单、放款迅速的旗号，喊着"花明天的钱，圆今天的梦，总有一款满足你"的口号，像金融毒品一样能够让职业院校学生欲罢不能。目前出现各种问题的校园贷都是这些不良信贷。

不良校园贷大多具有信息审核不严、高利率、高违约金的特点，可以在短时间内像滚雪球一样使原本的千元贷款滚成万元乃至数十万欠款。不良校园贷通过低门槛借贷，引诱职业院校学生过度消费，不注重贷款人的信息保护，甚至以威胁、骚扰、公布裸照等违法方式催还贷款，引发了职业院校学生出走、自杀等极端现象，给学校和职业院校学生本人带来非常不好的影响。

2. 目前一些职业院校学生常光顾的校园网贷平台

目前市场上的校园网贷产品大致分为3类：一是专门针对学生的分期购物平台，部分提供较低额度的现金提现；二是P2P贷款平台，用于职业院校学生的助学贷款和创业；三是阿里、京东等传统电商平台提供的信贷服务,如京东白条、蚂蚁花呗等。

3. "花明天的钱,挖今天的坑",网贷"深坑"知多少

(1) 费率不明　一些校园不良网络借贷平台往往只宣传分期产品或小额贷款的低门槛、零首付、零利息等好处,却弱化其高利息、高违约金、高服务费的弊端,甚至隐瞒或模糊实际资费标准、逾期滞纳金、违约金等。看似免息、低息的平台的利率通常高达20%以上,成了"高利贷",逾期后每日费率最高与最低相差达60倍之多。很多职业院校学生因为一时冲动购物而选择贷款,最终要偿还的"本息和"相当于贷款本金的1.5倍,甚至更多。

(2) 隐形担保　分期平台并非真的"免担保",职业院校学生在申请过程中提供的家庭住址、父母电话、同学电话、班主任联系方式等信息,实际上就是隐形担保,如不能按期还款,某些平台就会向贷款人的父母、同学、班主任催款。

(3) 贷款门槛低、审核不严,身份可冒用　一些不良网贷平台打出"零门槛,无抵押""线上审核,最快3分钟到账"等类似广告。在一些校园不良网络借贷平台上注册用户,一般只需要学信网数据、学生证、身份证,以及常规联系人信息,注册后就可贷款高达2万~3万,一方面刺激、诱导了学生非正常地使用资金;另一方面,资质审核方面存在漏洞。如果一名学生获取了另一名学生的身份信息,很容易冒用他人的身份去贷款,而被冒用身份的无辜学生,将不得不面对信用记录遭抹黑、莫名成为被追债对象等棘手问题,还有,从校园网贷还会衍生出"黑中介",盗用他人身份信息,进行网贷。

(4) 高额度诱惑　如果看到"只要有学历即可办理贷款,最低几万起"的广告,千万不要相信。高利贷提高授信额度,诱导贷款,易导致学生陷入"连环贷"陷阱。

(5) 不文明的催收手段　很多校园不良网络借贷平台普遍存在不文明的催收手段,例如"关系催收",学生借款时被要求填写数名同学、朋友或亲属的真实联系方式,如果不能按时还款,平台就会把其逾期信息告知该学生的关系圈,严重干扰和伤害了借款学生的正常生活。大多数放贷公司或平台将催收工作外包给催收机构,采取短信、电话甚至上门骚扰、口头恐吓、胁迫、跟踪、盯梢、非法拘禁等极端手段,暴力追债现象威胁学生人身安全,特别是"裸条贷"的发生,严重影响职业院校学生的身心健康。

【案例4-16】　合肥一职业院校女生小静,就通过"裸条贷"借钱用来和男友花销,结果陷入"泥潭"。小静"裸条贷"的借款周息高达30%,"1万块钱一星期的利息就高达3000元。"最终,小静无力偿还贷款,债主通过散播其照片等隐私进行追债,在微博中曝光了小静"裸持"身份证的照片,其家庭住址、学校宿舍地址、专业、父母、学校老师甚至同学的联系方式都被一一公布。逾期后,放贷者逼债的对象已经蔓延到了小静身边的人,有些放贷人在小静所在学校的贴吧曝光她的资料,甚至将小静诈骗携款潜逃等不实短信发给其同学,连最近3个月内跟她有过联系的人,都收到了这些不实信息。除了小静之外,她的家人的生活也被逼债者的电话"搅"得乱了套。小静的父亲说:"催款电话每天平均能接30多个,最少的一天也有15个。"最终,小静的父母卖掉家中唯一的住房为小静还债,并向派出所报了案。

高利贷从业人员通过网络借贷平台向职业院校学生提供"裸条借贷",借款者一手举着自己的身份证放在胸前,一手拿着手机自拍,然后把照片作为"信用抵押"传给放贷者。

(6)风险难控,易将风险转嫁给家庭 部分校园借贷平台利用少数学生金融知识匮乏,钻金融监管的空子,诱导学生过度消费;学生有旺盛的消费欲,但是没有稳定的经济来源,其还款来源主要是父母,所以校园贷往往最后由家长还清。

(7)校园代理人无资质 校园贷的许多代理人是由在校学生担任,其并没有金融行业方面的相关从业资格。校园网贷平台"校园代理,层层分包提成"等发展模式破坏了正常校园秩序。

(8)替人网贷,是个"劫" 有的同学碍于人情关系等原因,用自己的身份证件替别人办理贷款。这种行为风险很高,因为一旦对方无力还款,剩余的债务就由"被"办理人独自承担。有些同学认为,虽然是拿自己的身份信息办了网贷,但网贷来的钱自己一分没花,就不需要还贷款,这种认知是大错特错的。

(9)分期购物,质量难保 有些网贷平台针对学生推出了分期购物功能,本质上是以消费之名、行借贷之实,借贷成本高且所经营商品的质量也难有保证。

4. 校园网贷诈骗套路知多少

(1)套路一:以好处为诱饵,引诱贷款 诈骗分子在校园内以"给好处费"为诱饵,让学生以自己的名义在网贷平台贷款,事后给职业院校学生几百元至数千元不等现金作为"好处费",并承诺所有贷款均由自己来还,与帮其贷款的学生毫无关系,然而一旦贷款成功,便人间蒸发。

(2)套路二:发布虚假广告,骗取押金 诈骗分子一般在搜索引擎上大量散布虚假网络贷款信息,待学生搜索到该公司信息后与其联系,便伪造贷款合同,并要求学生缴纳数千元的保险金,有些还会继续以信誉不足等为由,多次要求学生向其转账。

(3)套路三:骗取学生信息,迅速转账 诈骗分子还会先通过各种手段,如制作虚假贷款申请表获得学生手机的暂时使用权、银行卡以及个人信息,将银行卡与自己的微信、支付宝等绑定后再交还学生,并以该学生名义在网贷平台多次办理学生贷款,时刻关注到账信息,一旦到账便迅速转移资金,随后销声匿迹。

(4)套路四:谎称"黑户"漏洞,套现分红 诈骗分子谎称学生分期贷款可以操作为银行内部的"黑户",从而不用还款,可以利用这一软件漏洞赚钱。这种主要方式主要是让学生分期贷款购买高端电子产品后再低价出售,套现后诈骗分子成功"分红",事后贷款平台催学生还款时,诈骗分子已不知去向。

(5)套路五:额度小,期限短 "额度小"是为了迎合学生的借款需求;"期限短"

是为了间接提高贷款利息，而且短期的总利息看起来不会很高，学生比较容易接受。但是，如果真正计算贷款成本，费用是非常高的，因为它还包括了手续费及其他费用。

（6）套路六：采用"砍头息"　给借款人发放借款时，贷款公司（或贷款平台）会从本金中扣除一部分钱，这部分钱就是"砍头息"。例如，甲借给乙5万元，但在付给乙钱的时候，甲将扣除5000元作为利息，也就是说，乙实际拿到手的钱只有4.5万元。

（7）套路七："还不起款？给你介绍还款路径"　若借款学生还不起款，放款人往往会主动为其介绍路径，而该路径就是向另外一家贷款公司借钱，还上一家公司的欠款。这意味着借款人将签下更高额的欠款合同，易引发"连还贷"。不少学生通过网络借贷后，"拆东墙补西墙"、利滚利，借款人的债务就越滚越高，后患无穷。

（8）套路八：规避法律风险做假流水　由于高利贷是不受法律保护的，为了规避这一风险，一些贷款公司先将承诺的款项打入借款人的账户，然后让借款人取出来，再从中取走一部分钱，所以，最后借款人拿到手的钱并没有承诺的那么多，但实际还款金额却是承诺的借款数额。

（9）套路九：贷款合同免责条款　一些校园贷款平台的服务协议里，都有免责条款，其中明确有些情况是网贷平台不承担责任也不赔偿的。例如电信设备出现故障不能进行数据传输；由于黑客攻击、电信部门有技术调整或故障、网站升级、银行方面的问题等原因而造成的服务中断或者延迟。在实际操作中，网贷平台完全可以利用这些免责条款不承担应承担的责任。

5．不良校园网贷防范

1）职业院校学生应树立正确的消费观，不虚荣，不攀比，良性消费，防止冲动消费。许多同学每月的生活费不少，也很节省，可是为什么突然就"穷"了呢，原因很可能就是出现了一些"冲动型消费"。这种情况，可以在支付宝等APP中加入一些日最高消费金额的限制来约束自己。合理规划自己的日常消费，量入而出，理性消费，切忌攀比消费。

2）坚决不做卡奴、贷奴。很多职业院校学生通过各种渠道来办理信用卡和网贷，虽然短期获得了经济上的高消费，但是需要在以后的日子里压缩生活开支，为还款付出更多的金钱和精力，更严重者会走上歧途，对自己的学业和未来都有影响。购物分期需量力而行，且要综合比较，尽量不分期购物，同时切忌以贷还贷。

3）平时可参加勤工俭学缓解压力。节流的同时还需要开源，在学校里有很多可供学生自己支配的课余时间，可以在平时多参加一些兼职，不仅能得到一定的工资收入改善生活，还能提前适应社会环境，当然在兼职的过程中一定要防止上当受骗。

4）职业院校学生应注意对自己个人信息的管理，无论是身份证、学生证，还是支付宝、银行卡账户，都不宜随便透露给他人，哪怕是学校的熟人（包括老师、学长、室友等），以免被有心人用作其他用途，如用你的个人信息去进行校园贷，在你自己不知情的情况下背了一身债，有许多学生就是因为这样而走向了极端。

5）强化法律意识，知道什么行为是合法的，什么行为是受法律保护的。假如进行了校园贷，自己的权益被侵害，应如何维权。

6）不参与校园网贷行为。不在校园内宣传网贷，不做网贷代理人或中介，不向同学们介绍网贷经历或网贷路径，更不能直接开展网贷业务。

7）正规公司都有正规流程，放贷之前就要求交纳费用的贷款公司基本上都是骗子公司，请不要相信。

8）以贷款培训作为入职前提的公司也可直接列为骗子公司，可上相关网站进行查询。

9）无论在任何场合之下，都要谨慎充当担保人，更不要用自己的身份信息替他人贷款，否则要承担贷款连带责任或还款责任。

10）法律是道红线也是一道护身符。作为学生，不要参与不良校园网贷，不做网贷代理，不宣传网贷，不触碰法律这条红线；如果深陷网贷陷阱，一定要寻求警方的帮助，寻求法律的保护，不可走向极端。根据《最高人民法院关于审理民间借贷案件适用法律若干问题的规定》，借贷双方约定的利率未超过年利率24%，出借人请求借款人按照约定的利率支付利息的，人民法院应予支持；约定的利率超过年利率24%，当事人主张超过部分的利息不能计入后期借款本金的，人民法院应予支持；借贷双方约定的利率超过年利率36%，超过部分的利息约定无效。借款人请求出借人返还已支付的超过年利率36%部分的利息的，人民法院应予支持。

6. 校园贷款需谨慎

借款四问，是每一个有借款需求的职业院校学生应该牢记的准则。

（1）一问借款人　借款之前多问一句"借给谁"，拒绝以个人身份名义借钱给其他人，警惕"熟人"诈骗。

（2）二问借款用途　借款人确定是本人之后，要再三考虑借款用途。避免冲动消费、过度消费。

（3）三问借款平台　借款意向确定之后，一定要留意合同的规范性以及详细条款，对公章等信息需要再三确认比对，仔细听取审核流程中客服人员的提示。另外，要警惕和防范打着"中介"或者"代理"名义，号称可以提早放款、提额或者减免利息的人员，选择信誉度良好、操作流程规范、审核机制健全的大平台，切莫一味贪图福利的诱惑，而最终身陷骗局。

（4）四问借款金额　借款时要考量自己的偿还能力，合理选择借款金额，注意规避逾期风险，按时还款，培养自己的信用意识，否则名誉钱财双双受损，得不偿失。考虑还款能力的同时，也要做好特殊情况下逾期的应对准备，一旦逾期造成还款压力，应该正面对待，积极应对，通过勤工俭学或兼职等形式努力还款，不逃避、不推卸责任，给自己树立一个良好的信用形象。

二、套路贷

近两年来，贷款诈骗案件呈爆发增长的趋势。2018年初，套路贷成为国家打击的对象，打击的范围越来越大，使很多借款人深受其害的裸贷、学生贷、校园贷机构纷纷关闭。作为职业院校学生，应该了解套路贷的概念以及自我保护的方法，避免误入陷阱，造成不可估计的损失。

1. 套路贷概念

"套路贷"假借民间借贷之名，通过"虚增债务""制造资金走账流水""肆意认定违约""转单平账"、"虚假诉讼"等手段，达到非法占有他人财产的目的。由于"套路贷"隐蔽性强，且利用公权力"扫尾"，被害人很容易上当。尽量通过正当渠道贷款，特别要警惕"空白合同"。

"套路贷"的实质是一个披着民间借贷外衣行诈骗之实的骗局。"套路贷"已具备知识型犯罪的雏形，甚至有个别法律从业人员成为作案人的共谋或"军师"，给予其专业的"法律指导"，提升"虚假诉讼"的胜诉率，获取高额犯罪所得。

【案例4-17】 新华社昆明2019年5月11日电（记者王研） 昆明市公安局10日发布消息，经过三个多月的连续奋战，昆明市公安局呈贡分局成功破获云南首例校园"套路贷"案件，共打掉相互纠结的6个犯罪集团，抓获30名犯罪嫌疑人。

办案民警赛禄介绍，2016年以来，以邓某、向某、白某等为首的6个恶势力犯罪集团，分别在昆明市呈贡区、安宁市、嵩明县等高校聚集的区域，以私人借贷为幌子，诱骗高校学生签订虚高金额的借条、合同，之后使用暴力恐吓、要挟侮辱、非法拘禁、短信电话频繁骚扰等手段向受害人及其家人施压，非法索取巨额金钱。

警示： 在校学生切忌为满足虚荣心，轻易从网上线下借款，确有资金需要的应亲自到正规金融机构办理。此外，切勿以自己的名义随意帮同学、朋友借款，如遇"套路贷"应及时报警。

2. "套路贷"犯罪的基本特征

1）制造民间借贷假象。被告人对外以"小额贷款公司"名义招揽生意，与被害人签订借款合同，制造民间借贷假象，并以"违约金""保证金"等各种名目骗取被害人签订"虚高借款合同""阴阳合同"及房产抵押合同等明显不利于被害人的合同。

2）制造银行流水痕迹，刻意造成被害人已经取得合同所借全部款项的假象。

3）单方面肆意认定被害人违约，并要求被害人立即偿还"虚高借款"。

4）恶意垒高借款金额。在被害人无力支付的情况下，被告人介绍其他虚假的"小额贷款公司"或个人，或者"扮演"其他公司与被害人签订新的"虚高借款合同"予以

"平账",进一步垒高借款金额。

5)软硬兼施"索债",或者提起虚假诉讼,通过胜诉判决实现侵占被害人或其亲属财产的目的。

【案例 4-18】 2018年12月27日由武汉东湖新技术开发区人民检察院提起公诉的东湖新技术开发区首例"套路贷""校园贷"恶势力犯罪集团案件获一审判决。被告人广某某、白某、李某某、何某某四人犯敲诈勒索罪、非法拘禁罪,分别判处广某某有期徒刑4年2个月,并处罚金人民币18000元、判处白某有期徒刑4年3个月,并处罚金人民币18000元、判处李某某有期徒刑2年2个月,并处罚金7000元、判处何某某有期徒刑2年6个月,并处罚金8000元。

2017年12月至2018年2月期间,被告人广某某等人以个人名义开展贷款业务,采取签订虚假借款协议、虚增债务、肆意认定违约、转单平账等典型的"套路贷"手段,在短期内迅速抬升借款人的债务负担。随后,被告人广某某以及李某某又授意催收人员前往借款人所在学校,采取威胁、非法拘禁、滋扰等多种软暴力手段,利用被害人不敢将事情闹大的恐惧心理,迫使借款人接受明显超出实际借款金额和约定利息的还款金额,造成借款人及其家庭的重大财产损失,影响了借款人及其家庭正常的学习、工作、生活,严重影响了被害人所在学校的正常教学及管理秩序。

项目五 职业安全

项目导航

职业院校学生都要参加实训和实习,在实训实习中要注意什么,在学校的我们可能并不清楚,为了更好地参加实训实习,安全地完成实训实习,要掌握必要的实训实习的安全知识。

随着特种设备的使用越来越普遍,特种设备事故的发生也逐年增加。应当宣传、普及特种设备安全知识,提高安全意识。

对于诸多的求职者来说,一般的求职途径主要包括媒体和网络广告、各类人才市场、人力资源公司、职业介绍所等。尽管存在许多的求职机会,但也要意识到其中也有可能存在许多骗局与陷阱,作为准备走向社会的职业院校学生,一定要提高警惕!

知识点1 实训实习安全

常言道,"安全责任重于泰山"。在校企合作的背景下,学校应高度重视学生的生产实习,尤其是顶岗实习阶段的安全教育,学生应提高防范意识,安全顺利地在企业完成顶岗实习,圆满完成接受职业教育的任务。

【案例5-1】 2018年11月30日上午十点左右,杨某与唐某在车间正常地工作,在把师傅安排的扩孔任务完成后,师傅便安排杨某打扫车间,唐某因为没有被师傅安排工作,便无所事事地四处闲逛。过了一会儿,李某跑到师傅面前惊慌地说道:"师傅,不好了,出事了!"于是大家都冲到唐某面前,只见他右手紧握着自己的左手,一言不发,这时李某才告诉大家,唐某的大拇指被车床压掉了,师傅立刻开车送唐某到医院。经查证,唐某本应在打磨区休息,因好奇其他同学的工作,便私自串岗到冲床工作区,才造成悲剧的发生。

警示:唐某因随意的串岗,造成了拇指被压断的结果。因此,一定要遵守规章制度,不要随意串岗。在校实习时也要遵守操作规程,爱惜自己的生命,做任何事情都要仔细,不要因为一时的粗心大意就毁掉自己的未来。

一、校内实训安全

1. 铸工实习安全注意事项

1）穿戴好工作服等防护用品。

2）造型时不要用嘴吹沙子。

3）浇注时，其他人应远离浇包。

4）不可用手、脚触及未冷却的铸件。

5）不可在吊车下停留或行走。

6）清理铸件时，要注意周围环境，以免伤人。

2. 锻压实习安全注意事项

1）穿戴好工作服等防护用品。

2）使用前，对所使用的工具进行检查，如锤柄、锤头、砧子以及其他工具是否有损伤、裂纹、松动。

3）加热时，不要用眼睛盯着加热部位，以免光刺伤眼睛。

4）操作时，手钳或其他工具的柄部应置于身体的旁侧，不可正对人体。

5）手锻时，严禁戴手套打大锤。打锤者应站在与掌钳者成90°角的位置，抡锤前应观察周围有无障碍或行人。切割操作时，在料头飞出方向不准站人，操作快要切断时应轻打。

6）机锻时，严禁用锤头空击下砧铁，不准锻打过烧或已冷的工件。锻件及垫铁等工具必须放正、放平，以防飞出伤人。

7）必须用手钳等工具放置或取出工件，用扫帚清除氧化皮。不得用手摸或脚踏未冷透的锻件。

8）冲压操作时，手不得伸入上、下模之间的工作区间。从冲模内取出卡住的制件及废料时，要用工具，严禁用手抠，而且要把脚从脚踏板上移开，必要时应在飞轮停止后再进行。

3. 焊工实习安全注意事项

1）实习前要穿好工作服和工作鞋，焊接时要戴好工作帽、手套、防护眼镜或面罩等用品。

2）焊接前应检查焊机接地是否正常，焊钳、电缆等绝缘是否良好，以防触电。

3）不得将焊钳放在工作台上，以免短路烧坏电焊机。不许用手触及刚焊好的焊件，以防烫伤。

4）氧气瓶、乙炔瓶旁严禁烟火，氧气瓶不得撞击或触及油物。

5）焊接场地通风必须良好，以防有害气体影响人体健康。

6）焊后清渣时，要防止焊渣崩入眼中。

7）焊接结束时，要切断焊机电源，并检查焊接场地有无火种。

4．热处理实习安全注意事项

1）穿戴好工作服等防护用品。

2）操作前，应熟悉零件的工艺要求以及相关设备的使用方法，严格按照工艺规程操作。

3）使用电阻炉加热时，工件的进炉或出炉操作，应在切断电源的情况下进行。使用盐浴炉加热时，工件和工具都应烘干。

4）不要触摸出炉后尚在高温的热处理工件，以防烫伤。

5）不要随意触摸或乱动车间内的化学药品、油类和处理液等。

5．切削加工实习安全注意事项

1）操作机床时，必须穿好工作服并扎紧袖口，留长发者要戴工作帽，并将头发全部塞入帽内。不准戴手套操作机床。

2）高速切削时，要戴好防护镜，防止高速切削飞出的碎屑损伤眼睛。

3）开动机床前必须检查手柄位置是否正确，检查旋转部分与机床周围有无碰撞或不正常现象，并对机床加油润滑。

4）工件、刀具和夹具必须装夹牢固。装夹工件后，应立即取下扳手。

5）多人共用一台机床时，只能一人操作，严禁两人同时操作，以防意外。加工过程中不能离开机床，不准倚靠机床操作。

6）不能用手触摸和测量旋转的和未停稳的工件或卡盘。清除切屑要用钩子或刷子，不可用手或工具量具直接清除。

7）主轴运转时不得变换转速，以免发生设备和人身事故。

8）发现机床运转有不正常现象，应立即停车，关闭电源，报告指导老师。

9）操作时应注意他人的安全。

6．叉车操作安全注意事项

1）叉载物品时，应按需调整两货叉间距，使两叉负荷均衡，不得偏斜，物品的一面应贴靠挡货架，叉载的重量应符合载荷中心曲线标识牌的规定。

2）载物高度不得遮挡驾驶员的视线。

3）在进行物品的装卸时，必须用制动器制动叉车。

4）叉车接近或撤离物品时，车速应缓慢平稳，注意车轮不要碾压物品、木垫等，以免碾压物飞起伤人。

5）用叉车取货物时，货叉应尽可能深地叉入载荷下面，还要注意货叉尖不能碰到其他货物或物件。应采用最小的门架后倾来稳定载荷，以免载荷向后滑动。放下载荷时，可使门架小量前倾，以便于安放载荷和抽出货叉。

6）禁止高速叉取货物和用叉头与坚硬物体碰撞。

7）叉车作业时，禁止人员站在货叉上。

8）叉车作业时，禁止人员站在货叉周围，以免货物倒塌伤人。

9）禁止用货叉举升人员从事高处作业，以免发生高处坠落事故。

10）不准用制动惯性溜放物品。

7. 数控机床安全操作规程

（1）全程操作基本注意事项

1）工作时穿好工作服，不允许戴手套操作机床。

2）未经允许不得打开机床电器防护门，不要对机内系统文件进行更改或删除。

3）注意不要在机床周围放置障碍物，工作空间应足够大。

4）某一项工作如需要两人或多人共同完成时，应注意相互间的协调一致。

5）不允许采用压缩空气清洗机床、电气柜及 NC 单元。

6）未经指导老师同意不得私自开机。

7）请勿更改 CNC 系统参数或进行任何参数设定。

（2）操作前的准备工作

1）认真检查润滑系统工作是否正常，如机床长时间未开动，可先采用手动方式向各部分供油润滑。

2）使用的刀具应与机床允许的规格相符，有严重破损的刀具要及时更换。

3）调整刀具所用工具不要遗忘在机床内。

4）刀具安装好后应进行一、二次试切削。

5）加工前要认真检查机床是否符合要求，认真检查刀具是否锁紧及工件固定是否牢靠。要空运行核对程序并检查刀具设定是否正确。

6）机床开动前，必须关好机床防护门。

（3）操作过程中的安全注意事项

1）不能接触旋转中的主轴或刀具。测量工件、清理机器或设备时，请先将机器停止运转。

2）机床运转中，操作者不得离开岗位，机床发现异常现象立即停车。

3）加工中发生问题时，请按重置键"RESET"使系统复位。紧急时可按紧急停止按钮来停止机床，但在恢复正常后，务必使各轴再复归机械原点。

4）手动换刀时，应注意刀具不要撞到工件、夹具。加工中心刀塔装设刀具时应注意刀具是否互相干涉。

（4）操作完成后的注意事项

1）清除切屑、擦拭机床，使机床与环境保持清洁状态。

2）检查润滑油、冷却液的状态，及时添加或更换。

3）依次关掉机床操作面板上的电源和总电源。

8. 数控电火花、线切割机床安全操作规程

1）必须熟悉线切割机床的操作技术，开机后应按设备润滑要求，对机床有关部位注油润滑，润滑油必须符合机床说明书的要求。

2）操作者必须熟悉设备的加工工艺，恰当地选取加工参数，按规定顺序操作。

3）正式加工工件之前，应确认工件位置是否已安装正确。

4）严禁用手或手持导电工具同时接触加工电源的两端（电极与工件），防止触电。

5）在加工中，如发生断丝，应及时停机，清除断丝，更换新丝。

6）电火花加工过程中，应打开自动灭火开关，防止意外引起火灾事故。

7）电火花加工大电流放电时，加工液应高于工件 50 厘米。

8）电火花加工放电中，严禁合上 Z 轴锁定钮。

9）停机时，应先停高频脉冲电源，之后停工作液。工作结束后，关掉总电源，擦拭工作台及夹具并润滑机床。

9. 电工实习安全操作规程

1）实习操作前，需穿着工作服、绝缘鞋，保持双手干燥。

2）在检查和排除故障前，要用测量工具检查是否带电，严禁用手触摸。

3）查出故障，切断电源后，方可进行维修。

4）按指导老师要求，正确使用各种电工工具，在使用工具前要仔细检查工具绝缘部分是否损坏，以免触电伤人。

5）学生在实习过程中，要严格执行安全操作技术规程，不得擅自合闸送电。

6）实习完毕后，切断电源，所用工具经指导老师清点无误后，方可离开。

10. 电子实习安全操作规程

1）进入电子实习场地实习时，应穿工作服、绝缘鞋，按序分组进入场地，在指定的操作台位实习。

2）必须听从老师指导，严格遵守安全操作规程。不准违章操作，未经老师允许不准启动或使用任何非自用设备、仪器、工具等，操作项目和内容必须按实习要求进行。

3）爱护国家财产。丢失和损坏工具必须照价赔偿，由于违反操作规程或不听从老师指导造成国家财产损失的要酌情赔偿。

4）实习中要保持安静，不得大声喧哗，集中思想，有问题要向指导老师举手示意。

5）实习时，应保持操作台位整洁。爱护设备，小心使用工具，节约材料。实习完毕要整理设备，打扫场地卫生，归还使用工具，工具丢失或无故损坏，按原价赔偿。

6）实习场地内非自己操作的设备，未经许可不得使用。实习时如遇设备故障，应立即报告指导老师。

7）任何情况下，不得随意开启场地内的电器开关，以免发生事故。

二、顶岗实习安全

【案例 5-2】 杨某是某职业学校汽车维修专业的学生，毕业前夕，被学校安排到一家汽车销售公司 4S 店实习，日常工作就是在实习指导人的带领下对客户的汽车进行保养和维修。2015 年 4 月的一天，杨某独自在维修一辆汽车时，要求该车司机配合进行挂挡、摘挡操作，在操作过程中，车突然向前滑行，杨某躲闪不及，被车撞伤，医院诊断为左股骨粉碎性骨折，软组织损伤。

本案例中汽车销售公司、学校和肇事车司机均存在过错。

汽车销售公司过错： 杨某虽然实习，但依然是学生，实习是学生从学校走向社会的一个不可或缺的环节，是一种直接参与到企业运营过程中的生产实习。因此，事故发生时对杨某的监督管理和教育的主要职责应转移至汽车销售公司，汽车销售公司除了应该积极防范企业运营过程中可能出现的危险，还应对实习人员履行教育、管理责任。

学校过错： 杨某具有学生身份，实习是学校专业课程的延伸，学校仍应尽到对实习生的管理教育义务。

肇事车司机过错： 汽车虽然是在维修，但作为司机，操纵汽车应该精力高度集中，肇事车司机未尽到谨慎注意的义务。

1. 顶岗实习生产岗位安全教育

1）明确生产实习任务，遵守安全操作规程，严格遵守劳动纪律、工艺纪律、操作纪律、工作纪律。严格执行交接班制度、巡回检查制度，禁止脱岗，禁止与生产无关的一切活动。认真执行岗位安全操作细则。

2）与自己的实习指导人建立起良好的师生关系，服从实习指导人的工作安排，重大问题事先向实习指导人反映，共同协商解决，学生不得擅自处理。

3）严格遵守特种设备管理制度，禁止无证操作。正确使用特种设备，开机时必须注意检查，发现不安全因素应立即停止使用并挂上故障牌。

4）按章作业，做好岗位安全文明生产，发现隐患（特别对因泄漏而易引起火灾的危险部位）应及时处理及上报。及时清理杂物、油污及物料，切实做到安全消防通道畅通无阻。

2. 安全用电基本要求

1）车间内的电气设备，不要随便乱动。自己使用的设备、工具，如果电气部分出了故障，不得自行修理，也不得带故障运行，应立即请电工检修。

2）自己经常接触和使用的配电箱、配电板、闸刀开关、按钮开关、插座、插销以及导线等,必须保持完好、安全,不得有破损或将带电部分裸露出来。

3)在操作闸刀开关、磁力开关时,必须将盖盖好,防止万一短路发生电弧或熔丝熔断飞溅伤人。

4)使用的电气设备,其外壳按有关安全规程,必须进行防护性接地或接零。对于接地或接零的连接点要经常进行检查。要保证连接牢固,接地或接零的导线不得有任何断开的地方。

5)需要移动某些非固定安装的电气设备,如电风扇、照明灯、电焊机等时,必须先切断电源再移动。同时导线要收拾好,不得在地面上拖来拖去,以免磨损。当导线被物体轧住时,不要硬拉,防止导线被拉断。

6)在使用手电钻、电砂轮等手持电动工具时,必须装设漏电保护器,使用相应的插头、插座。严禁将导线直接插入插座内使用。同时,注意不得将工件等重物压在导线上,防止轧断导线发生漏电。

7)工作台上、机床上使用的局部照明灯,应采用安全电压,其电压一般不得超过36伏。

8)在一般情况下,用电设备使用期一个月以上时应安装正式线路,短期使用必须装置临时线,须经过相关部门批准。同时,临时线应按有关安全规定安装好,不得乱拉乱拽。另外,必须在规定时间内拆除。

9)在进行容易产生静电火灾、爆炸事故的操作时(如使用汽油清洗零件、擦拭金属板材等),必须有良好的接地装置,以便及时导除聚集的静电。

10)在雷雨天,不要走近高压电杆、铁塔、避雷针的接地导线周围20米之内,以免有雷击时产生跨步电压触电。

11)在遇到高压电线断落地面时,导线断落点周围20米内,禁止人员入内,以防跨步电压触电。如果此时已有人在20米之内,不要跨步行走,应用单足或并足跳离危险区。

12)发生电气火灾时,应立即切断电源,用黄沙、二氧化碳、四氯化碳等灭火器材灭火。切不可用水或泡沫灭火器灭火,因为它们有导电的危险。救火时,应注意自己身体的任何部分及灭火器具不得与电线、电器设备接触,以防触电。

13)车间的电气设备,如变压器、配电盘及裸露的电线或涂有红、黄、绿色铜、铝导电排等,可能带电,任何人员绝对不要触摸。

14)任何电气设备在未验明无电之前,一律认为有电,不要盲目触及。所有标识牌(如"禁止合闸""有人操作"等标牌),非有关人员不得随便移动。

3. 机械设备安全操作要求

(1)机械设备的基本安全要求

1)机械设备的布局要合理,应便于工人装卸工件、操作观察和清除杂物;同时也应便于维修人员维修和检查。

2）机械设备的零部件的强度、刚度应符合安全要求，安装应牢固，不应经常发生故障。

3）机械设备根据有关安全要求，必须装设合理、可靠、不影响操作的安全装置。

4）机械设备的电气装置，必须符合电气安全的要求。

5）机械设备的操作手柄、手柄开关、脚踏开关应符合要求。

6）作业现场要有良好的环境。主要是照明度要适宜，湿度与温度要适中，噪声与震动要小，工件、夹具要摆放整齐。

7）每台机械设备应根据其性能、操作顺序等制定安全技术操作规程和检查、润滑、维修等制度，以便操作者遵守。

(2) 机械设备安全操作要求

1）必须正确穿戴好个人防护用品，该穿戴的必须穿戴，不该穿戴的决不能穿戴。例如，旋转机床不准戴手套操作，如果带了就有可能把手绞伤。

2）操作前要对机械设备进行安全检查，而且要空车运转一下，确认正常后，方可投入运行。

3）设备运行过程中要经常进行安全检查，特别要注意紧固的物件是否因震动而松动。

4）机械设备严禁带故障运行，否则很可能发生事故。

5）机械设备的安全装置必须按规定正确使用，不得将其拆掉不用。

6）机械设备使用的刀具、夹具及加工的零件等要装卡牢固，不得松动。

7）设备运转时，严禁用手调整，不得用手测量工件或进行润滑、清扫杂物等。

8）机械设备运转时，操作者不准离开工作岗位。

9）工作结束后，应关闭开关，切断电源，把刀具和工件从工作位置退出，清理好工作场地，将零件、夹具摆放整齐，打扫好卫生。

(3) 进行金属切削加工时的注意事项

1）工作前要穿好紧身工作服，袖口系紧，长发要盘入工作帽内，操作旋转设备时不能戴手套。

2）开车前要按规定润滑设备各个部位，还要手动试运转，确认空车运转正常后，再开始工作。

3）各类机械设备的刀具要按规定选用，保证完好，装夹要牢固可靠，防止工件飞出伤人。

4）各类切屑应用钩子等专用工具清除、放好，不能用手去抓，防止切屑割手伤人；缠到或粘到工件上的切屑应在停车后清除。

5）装夹完工件后，应将各种工具、量具放在规定的工具箱内。

6）工作完成后，要切断各动力电源。

(4) 进行冲压作业时的注意事项　进行冲压作业的人员应经考试合格并持证上岗，作业时应集中注意力，禁止疲劳工作，避免肢体进入模具危险区造成危险。

(5) 进行焊接作业时的注意事项

1) 禁止在具有火灾、爆炸危险的场所进行焊接作业。

禁止对未经清洗置换处理的化工容器进行焊接。置换清洗后应取样分析，合格后方可进行作业。密闭容器不得焊割。

2) 在容器或狭小舱室作业时，要进行空气分析，检测易燃易爆气体和氧的含量，合格后方可作业。要加强通风，防止形成爆炸性混合气体。

3) 在焊接作业点周围10米以内不得有易燃易爆物和杂物。高空焊接作业时，地面应有专人监护。

4) 工作结束后，要认真检查现场，防止隐藏火种，确认无隐患后方可离开。

知识点 2　特种设备安全

一、特种设备安全基础知识

特种设备包括锅炉、压力管道、自动扶梯、客运索道、大型游乐设施等。同学们对这些设备并不陌生，如上下楼要乘坐电梯，旅游时要乘坐客运索道或游乐设施等。它们为什么被称为特种设备呢？因为它们被大众广泛使用，一旦使用不当就会发生事故，给人们造成伤害，严重的会夺取人的生命。所以，这些特种设备的相关安全知识特别重要。同学们应当通过学习特种设备安全知识，提高自我保护能力，防止受到不应有的伤害。

1. 如何预防锅炉爆炸带来的伤害

学校是使用锅炉较多的单位，如果使用不当，就可能因高温、高压造成爆炸事故。

(1) 锅炉　锅炉是指利用燃料、电或者其他能源，将所盛装的液体加热到一定的温度，并承载一定压力的密闭设备，其范围规定为容积大于或者等于30升的承压蒸汽锅炉；出口水压大于或者等于0.1兆帕（表压），且额定功率大于或者等于0.1兆瓦的承压热水锅炉；有机热载体锅炉。

(2) 锅炉可能发生的事故

1) 爆炸事故。指锅炉在使用中或试压时发生破裂，使压力瞬时降至等于外界大气压力的事故。锅炉爆炸时，大量的水蒸气从破口处急速冲击。由于具有很高的速度，当与空气或地面接触后，便产生了巨大的反作用力而获得动能，使锅炉腾空而起，或者朝反作用力的方向运动。这与炮弹或喷气式飞机被尾部强大的气流推动向前的道理是一样的。

2) 缺水事故。当水位表中的水位低于安全水位时，称为缺水事故。在缺水后锅筒和锅管被烧红的情况下，若大量上水，水接触到烧红的锅筒和锅管会产生大量水蒸气，气压剧增会导致锅炉烧坏，甚至爆炸。

3）爆管事故。管子爆破是锅炉运行中性质严重的事故。一旦发生爆管，会损坏邻近的管壁，冲塌炉墙，并且在很短时间内造成严重缺水，使事故扩大。

（3）锅炉相关事故的预防措施

1）要对锅炉进行定期检验，保持设备完好。

2）要保持锅炉负荷稳定，防止骤然降低负荷，导致气压上升。

3）学生不要在锅炉周围滞留、活动，以免突发事故造成伤害，更不要用手触摸锅炉，防止烫伤。

2. 压力管道的安全工作特性

压力管道是指利用一定的压力，用于输送气体或者液体的管状设备。

1）可能发生的事故。压力管道和锅炉有相似之处，例如因承受高温高压而有爆炸危险和易损坏性。此外，还可能由于介质易燃、有毒或具有腐蚀性，当发生泄漏时，可引发火灾、大面积中毒等严重事故。

2）事故预防措施。压力管道必须请有资质的检验机构进行定期检验，同时管道外部必须有明显的介质及其流向标记，对于安装于户外的压力管道，必须有警示的标识，提醒路人注意安全，以防烫伤行人。管道上的压力表和安全阀必须定期进行检验，且压力表至少6个月校验一次，安全阀至少1年校验一次。学生应远离校内的热水管道和蒸汽管道，以防止烫伤。如发现漏气现象，立刻向老师报告。

3. 电梯

现如今，城市里高楼林立，人们上下楼都乘坐电梯，既方便又省时省力。然而，频频发生的电梯伤人事件却让人们对电梯安全问题充满了担忧。

电梯是指动力驱动，利用沿刚性导轨运行的箱体或者沿固定线路运行的梯级（踏步），进行升降或者平行运送人、货物的机电设备，包括载人（货）电梯、自动扶梯、自动人行道等。电梯作为现代化的一种代步工具，是一种高度自动化的设备，广泛应用于商场、医院、住宅楼、写字楼等。

【案例5-3】 2015年7月29日上午9时30分左右，荆州城区安良百货商场七楼自动电梯发生一起伤人事故。31岁的荆州女子抱着不满3岁的儿子，在踏上扶梯最后一块踏板时，因踏板松动，母子双双被卷入电梯，母亲用双手把儿子托举出来，儿子因此获救，但母亲不幸身亡。

扶梯内部都是运动部件，一旦被卷入会受到碾压和剪切伤害，几乎无法幸存。

（1）电梯可能发生的危险 人员被挤压、剪切、撞击和发生坠落；人员被电击；轿厢超越极限行程发生撞击；轿厢超速或因断绳造成坠落；由于材料失效、强度丧失而造成结构破坏等事故。

（2）事故预防措施

1）注意安全标识。乘坐电梯，首先要查看电梯内是否有质量技术监督部门核发的安全检验合格标识，电梯有安全标识才能保障安全。

2）电梯超载很危险。电梯不能超载，超载报警时，就等下一趟电梯。

3）远离电梯门。当电梯门快关上时，千万不要强制冲进电梯，阻止电梯关门，切忌一只脚在内一只脚在外停留，这样可能受伤。

4）不要随便按应急按钮。应急按钮是为了应对意外情况而设置的，电梯正常运行时不要按动，否则会带来不必要的麻烦。

5）电梯开门运行很危险。乘坐电梯时，如果电梯门没有关上就运行，这说明电梯有故障，乘客不要乘坐，同时向维修人员报告。

6）不要乘坐维修中的电梯。来到电梯前，乘客首先看看是否挂有"停梯检修"标识。如果电梯在维修，应挂有这种标识，乘客不要乘坐。

7）发生火灾时不用电梯逃生。发生火灾时应将电梯停在火势或烟火未蔓延的楼层。禁止使用电梯逃生，而要从楼梯逃生。

8）发生意外时不要惊慌。电梯运行中出现故障时，乘客不要惊慌，应设法通知维修人员救援，不要乱动乱按，等待是保障安全的明智选择。

9）进出电梯须观察。电梯停稳后，乘客进出电梯时应注意观察电梯轿厢地板和楼层是否水平，如果不平，说明电梯存在故障，应及时通知检修，以保障乘客安全。

10）一旦有人员被困入电梯内，乘客应立即拨打电梯内使用单位的急救电话，或拨打电梯合格证上的维修保养电话，以请求急救。

（3）电梯的安全知识

1）乘客进入轿厢后，首先按下所需到达的楼层按钮，然后按关门按钮，电梯即可关门启动运行；电梯钥匙要有专人保管，其他人员不得乱配钥匙，随便使用。

2）如果在电梯关门的过程中想要出入，应按下轿厢里面的开门按钮或者候梯厅的外召唤按钮，不宜用手或脚去阻挡轿门。

3）为了提高电梯的使用效率，如果乘客想去楼上某层，则只需按召唤按钮中上面的按钮；如果想去楼下某层，则只需按召唤按钮中下面的按钮。不要同时按召唤按钮中的上下按钮，否则，电梯上、下到此层时都会停止，从而降低了电梯的使用效率。

4）乘坐电梯，应使用候梯厅的召唤按钮或者轿厢里面的开门按钮来使电梯门打开，在任何情况下都不能用外力扒门。有人以为扒开厅门就能进入电梯轿厢，但其实这是非常危险的想法，万一电梯轿厢不在该层，扒门者就极易跌落井道。因此，乘电梯时一定要待电梯到了你所在的楼层，停稳了，门开了，看清楚了再步入。

5）在乘坐电梯过程中，如遇停电或者发生故障而被困在轿厢里面，乘客应按动轿厢操纵板上的警铃按钮或对讲电话按钮，通过轿厢里面的对讲电话通知物业管理单位。乘客被困在轿厢里面并无生命危险，不必惊慌，应耐心等候物业管理单位或电梯公司派人前来救援。不要通过强行扒开电梯门的方式来逃生。如供电恢复正常或故障消失后，有的电梯会自动返回基站（底层或顶层），并重新将所有楼梯自动跑一遍，待电梯运行停止后，乘客重新按下所要到达的楼层按钮即可。

6）万一你乘坐电梯，遇上电梯失控（如溜车、上冲、上下振荡）千万不要过于害怕。首先要抓牢护栏，防止碰伤。待电梯稳定后，再通过电梯内的警铃按钮（或手提电话）向外呼救，等待管理员和维修保养人员前来解困。

4. 自动扶梯的安全注意事项

1）儿童和老弱病残人员应由有行为能力的成年人一手拉紧或搀扶搭乘，婴幼儿应由上述成年人抱住搭乘，成年人也应用手扶握扶手带，以免发生意外事故。依靠拐杖、助行架、轮椅行走的乘客应去搭乘电梯。

2）切忌将头部、肢体伸出扶手装置以外，以防受到障碍物撞击，并造成人身伤害事故。

3）搭乘时应面向梯级运动方向站立，一手扶握扶手带，以防因紧急停梯或他人推挤等意外情况造成身体摔倒，请勿让手指、衣物接触两侧扶手带以下的部件。

4）乘客在自动扶梯梯级入口处踏上梯级水平运行段时，应注意双脚离开梯级边缘，站在梯级踏板中间。请勿踩在两个梯级的交界处，以免梯级运动至倾斜段时因前后梯级的高度差而摔倒。搭乘自动扶梯或自动人行道时，请勿将鞋子或衣物触及玻璃或金属栏板下部的围裙板或内盖板，避免梯级运动时因挂拽而造成人身伤害。

5）禁止在运动的梯级上蹦跳、嬉戏、奔跑。

6）禁止沿梯级运行的反方向行走与跑动，以免影响他人使用或跌倒。禁止倚靠扶手侧立，以防衣物挂拽或损坏扶手装置。

7）禁止在梯级上丢弃烟蒂，以防发生火灾；请勿在梯级上丢弃果核、瓶盖、雪糕棒、口香糖、商品包装等杂物，以防损坏梳齿板；乘客请勿脚穿鞋底沾有水、油等易使人滑倒的鞋子搭乘扶梯。

8）禁止儿童攀爬扶手带或内盖板，禁止儿童将扶手带或内、外盖板当作滑梯玩耍，以防发生人员擦伤、夹伤或坠落事故。禁止用手或其他异物触及扶手带入口处，以防卷入；禁止儿童在扶手带出入口附近玩耍、嬉戏，以防产生安全事故。

9）发生意外紧急情况（例如乘客摔倒或手指、鞋跟被夹住）时，应立即呼叫位于梯级出入口处的乘客或值班人员立即按动红色紧急停止按钮，停止自动扶梯或自动人行道运行，以免造成更大伤害。正常情况下请勿按动此按钮，以防突然停止而使其他乘客因惯性而摔倒。

10）禁止赤脚搭乘，禁止蹲坐在梯级踏板上搭乘，请勿穿着松软的塑料鞋、橡胶鞋搭乘，尤其是当梳齿板有梳齿缺损、变形时，容易使脚部或臀部受到严重伤害。

11）禁止手推婴儿车、购物小推车等搭乘自动扶梯，以免车子失去平衡造成滚落，甚至造成其他乘客受伤或设备损坏。需要时请搭乘电梯或自动人行道。

12）禁止利用自动扶梯或自动人行道作为输送机直接运载物品。

5. 客运索道

客运索道是指动力驱动，利用柔性绳索牵引箱体等运载工具运送人员的机电设备，包括客运架空索道、客运缆车、客运拖牵索道等。

【案例5-4】 某年10月3日10时50分左右，发生一起索道钢丝绳断裂，吊厢坠落事故。此次事故造成14人死亡，22人受伤，是我国客运索道迄今为止所发生的最严重的一起群死群伤特大伤亡事故。故事原因分析如下。

其一，违规设计、安装、使用。该索道的设计图纸未经审查，竣工后未经安全管理审查和验收检验，在未取得《客运架空索道安全使用许可证》的情况下，违规运营。

其二，设计严重违反安全规范，在9个方面违反安全规范，存在严重安全隐患。其中《客运架空索道安全规范》规定"每台驱动机上配备工作制动和紧急制动两套制动器，两套制动器都能自动动作和可调节，并且彼此独立。其中一个制动器必须直接作用在驱动轮上，作为紧急制动器"，该索道设计、制造未执行以上标准规定，在驱动卷筒上没有装设紧急制动器，运行中唯一的制动闸失灵，造成索道失控坠落。

其三，索道站长、操作司机和管理人员未经专业技术培训，无证上岗；运行混乱，工作人员违规操作；吊厢严重超载运行。

（1）客运索道的特点　露天高处作业，钢丝绳的安全影响大；自然条件变化大、规则性差；安全环节多、关联性差；职工误操作多、乘客和周边人员错误行为多；营救难度大、社会影响大。

（2）客运索道事故预防措施

1）乘坐客运索道要认准"安全检验合格"标识，不要乘坐超期未检的客运索道。

2）乘坐前请先阅读"乘客须知"。

3）心脏病、高血压、恐高症的患者及精神不正常者请不要乘坐。行动不便及未成年人乘坐索道必须由成人陪同。

4）听从工作人员指挥，按顺序上下。

5）在客运索道车厢内，请坐稳扶好，不要嬉戏打闹，不要将头、手伸出窗外。

6）严禁摇摆吊椅吊篮，严禁站立在吊椅吊篮上或蹲在座位上。

7）禁止擅自打开吊椅护栏和吊篮车门。

8）如遇索道发生故障，请不要惊慌，在原位置等待，注意听广播，等待工作人员救援，切勿自行采取救援措施。

6. 大型游乐设施

大型游乐设施是指用于经营目的，承载乘客游乐的设施，其范围规定为设计最大运行线速度大于或者等于2米/秒，或者运行高度距地面高于或者等于2米的载人大型游乐设施。

【案例5-5】 2018年4月21日15时20分许，许昌市西湖公园大型游乐设施"飞鹰"在运行过程中，发生一起坠落事故，造成一名乘客坠亡。综合分析认为"事故舱位安全压杠未锁紧到位，腰部安全带未按要求束缚乘客，裆部安全带从锁头中抽脱"是导致乘客从舱位中甩落，头部触地死亡的直接原因。

（1）大型游乐设施的组成与特点

大型游乐设施是以它的运动特点和娱乐特征进行分类的，分为旋转运动的游乐设施、沿轨道和地面运动的游乐设施、具有特定娱乐功能的游乐设施。它与其他特种设备的区别是其使用的目的是载人娱乐和满足乘客在娱乐过程中对动感和惊险的感受度需求。

大型游乐设施现场条件要求高，装载人员多，易造成群死群伤事故。

（2）大型游乐设施事故的预防措施

1）乘坐大型游乐设施，请认准设施上的《安全检验合格》标识牌。有《安全检验合格》标识牌的游乐设施才可放心乘坐。

2）当你决定要玩某一游乐设施时，请仔细阅读"乘客须知"或"乘坐须知"及相关的"警示牌"。"乘坐须知"会告知乘坐时的一些非常重要的注意事项，同时提出哪些人不宜乘坐。14岁以下儿童不宜乘坐"过山车""海盗船""太空飞梭""勇敢者转盘"等激烈刺激的游乐设施。

3）设备运行中，千万不要将手、胳膊、脚等身体任何部分伸出车外，更不要擅自解开安全带、打开安全压杠。

4）乘坐旋转、翻滚类游乐设备时，请务必将眼镜、相机、提包、钥匙、手机等易掉落物品托人保管，切勿将上述物品带在身上进入游乐设施车厢。

5）要听从工作人员的指挥，按顺序上下，坐稳扶好，千万不要擅自进入隔离区。

6）在运行中若出现意外情况，不要着慌、乱动，在原位置等待工作人员的救援，不要擅自解开安全带、打开安全压杠。

7）游乐设施到站停车后，请在工作人员指挥、引导或帮助下解下安全带和抬起安全压杠。

7. 使用液化石油气安全知识

现在有些家庭仍在使用液化石油气，在使用中，要查看气瓶是否在检验有效期内（国家规定气瓶每4年一个检验周期），检验合格标识打印在瓶身上或者固定在气瓶阀门处。使用时不要离火源太近，不要倒置使用，更不能用超过40摄氏度的热水加温。使用时应注意以下几点。

1）家庭用 YSP-15 型液化石油气钢瓶使用年限为 15 年，超过使用年限一律按报废处理。

2）家庭用 YSP-15 型液化石油气钢瓶自制造日期起，第一次至第三次检验的检验周期为 4 年，第四次检验有效期为 3 年。

3）使用液化石油气应注意对钢瓶轻拿轻放，经常检查胶管是否老化，不用时应及时关闭总阀，防止泄漏，预防中毒或爆炸事故的发生。

二、《特种设备安全监察条例》选摘

第一章 总则

第二条 本条例所称特种设备是指涉及生命安全、危险性较大的锅炉、压力容器（含气瓶，下同）、压力管道、电梯、起重机械、客运索道、大型游乐设施和场（厂）内专用机动车辆。

第五条 特种设备生产、使用单位应当建立健全特种设备安全、节能管理制度和岗位安全、节能责任制度。

第二章 特种设备的生产

第十四条 锅炉、压力容器、电梯、起重机械、客运索道、大型游乐设施及其安全附件、安全保护装置的制造、安装、改造单位，以及压力管道用管子、管件、阀门、法兰、补偿器、安全保护装置等（以下简称压力管道元件）的制造单位和场（厂）内专用机动车辆的制造、改造单位，应当经国务院特种设备安全监督管理部门许可，方可从事相应的活动。

第三章 特种设备的使用

第三十一条 电梯的日常维护保养必须由依照本条例取得许可的安装、改造、维修单位或者电梯制造单位进行。电梯应当至少每 15 日进行一次清洁、润滑、调整和检查。

第三十四条 客运索道、大型游乐设施的运营使用单位在客运索道、大型游乐设施每日投入使用前，应当进行试运行和例行安全检查，并对安全装置进行检查确认。电梯、客运索道、大型游乐设施的运营使用单位应当将电梯、客运索道、大型游乐设施的安全注意事项和警示标志置于易于为乘客注意的显著位置。

第三十八条 锅炉、压力容器、电梯、起重机械、客运索道、大型游乐设施、场（厂）内专用机动车辆的作业人员及其相关管理人员（以下统称特种设备作业人员），应当按照国家有关规定经特种设备安全监督管理部门考核合格，取得国家统一格式的特种作业人员证书，方可从事相应的作业或者管理工作。

知识点 3 安全求职，严防就业侵害

目前就业市场还不够健全和规范，人才市场并不安全，加之少数学生的安全防范意识和自我保护能力较弱，各种违法犯罪分子伺机作案，侵害毕业生的案件及制造就业陷阱的现象时有发生。不少学校在重视对学生进行专业知识（技能）教育和就业岗位推介的同时，忽略了对职业院校学生进行就业陷阱预防教育工作，致使部分学生在就业过程中面对种种就业陷阱时束手无策。因此，加强对就业陷阱的认识与分析，找出相应的对策，加强预防教育，是职业院校当前的重要课题之一。

一、就业陷阱及其表现特征

职业院校学生就业陷阱是指招聘单位、其他机构或个人，利用职业院校学生的弱势地位如社会经验不足、自我保护意识差、就业竞争激烈等，以提供就业机会为诱因，采用违法悖德等手段，与职业院校学生达成权利与义务不对等的各类就业意向或协议，以期侵害职业院校学生合法权益的现象。尽管就业陷阱形态各异，但其目的都是骗钱，主要表现为以下特征。

1. 欺骗性

招聘者和求职者之间往往存在着信息不对称现象。招聘单位以虚假的宣传、不实的承诺来取得求职者的信任，然后在协议中提出苛刻条件，致使他们根本无法满足其要求。

2. 诱惑性

年轻人通常好高骛远，一些毕业生在找工作时，不顾现实条件的限制，一心想找一份体面的职业。招聘单位在招工时正是利用了学生贪图虚荣的心理，在招工简章中"挂羊头卖狗肉"，以"业务经理""行政助理"等好听的职位名称进行引诱，并以虚假的待遇和发展前景来诱骗学生。

3. 虚伪性

违法用人单位的各种伎俩都有十分华丽的诱人说辞，听起来入情入理，面面俱到，句句都令人心动，其实处处布下陷阱。涉世不深的职业院校学生十分单纯，难辨真伪，很快成为被猎取的对象。

4. 违法性

就业陷阱中，招聘单位的违法目的各有不同。一类是违法违规留人才。有些招聘单位为留住人才而扣留职业院校学生的证件，使职业院校学生无法离职。有些招聘单位软硬兼

施,一方面大开"空头支票",另一方面强迫学生工作,迫使学生逐渐接受不公正、不合理的现实。另一类就是坑蒙拐骗,使职业院校学生掉进招聘单位挖下的高薪陷阱、培训陷阱、中介陷阱,甚至诱骗职业院校学生入股、推销、传销等,还有些用人单位给职业院校学生设置了协议陷阱、合同陷阱或试用期陷阱。

二、就业陷阱的主要类型

1. 招聘陷阱

招聘陷阱有多种形式:其一是招聘会不合法。有些双选会未经有关主管单位审批。参加双选会的单位也良莠不齐。有些招聘单位甚至出卖学生的个人信息,给一些违法之徒有可乘之机。其二是变相收费。如有些招聘单位不当场签约,要求通过网络或电话继续洽谈,而这些网络或电话都是收费的;有些招聘单位收取应聘者报名费、资料费或培训费等。其三是用招聘掩盖违法行为。有些企业打着招聘的幌子,逼迫毕业生做传销、推销或其他违法的事情。

【案例5-6】 小赵,22岁,2019年7月刚从某网络信息学院毕业,看着周遭的同学都已找到了满意的工作,自己几个月来却一直还是处于失业的状态,心中十分着急。应聘了多家单位后,单位均以没有工作经验为由而婉拒他。他总觉得刚毕业的职业院校学生在劳动力市场常有"矮人一截"的感觉。

某网络公司招聘网络管理员岗位,并在介绍中说明"无工作经验也可",小赵不假思索就到这家公司填写了登记表,并对招聘公司的背景一概不问,面试人员跟他说什么他都答应。面试人员在面试过程中提出要收取报名费、培训费等一系列费用,小赵由于急于想得到这份工作,便交了钱,也没留下任何票据,听从面试人员的话语,回家等消息。

但等了一个月,该公司仍然没有给他任何回音,他来到公司要求退钱,但由于拿不出任何凭据,只能无奈走人,工作没找到,连钱也被骗去了不少。

2. 职业中介陷阱

就业形势的严峻导致就业中介机构的产生和膨胀。就业机构良莠不齐,当然这其中不乏优秀的、对职业院校学生就业产生正面影响的中介机构,但是"黑中介"(没有在工商管理部门登记备案的机构)也随之产生,也有的中介机构为了个人利益,设置陷阱,骗取钱财。骗取钱财的方式通常有:多荐少录,用工单位明明只招几名或十几名员工,中介机构却推荐几十名甚至上百名求职者前去面试,然后收取报名费、中介费、车辆使用费等费用。这些中介组织与求职者约定,推荐求职者到单位面试,如果因为求职者自身原因无法录用的话,只退中介费不退报名费,这样报名费就顺理成章地到了违法中介机构的手里;虚假承诺,在介绍时,违法中介机构声称单位招聘的是比较好的工作岗位。但当求职者真正被录用后,才发现单位所安排的根本不是他们所说的岗位,工资或待遇也与所承诺的不同；会员经营，还有一些违法中介机构采取会员制的经营方式，一次性收取会费几百元，授予会员资格。然后在一段时间内给予免费的职业介绍服务，如果求职者到推荐单位面试不成功或非本人原因被辞退，在双方约定的"服务期"内，违法中介机构免费继续推荐。但当求职者真正成为会员后，他们会发现这些机构推荐的单位的工作待遇和工作环境极差，只能主动辞职。

【案例5-7】 2018年8月，轰动上海的南汇女工被困南非事件就是"黑中介"惹的祸。受害者之一方小姐说，她出国前向中介交了3.7万元人民币的"劳务费"，可回来时，厂主只还给她1.17万兰特（约合人民币1.5万元），加上警民中心资助的1000兰特，总共也只有1.65万元人民币，"劳务费"损失了一大半。其他女工的情况也是一样。

3. 传销陷阱

一些传销组织以单位的名义招聘毕业生，为诱骗学生上当受骗，他们往往根据诱骗对象的情况以招工、做生意等为诱饵。这些传销组织打着"直销""连锁经营""特许加盟""网络营销"等幌子，骗取他人信任，诱骗他人参加。一旦毕业生到其单位，他们就收取学生的有效证件，控制其人身自由，给学生造成巨大的损失。

4. 合同陷阱

要防范合同陷阱，最首要的方法就是认真学习《中华人民共和国劳动法》及相关法律法规，仔细审查合同条款。根据《中华人民共和国劳动法》规定，试用期最长不得超过6个月。但并不是所有劳动合同都可以约定有6个月的试用期。劳动合同期限在6个月以下的，试用期不得超过15日；劳动合同期限在6个月以上1年以下的，试用期不得超过30日；劳动合同期限在1年以上2年以下的，试用期不得超过60日。试用期包含在劳动合同期限中，用人单位不能先试用再签合同。用人单位在试用期解除劳动合同必须能够证明劳动者"不符合录用条件"，否则是不能够适用试用期的合同任意解除权的。对"生死合同""一边倒合同""卖身合同""押金合同"要坚决拒签，或要求进行修改。

【案例5-8】 吴先生应聘了某汽车销售服务公司的汽车驾驶员岗位。单位承诺3个月试用期，试用期月薪资为800元，转正后为1800元。经过面试，吴先生被单位录用，录用后发现该单位仍在外进行汽车驾驶员岗位的招聘工作。当吴先生按约定即将做满3个月，欣喜地以为可以转正时，却接到了单位的辞退通知，理由是招到了更合适的人。失业后的吴先生在查找新的招聘信息时，发现该单位仍然还在招聘汽车驾驶员。

一些用人单位变着法子延长招聘信息有效期，"试用期"一满，这些用人单位便辞退先前招的求职者，用新招的求职者代替。如此循环往复。

三、就业陷阱的应对措施

首先，应加强职业院校学生就业安全教育，提高就业安全意识。在职业院校学生就业总体形势严峻的背景下，为应对日趋复杂化的招聘求职活动中出现的就业安全问题，学校应加强职业院校学生就业安全教育工作，指导学生对就业招聘信息做必要的安全分析，对应聘单位做深入了解，教会学生在求职就业中用法律维护自己的正当权益，切实提高职业院校学生防骗意识和人身安全保护意识。在实际工作中，通过多种途径宣传教育，利用经典事例进行警示教育，使广大毕业生充分认识不法分子利用职业院校学生求职进行非法活动的欺诈性、隐蔽性和危害性，提高职业院校学生在择业过程中的自我保护意识。

其次，学校应实时动态掌握毕业生的思想状况和择业过程。学校毕业生因求职心切，缺乏丰富的社会经验和识别诱骗陷阱的能力，容易上当受骗。学校应对毕业生全员实行有效的监控，对遇到困难的同学提供及时有用的帮助；严格实行请销假制度，将外出求职毕业生的登记制度纳入学校就业工作的日常管理范畴，毕业班班主任与辅导员要实时掌握每一位同学的去向和现状，要求学生通过电话、手机短信或电子邮件等方式与老师保持不间断联系，确保发生就业安全突发事件时的信息畅通。同时，要教育职业院校学生冷静分析接到的面试通知，特别是要到异地求职的毕业生，更要提高防范意识。

再者，过滤就业信息，严把信息审核关，确保就业信息安全。当前，职业院校学生毕业生就业市场信息混乱是影响毕业生就业安全的突出问题，学校应重视和加强毕业生就业市场和信息服务体制建设，促进就业市场的信息安全化。对于在校园内发布的就业信息，学校要保证其真实规范。在校内举办的招聘会，学校要严格审查招聘单位的资质，要求招聘单位不仅要有营业执照等合法登记手续，而且要具备接转户口、档案关系等条件，以便保障学生的权益。要坚决拒绝发布一些夸大单位现状、高薪引诱、收取上岗培训费和服务押金的招聘信息。

最后，加强毕业生求职信息资料安全教育，防止个人信息被不法分子获取。在招聘会上，经常可以看到一些求职者的简历被随意丢弃在地上。这些简历上面有着详细的个人信息，一旦被不法分子恶意获取，可能会给求职者带来许多意想不到的麻烦。因此，学校应加强毕业生的信息资料安全教育，引导学生在择业过程中，注意以下几点：在招聘现场，不要随意发放自己的简历，特别是不要向招聘方式不合规范的单位投递简历；在个人求职材料上最好不要留家庭电话，只提供手机号码和电子邮件就可以，固定电话可以提供辅导员或负责就业工作老师的办公电话；在网上登记注册个人信息时，应选择一些信息监管较规范、知名度较高的大型人才招聘网站；要注意留下用人单位的固定电话，必要时拨打查询电话进行核实；与联系人会面应选择用人单位的办公场所等。

项目六　国家安全

> **项目导航**
>
> 提到国家安全，也许你想到的是"间谍""特工""战争"等字眼，觉得它们离自己太遥远。
>
> 其实，"国家安全"早已不限于"保卫国家不受侵略"，而是拓展到了经济、社会、生态环境、网络空间等各个领域，关乎我们每一个人的切身利益。维护国家安全，从我做起。

知识点 1　维护统一，捍卫国家安全

一、国家安全的内涵

《中华人民共和国国家安全法》第二条：国家安全是指国家政权、主权、统一和领土完整、人民福祉、经济社会可持续发展和国家其他重大利益相对处于没有危险和不受内外威胁的状态，以及保障持续安全状态的能力。

国家安全的主要内容包括：政治安全、国防安全、经济安全、科技安全、文化安全、生态安全和社会公共安全等要素。

我国设有中华人民共和国国家安全部统一管理国家安全工作。2013 年 11 月 12 日，党的十八届三中全会决定设立中国共产党中央国家安全委员会。

二、国家安全的主要内容

1. 政治安全和国防安全

政治安全和国防安全是国家安全的支柱与核心。没有政治安全和国防安全，就不可能有国家安全。

政治安全是相对于经济、科技、文化、社会和生态等其他领域的安全而言的。政治安全的主体是国家。

国家政治安全是指国家主权、领土、政权、政治制度和意识形态等方面免受各种侵袭、干扰、威胁和危害的状态。这种状态在我国表现为：对外保持国家的主权独立、领土

完整；对内保持人民民主专政政权和中国特色社会主义制度的稳固、马克思主义主流意识形态占据主导地位以及社会稳定。我国的国家安全环境中，政治安全的核心是党的领导的有效性（权威性）和执政地位的稳定。

国防，就是国家的防务，是指为捍卫国家主权、领土完整，防御外来侵略和颠覆，所进行的军事及军事有关的政治、外交、文化等方面的建设和斗争。国家的兴衰与国防密切相关，国防强弱直接关系到国家的安全、民族的尊严和社会的发展。

国防安全是指国家的领土、领海和领空安全，不受外来军事威胁或侵犯。

2. 经济安全

在政治和国际关系领域，经济安全指一个国家根据其政策以其希望的方式发展国家经济的能力，即一个国家"在经济发展过程中能够消除和化解潜在风险，抗拒外来冲击，以确保国民经济持续、快速、健康发展，确保国家主权不受分割的一种经济状态"。在国家安全战略中，经济安全应居于核心和基础地位。

对国家整体经济安全造成威胁的是经济间谍活动，即外国政府出于经济利益为了获得未经授权的经济情报而采取的活动，例如，为了获得专利信息而采取的非法、秘密或强制活动。

3. 科技安全

科技安全是在一定的社会环境条件下，特别是国际大环境中以国家价值准则为依据的对科技系统与相关系统相互作用所决定的国家安全态势的一种动态描述。一个国家的科技安全态势体现了该国国家能力的4个方面：一是国家利益免受国外科技优势威胁和敌对势力、破坏势力以技术手段相威胁的能力；二是国家利益免受科技发展自身的负面影响的能力；三是国家以科技手段维护国家安全的能力；四是国家在所面临的国际国内环境中保障科学技术健康发展以及依靠科学技术提高综合国力的能力。

4. 文化安全

文化安全是指一国人民能够独立自主地选择自己的价值观念、文化制度，独立自主地控制和利用自己的文化资源。

在影响国家安全的诸要素中，文化因素是间接的、非显性的。独立的民族意识形态，是国家安全最重要的精神支柱。

5. 生态安全

生态安全是指一国生态环境确保国民身体健康、为国家经济提供良好的支撑和保障能力的状态。构成生态安全的内在要素包括：充足的资源和能源、稳定与发达的生物种群、健康的环境因素和食品。换言之，如果一个国家其各种生物种群系统多样稳定、资源与能源充足、空气新鲜、水体洁净、近海无污染、土地肥沃、食品无公害，那么该国家的生态环境是安全的。反之,该国的生态环境就是受到了威胁。生态安全是政治和军事安全的基础。

我国的生态安全形势十分严重:土地退化、生态失调、植被破坏、生态多样性锐减并呈加速发展趋势,生态安全已经敲起警钟!

6. 社会公共安全

公共安全指社会和公民个人从事和进行正常的生活、工作、学习、娱乐和交往所需要的稳定的外部环境和秩序。公共安全管理指国家行政机关为了维护社会的公共安全秩序,保障公民的合法权益,以及社会各项活动的正常进行而做出的各种行政活动的总和。

社会公共安全包含信息安全、社会治安、食品安全、公共卫生安全、公众出行安全、避难者行为安全、人员疏散的场地安全、建筑安全、城市生命线安全等。

三、危害国家安全的行为

《中华人民共和国反间谍法》(以下简称《反间谍法》)对"资助""勾结""间谍行为以外的其他破坏活动"等危害国家安全行为的界定如下。

第六条 《反间谍法》所称"资助"实施危害中华人民共和国国家安全的间谍行为,是指境内外机构、组织、个人的下列行为:(一)向实施间谍行为的组织、个人提供经费、场所和物资的;(二)向组织、个人提供用于实施间谍行为的经费、场所和物资的。

第七条 《反间谍法》所称"勾结"实施危害中华人民共和国国家安全的间谍行为,是指境内外组织、个人的下列行为:(一)与境外机构、组织、个人共同策划或者进行危害国家安全的间谍活动的;(二)接受境外机构、组织、个人的资助或者指使,进行危害国家安全的间谍活动的;(三)与境外机构、组织、个人建立联系,取得支持、帮助,进行危害国家安全的间谍活动的。

第八条 下列行为属于《反间谍法》第三十九条所称"间谍行为以外的其他危害国家安全行为":(一)组织、策划、实施分裂国家、破坏国家统一,颠覆国家政权、推翻社会主义制度的;(二)组织、策划、实施危害国家安全的恐怖活动的;(三)捏造、歪曲事实,发表、散布危害国家安全的文字或者信息,或者制作、传播、出版危害国家安全的音像制品或者其他出版物的;(四)利用设立社会团体或者企业事业组织,进行危害国家安全活动的;(五)利用宗教进行危害国家安全活动的;(六)组织、利用邪教进行危害国家安全活动的;(七)制造民族纠纷,煽动民族分裂,危害国家安全的;(八)境外个人违反有关规定,不听劝阻,擅自会见境内有危害国家安全行为或者有危害国家安全行为重大嫌疑的人员的。

四、履行国家安全的义务与权利

1. 义务

由法律规定的公民和组织的义务,是国家运用法律的强制力保障实施的,是不能放弃而又必须履行的,违者要负法律责任。《中华人民共和国国家安全法》对公民和组织维护国家安全作如下 7 个方面的义务规定,内容包括:

1) 遵守宪法、法律法规关于国家安全的有关规定;
2) 及时报告危害国家安全活动的线索;
3) 如实提供所知悉的涉及危害国家安全活动的证据;
4) 为国家安全工作提供便利条件或者其他协助;
5) 向国家安全机关、公安机关和有关军事机关提供必要的支持和协助;
6) 保守所知悉的国家秘密;
7) 法律、行政法规规定的其他义务。

任何个人和组织不得有危害国家安全的行为,不得向危害国家安全的个人或者组织提供任何资助或者协助。

2. 权利

《中华人民共和国国家安全法》规定,公民和组织对国家安全工作有向国家机关提出批评建议的权利,对国家机关及其工作人员在国家安全工作中的违法失职行为有提出申诉、控告和检举的权利。

权利是法律赋予的,只有依法行使,才能受到保护,如果故意捏造或者歪曲事实进行诬告陷害的,要依法惩处,构成犯罪的还会被追究刑事责任。

五、职业院校学生应怎样维护国家安全

1) 职业院校学生要始终如一地树立国家安全高于一切的观念。增强国家安全意识,"没有永久不变的国家友谊,只有永久不变的国家利益",克服麻痹思想,提高识别能力,不要被"和平""友好""交往"中的一些假象所迷惑。

2) 善于识别各种伪装。职业院校学生在对外交往中,不能只讲友情,不讲敌情,即要热情友好,又要内外有别,牢记国家利益高于一切,不能认为国家安全与己无关,对危害国家安全的行为视而不见,失去应有的警惕性,或出于个人私利泄露国家机密,危害国家利益。

3) 发现有人员在不恰当的场所宣扬西方的"自由""民主""人权",散布极端的个人主义和无政府主义思潮,宣传西方物质文明及拜金主义等,都要及时向有关部门报告。对于收到的反动宣传品要及时主动上交,防止扩散,产生不良影响,与外籍人员接触要严守国家秘密。

4) 职业院校学生到国外就读或学习、旅游,行前要主动接受有关部门的国家安全教育,了解、掌握国家安全知识,不但要做好物资准备工作,还要做好充分的精神准备,提高国家安全和防范意识,自觉维护国家安全,抵制敌对势力的策反、拉拢、威胁、利诱活动,并定期向学校汇报工作、学习情况,同时,要严格遵守外事纪律和有关规章制度,遵

守前往国家的法律法规，尊重对方的社会公德和风俗习惯，避免产生误会或出现不应有的问题。

> **小贴士**
>
> 公民行使集会、游行、示威的权利的时候，必须遵守宪法和法律，不得反对宪法所确定的基本原则，不得损害国家的、社会的、集体的利益和其他公民的合法的自由和权利。
>
> 举行集会、游行、示威，必须依照《中华人民共和国集会游行示威法》的规定向主管机关提出申请并获得许可。

> **小贴士**
>
> **国家安全五注意，公民时刻须牢记**
>
> 一是军工涉机密，偶遇搭讪要注意，陌生攀谈给小利，拉拢策反施诡计；
> 二是机场和港口，拍照窥视要注意，心怀叵测旅行者，不为留念为窃密；
> 三是政府办公区，私搭设备要注意，监听监测无停息，国家秘密被盗去；
> 四是网络平台上，转载发布要注意，不传谣来不信谣，背后势力徒叹气；
> 五是公共场所中，可疑线索要注意，暴恐活动危害大，群策群力齐防御；
> 熟记12339，遇事拨打不犹豫，和谐稳定促发展，钢铁长城共聚力。

知识点 2　拒绝邪教，抵制恐怖主义

邪教是文明毒瘤、社会瘟疫、精神毒品，已成为一种国际公害，与毒品、恐怖组织并称世界三大危害。

一、拒绝邪教

1. 邪教的定义

邪教是指冒用宗教、气功或者其他名义建立，神化首要分子，利用制造、散布歪理邪说等手段蛊惑、蒙骗他人，发展、控制成员，危害社会的非法组织。

邪教大多是以传播宗教教义、拯救人类为幌子，散布谣言，且通常有一个自称"开悟"的具有超自然力量的"教主"，以秘密结社的组织形式控制群众，一般以不择手段地敛取钱财为主要目的。

2. 邪教的严重危害

（1）煽动反对政府，危害基层政权　邪教组织煽动成员发泄对现实的不满，反对政

府。一些邪教组织还有目的地拉拢党员、团员和基层干部，侵蚀基层党组织。

（2）从事违法犯罪活动，危害社会　邪教组织往往使用绑架、非法拘禁、色情勾引、恐吓甚至杀人等手段扩充组织、控制成员。邪教组织用收取"奉献款"、销售邪教用品等名目诈骗群众的钱财。某邪教"教主"欺骗成员说"信教的主要目的就是看轻钱财""钱财最损害灵性"，但自己却大肆挥霍成员上缴的"奉献款"，过着奢侈糜烂的生活。邪教组织非法印制、传播大量邪教书籍和宣传品，宣扬歪理邪说。有些邪教组织奸淫妇女，严重摧残妇女的身心健康。

（3）破坏正常的生产生活，危害群众健康　有些邪教鼓吹"世界末日论"，宣扬吃"赐福粮""生命粮"，以及"一切靠神的恩赐"等歪理邪说，致使一些群众受骗上当，整天忙于信"教"、传"教"，有田不耕，有工不作，有的甚至有家不归，外出传"教"，导致家庭破裂，家破人亡。有些邪教还宣扬"信主可以免灾，祷告可以治病"，声称"只要虔诚祷告，不用打针、吃药，疾病自然会好"，不让患病的成员去医院看病，或用骗术来为成员治病，导致其伤残、精神失常甚至死亡。

（4）侵蚀和毒害未成年人　邪教利用未成年人识别判断能力较低的弱点，极力在未成年人中发展成员，给他们的身心健康和成长造成难以挽回的伤害。

3. 邪教的基本特征

（1）神化其"教主"　大部分邪教有一位以"救世主"面目出现的头目，通常都自封为"先知""教主""使者""首领""大师"等，自称具有特异功能、神灵感应等超自然能力，而无所不知、无所不能。

（2）组织严密，活动诡秘，拥有集权主义结构　"结社"是邪教建立"秘密王国"、扩大邪恶势力的主要手段。

（3）盘剥信徒钱财，非法牟取暴利　"教主"们往往借口考验信徒们的虔诚，诱惑他们购买其邪教活动用品等，使他们认购认捐，自己从中盘剥牟利。

（4）打着宗教的幌子破坏宗教秩序和信仰自由　大凡邪教，通常都打着宗教的幌子，借用宗教的术语名词，通过贬损宗教的声誉、扰乱宗教秩序来宣扬自己的歪理邪说。

（5）实施精神控制　邪教"教主"们常常通过神功异能、精神诱惑、暴力威胁、心理暗示等手段，诱导、胁迫和控制"信徒"的心理和意识，使他们心甘情愿地接受"教主"的为所欲为，任其摆布。而这正是一切邪教的用心险恶之所在，也是邪教危害之所在。

4. 宗教与邪教的区别

（1）宗教坚定信仰，邪教个人崇拜　信仰宗教者有坚定的信仰，然而，邪教却否认宗教历史传统，抛弃固有的信仰对象，鼓动成员崇拜"教主"本人。"教主"自称是神的"替身""代表""仆人"，是神的"肉身再现"，鼓吹自己是世界的主宰者和救世主，具有超常特异的功能，从而使成员产生神秘感和敬畏感，对其展开盲目的个人崇拜。

（2）宗教乐善好施，邪教非法敛财　宗教提倡众生平等，人与人之间是一种平等的互助关系，如基督教的"博爱"、佛教的"普度众生"以及道教的"兼济天下"等思想。宗教对弱势群体含有悲悯情怀，对于陷入苦难中的人有施舍帮助的义务。宗教的活动经费都是通过光明正大的劝募获得，如佛教的化缘、布施以及信教群众的自愿捐助等。

邪教组织中，普通成员只是"教主"任意摆布的棋子，毫无平等可言。而且邪教组织总在想方设法编造谎言骗取钱财，为个人非法敛财不择手段。

（3）宗教仁爱向善，邪教"毁"人不倦　绝大多数的宗教都有一个极其相似的主旨，即劝人向善，对有生命的个体保持一种仁爱的态度，人与人之间的交往要充满和善。

然而，邪教为了满足一己私欲，不惜摧残人的生命，将其成员推向痛苦的深渊。例如，邪教组织"全能神"将魔爪伸向普通民众，他们视一般民众为"恶魔"，鼓动信徒共同将其消灭。邪教的种种恶行，不仅毁掉了一个个年轻鲜活的生命，还毁掉了一个个幸福的家庭，更是给整个社会造成了恶劣的影响。

（4）宗教信仰自由，邪教威逼利诱　无论是从我国的法律规定上，还是从绝大多数宗教的教义上，都是倡导"宗教信仰自由"，作为普通民众，既有信仰的自由，也有不信仰的自由，任何团体或个人不能强迫、威胁或恐吓他人信仰某种宗教或加入某一教派。

小贴士

反邪教"三字经"

信邪教，危害多，市民们，请听清；冒宗教，借气功，编邪说，把人蒙；说驱邪，治百病，讲消灾，度众生；变戏法，施恩惠，胁迫人，入火坑；

邪教头，自称神，弄玄虚，忽悠人；反科学，反人类，扰政府，乱社会；坑信徒，骗钱银，疏亲情，拆家庭；对妇女，施奸淫，夺人权，害人命。

反邪教，旗帜明，崇科学，心神清；反宣品，不传看，对谣言，莫轻信；亲人迷，早劝返，遇邪教，报公安；不信邪，理所应，除邪教，助国兴。

二、远离恐怖主义

恐怖主义的凸显，构成了世界局势不稳定的一个重要因素。恐怖主义已经成为各国面临的重大问题，包括我国在内的许多国家都面临着恐怖主义的威胁或正在受到恐怖主义的威胁。"9·11"恐怖袭击事件中的死亡和失踪人数高达5000多人。恐怖主义已经给世界各国造成了巨大的损失，严重影响着世界政局的稳定、经济的发展、社会的进步，并且其对人们心理造成的恐慌更是不可估量。

1. 恐怖主义的由来

"恐怖主义"之说，始见于18世纪法国大革命时期，当时失去了政权的反革命分子为了恢复封建旧秩序而大肆暗杀革命家，这种行为被称为"恐怖主义"。可见恐怖主义是实施者对非武装人员有组织地使用暴力或以暴力相威胁，通过将一定的对象置于恐怖之中，来达到某种政治目的的行为。

现代国际恐怖主义的发展大体可分为3个阶段。第一阶段是国际恐怖主义的萌生期、第二阶段是国际恐怖主义的形成期、第三阶段是国际恐怖主义的猖獗期。

进入20世纪90年代，恐怖主义活动的特点是：动机日益复杂化、行动跨国化、形式多元化，手段技术化、长远目标模糊化和短期意图残酷化等。

2．我国政府的反恐立场和反恐举措

1）我国指出，恐怖主义是危害当代世界主题和平与发展的国际公害，必须予以反对。

站在当代世界主题的战略高度，剖析和定位恐怖主义的社会性质，是我国政府制定反恐政策的基本出发点。我国政府反复阐述了恐怖主义是危害世界和平与发展国际公害的观点。

2）我国郑重宣布坚决反对一切形式的恐怖主义。

我国政府在多次大会中明确提出反对一切形式的恐怖主义。这既是我国政府制定各项反恐政策的基本依据和出发点，也表明了我国政府和人民坚决反对一切形式的恐怖主义的坚强决心。

3）我国向世界公布本国境内的恐怖组织及恐怖分子名单，依法严打我国境内的恐怖组织。

例如，"9·11"恐怖袭击事件发生后，我国政府执行联合国决议的要求，于2003年12月15日向世界公布了我国境内的恐怖组织及恐怖分子名单，恐怖组织有"东突厥斯坦伊斯兰运动""东突厥斯坦解放组织""世界维吾尔青年代表大会""东突厥斯坦新闻信息中心"4个。

4）我国反对任何国家在反恐问题上基于政治目的搞"双重标准"。

近年来，某些西方国家从本国利益出发，在打击威胁其国家利益的恐怖主义活动的同时，却纵容、支持非西方阵营（主要是社会主义国家、伊斯兰国家中反西方的国家）中的反政府的恐怖活动，在反恐上搞"双重标准"。一方面公开或暗中纵容、支持一些国家内部的民族分裂势力搞恐怖活动；另一方面却对别国打击本国国内民族分裂势力恐怖活动的行动说三道四、指手画脚。我国政府在多次大会中反复强调反恐不能搞"双重标准"的原则立场。

5）我国主张打击恐怖主义须有确凿依据，反对随意发动大规模"反恐战争"，滥伤无辜民众。

我国政府坚决支持打击一切形式的恐怖主义，同时还认为打击行动应该证据确凿、目标明确，符合联合国宪章的宗旨和原则以及相关的国际法准则。

6）我国主张不能将极少数恐怖组织和恐怖分子，与某民族、宗教、国家挂钩。

近年来，某些西方国家从维护其世界霸权出发，把某个恐怖组织与某民族、宗教以至国家挂钩，指责某些国家是保护恐怖主义的"邪恶势力轴心""无赖"国家，不断对这些国家实行政治讹诈、经济制裁和军事打击。这种霸权主义做法会产生诸多消极社会后果：一是会导致打击恐怖主义行动扩大化，把打击恐怖主义的某些有限行动，扩大成国家对国家的战争。二是会进一步加剧国际上某些民族矛盾、宗教仇恨、文明冲突，造成世界某些地区和国家社会局面长期动荡不宁。

7）我国主张反恐要加强国际合作，发挥联合国的协调作用。

上海合作组织是由中华人民共和国、哈萨克斯坦共和国、吉尔吉斯共和国、俄罗斯联邦、塔吉克斯坦共和国、乌兹别克斯坦共和国于2001年6月15日在中国上海宣布成立的永久性政府间国际组织，宗旨是：加强各成员国之间的相互信任与睦邻友好；鼓励成员国在政治、经贸、科技、文化、教育、能源、交通、旅游、环保及其他领域的有效合作；共同致力于维护和保障地区的和平、安全与稳定；推动建立民主、公正、合理的国际政治经济新秩序。

8）我国坚决反对核恐怖主义，是"打击核恐怖主义全球倡议"的创始国之一。

我国为反对核扩散和核恐怖主义做出了一系列积极努力：一是我国于2009年递交《核材料实物保护公约》修订案批准书；二是我国于2015年签署《制止核恐怖主义行为国际公约》；三是我国积极支持国际原子能机构核安全工作，我国是"打击核恐怖主义全球倡议"的创始国之一；四是我国在2008年举办北京奥运会期间，同国际原子能机构及有关国家在核安全领域开展了良好的合作。

9）我国主张反恐要标本兼治，重在铲除恐怖主义滋生的社会根源。

恐怖主义的产生有极其复杂、极其深刻的多方面社会根源，铲除恐怖主义只能相应采取综合治理的手段。在一定意义上说，严厉打击和严密防范恐怖主义，只是反恐问题上的治标；而努力铲除滋生恐怖组织的深层社会基础，才是反恐问题上的治本。我国政府在多次大会上反复强调反恐要标本兼治，重在铲除恐怖主义滋生的社会根源。

10）我国主张反恐要服从和服务于维护世界和平与安全，促进社会文明进步与发展繁荣。

反恐只是手段、不是目的，我国反恐的目的，是服从和服务于促进和平与发展这一当代世界主题的实现，在国内，是服从和服务于维护国内社会稳定，建设中国特色社会主义现代化国家，建设社会主义和谐社会；在国际，是服从和服务于维护世界和平与安全，努力推动建设和谐世界向前健康发展。

知识点3　爱我家园，守卫国家秘密

保密战线历来是必争、必守、必保之重地，保密工作是一项基础性、全局性、长期性工作，须臾不可放松。做好新形势下的保密工作，关系国家治理体系和治理能力现代化的实现，关系综合国力和核心竞争力的提升，关系党和国家事业的成败安危和永续发展。

一、国家秘密的定义

国家秘密是指关系国家的安全和利益，依照法定程序确定，在一定时间内只限一定范围的人员知悉的事项。保守国家秘密是中国公民的基本义务之一。《中华人民共和国保守国家秘密法》对有关的问题作了规定。国家秘密的密级分为绝密、机密和秘密3级。

绝密级国家秘密是最重要的国家秘密，泄露会使国家的安全和利益遭受特别严重的损害。

机密级国家秘密是重要的国家秘密，泄露会使国家的安全和利益遭受到严重的损害。

秘密级国家秘密是一般的国家秘密，泄露会使国家的安全和利益遭受损害。

国家秘密事项的密级一经确定，就要在秘密载体上做出明显的标志。标志方法应按《国家秘密定密管理暂行规定》执行。保守国家秘密的工作，实行积极防范、突出重点、既确保国家秘密又便利各项工作的方针。

二、保守国家秘密

1. 遵守国家保密法规和守则

随着现代信息技术的发展，信息交流平台日趋多元化，对外开放呈现全方位、多层次，境内外人员往来大幅度增加，国内利益多元化加剧，市场竞争激烈，商业、技术领域的泄密窃密案件频发，保密工作面临着前所未有的挑战。

《中华人民共和国保守国家秘密法》规定的保密制度包含以下内容：

第二十一条　国家秘密载体的制作、收发、传递、使用、复制、保存、维修和销毁，应当符合国家保密规定。

绝密级国家秘密载体应当在符合国家保密标准的设施、设备中保存，并指定专人管理；未经原定密机关、单位或者其上级机关批准，不得复制和摘抄；收发、传递和外出携带，应当指定人员负责，并采取必要的安全措施。

第二十二条　属于国家秘密的设备、产品的研制、生产、运输、使用、保存、维修和销毁，应当符合国家保密规定。

第二十三条　存储、处理国家秘密的计算机信息系统（以下简称涉密信息系统）按照涉密程度实行分级保护。

涉密信息系统应当按照国家保密标准配备保密设施、设备。保密设施、设备应当与涉密信息系统同步规划，同步建设，同步运行。

涉密信息系统应当按照规定，经检查合格后，方可投入使用。

第二十四条　机关、单位应当加强对涉密信息系统的管理，任何组织和个人不得有下列行为：

（一）将涉密计算机、涉密存储设备接入互联网及其他公共信息网络；

（二）在未采取防护措施的情况下，在涉密信息系统与互联网及其他公共信息网络之间进行信息交换；

（三）使用非涉密计算机、非涉密存储设备存储、处理国家秘密信息；

（四）擅自卸载、修改涉密信息系统的安全技术程序、管理程序；

（五）将未经安全技术处理的退出使用的涉密计算机、涉密存储设备赠送、出售、丢弃或者改作其他用途。

第二十五条　机关、单位应当加强对国家秘密载体的管理，任何组织和个人不得有下列行为：

（一）非法获取、持有国家秘密载体；

（二）买卖、转送或者私自销毁国家秘密载体；

（三）通过普通邮政、快递等无保密措施的渠道传递国家秘密载体；

（四）邮寄、托运国家秘密载体出境；

（五）未经有关主管部门批准，携带、传递国家秘密载体出境。

第二十六条　禁止非法复制、记录、存储国家秘密。

禁止在互联网及其他公共信息网络或者未采取保密措施的有线和无线通信中传递国家秘密。

禁止在私人交往和通信中涉及国家秘密。

第二十七条　报刊、图书、音像制品、电子出版物的编辑、出版、印制、发行，广播节目、电视节目、电影的制作和播放，互联网、移动通信网等公共信息网络及其他传媒的信息编辑、发布，应当遵守有关保密规定。

第二十八条　互联网及其他公共信息网络运营商、服务商应当配合公安机关、国家安全机关、检察机关对泄密案件进行调查；发现利用互联网及其他公共信息网络发布的信息涉及泄露国家秘密的，应当立即停止传输，保存有关记录，向公安机关、国家安全机关或者保密行政管理部门报告；应当根据公安机关、国家安全机关或者保密行政管理部门的要求，删除涉及泄露国家秘密的信息。

第二十九条　机关、单位公开发布信息以及对涉及国家秘密的工程、货物、服务进行采购时，应当遵守保密规定。

第三十条　机关、单位对外交往与合作中需要提供国家秘密事项，或者任用、聘用的境外人员因工作需要知悉国家秘密的，应当报国务院有关主管部门或者省、自治区、直辖市人民政府有关主管部门批准，并与对方签订保密协议。

第三十一条　举办会议或者其他活动涉及国家秘密的，主办单位应当采取保密措施，并对参加人员进行保密教育，提出具体保密要求。

第三十二条　机关、单位应当将涉及绝密级或者较多机密级、秘密级国家秘密的机构确定为保密要害部门，将集中制作、存放、保管国家秘密载体的专门场所确定为保密要害部位，按照国家保密规定和标准配备、使用必要的技术防护设施、设备。

第三十三条　军事禁区和属于国家秘密不对外开放的其他场所、部位，应当采取保密措施，未经有关部门批准，不得擅自决定对外开放或者扩大开放范围。

第三十四条　从事国家秘密载体制作、复制、维修、销毁，涉密信息系统集成，或者武器装备科研生产等涉及国家秘密业务的企业事业单位，应当经过保密审查，具体办法由国务院规定。

机关、单位委托企业事业单位从事前款规定的业务，应当与其签订保密协议，提出保密要求，采取保密措施。

第三十五条　在涉密岗位工作的人员（以下简称涉密人员），按照涉密程度分为核心涉密人员、重要涉密人员和一般涉密人员，实行分类管理。

任用、聘用涉密人员应当按照有关规定进行审查。

涉密人员应当具有良好的政治素质和品行，具有胜任涉密岗位所要求的工作能力。

涉密人员的合法权益受法律保护。

第三十六条　涉密人员上岗应当经过保密教育培训，掌握保密知识技能，签订保密承诺书，严格遵守保密规章制度，不得以任何方式泄露国家秘密。

第三十七条　涉密人员出境应当经有关部门批准，有关机关认为涉密人员出境将对国家安全造成危害或者对国家利益造成重大损失的，不得批准出境。

第三十八条　涉密人员离岗离职实行脱密期管理。涉密人员在脱密期内，应当按照规定履行保密义务，不得违反规定就业，不得以任何方式泄露国家秘密。

第三十九条　机关、单位应当建立健全涉密人员管理制度，明确涉密人员的权利、岗位责任和要求，对涉密人员履行职责情况开展经常性的监督检查。

第四十条　国家工作人员或者其他公民发现国家秘密已经泄露或者可能泄露时，应当立即采取补救措施并及时报告有关机关、单位。机关、单位接到报告后，应当立即作出处理，并及时向保密行政管理部门报告。

2. 提高防范意识，自觉维护国家安全

1）学习保密常识，接受保密教育，正确认识保密与窃密的斗争，增强保密意识，严格遵守保密制度。

2）提高安全防范意识，在对外交往中坚持内外有别，凡涉及国家秘密的内容，应当回避或按上级的对外口径回答。

3）不要带境外人员参观或进入非开放区域、场所；不准境外人员利用学术交流、讲课的机会进行系统的社会调查；不要填写境外人员发放的各种调查表，或替他们撰写社会调查方面的文章。

4）若在境内受胁迫或受诱骗实施了间谍行为，一定要悬崖勒马，立即停止间谍行为，并主动向国家安全机关、公安机关报告。若是在境外受胁迫或者受诱骗，则应回国后及时向国家安全机关、公安机关如实说明情况。

5）树立国家安全高于一切的观念，克服麻痹思想，提高识别能力，在与境外人员接触时严守国家秘密。

国家安全，人人有责。如果发现任何危害国家安全的可疑情况，可以拨打国家安全机关受理公民和组织举报电话12339，或者登录国家安全机关举报受理平台www.12339.gov.cn进行举报。

参 考 文 献

[1] 徐晓光,胡桂兰. 职校生安全教育知识读本 [M]. 北京:机械工业出版社,2011.
[2] 杨新生. 大学生安全教育 [M]. 北京:机械工业出版社,2010.
[3] 张渺. 生命与安全 [M]. 北京:机械工业出版社,2018.
[4] 韦燕菊. 安全教育班会活动 [M]. 北京:机械工业出版社,2018.
[5] 吴晓进,丁凤强. 职校生安全教育 [M]. 北京:中国人民大学出版社,2015.